utb 2630

AF168067

Eine Arbeitsgemeinschaft der Verlage

Böhlau Verlag · Wien · Köln · Weimar
Verlag Barbara Budrich · Opladen · Toronto
facultas · Wien
Wilhelm Fink · Paderborn
Narr Francke Attempto Verlag / expert verlag · Tübingen
Haupt Verlag · Bern
Verlag Julius Klinkhardt · Bad Heilbrunn
Mohr Siebeck · Tübingen
Ernst Reinhardt Verlag · München
Ferdinand Schöningh · Paderborn
transcript Verlag · Bielefeld
Eugen Ulmer Verlag · Stuttgart
UVK Verlag · München
Vandenhoeck & Ruprecht · Göttingen
Waxmann · Münster · New York
wbv Publikation · Bielefeld
Wochenschau Verlag · Frankfurt am Main

Jussi Baade / Holger Gertel / Antje Schlottmann

Wissenschaftlich arbeiten

Ein Leitfaden für Studierende der Geographie

4., überarbeitete Auflage

Haupt Verlag

Die Autor*innen
Jussi Baade, Dr., ist Akademischer Rat an der Friedrich-Schiller-Universität Jena. Er hat an der Universität Heidelberg Geographie (Diplom) mit den Nebenfächern Geologie und Politische Wissenschaften studiert und dort auch promoviert. Seit 1993 ist er am Institut für Geographie der Universität Jena am Lehrstuhl für Physische Geographie tätig. Seit über zehn Jahren führen ihn Forschungsprojekte immer wieder nach Südafrika.
Holger Gertel, M. A., war von 1999 bis 2004 wissenschaftlicher Mitarbeiter am Lehrstuhl für Sozialgeographie an der Friedrich-Schiller-Universität Jena. Er hat an der Universität Freiburg und an der University of London Geographie mit den Nebenfächern Soziologie und Wirtschaftspolitik (Magister) studiert sowie in Marburg sein Staatsexamen für das Lehramt an Gymnasien in Geographie und Sport abgelegt. Seit 2018 leitet er die Jugendbildungsstätte „Sport-, Natur- und Erlebniscamp Edersee" und gestaltet diesen außerschulischen Lern- und Bewegungsraum der Sportjugend Hessen.
Antje Schlottmann, Dr., ist Professorin für Geographie und ihre Didaktik an der Goethe-Universität Frankfurt. Sie hat an der Universität Freiburg Geographie (Magister) mit den Nebenfächern Geologie und Ur- und Frühgeschichte studiert und an der Universität Jena am Lehrstuhl für Sozialgeographie promoviert. Bei ihrer Forschung zum Verhältnis von Mensch, Tier, Natur und Raum interessieren sie besonders die visuellen Wirklichkeiten und Zugänge.

4. Auflage: 2021
3. Auflage: 2014
2. Auflage: 2010
1. Auflage: 2005

Bibliografische Informationen der Deutschen Nationalbibliothek:
Die Deutsche Nationalbibliothek verzeichnet diese Publikation in der Deutschen Nationalbibliografie; detaillierte bibliografische Daten sind im Internet über http://dnb.dnb.de abrufbar.

Umschlagsgestaltung: Atelier Reichert, D-Stuttgart
Umschlagfoto: Jussi Baade mit frdl. Genehmigung der Thüringer Universitäts- und Landesbibliothek Jena.
Satz: Claudia Huber, D-Erfurt

Printed in Germany

UTB-Band-Nr.: 2630
ISBN: 978-3-8252-5513-8

Inhaltsübersicht

Inhaltverzeichnis

Abbildungen

Tabellen

Vorwort zur 4. Auflage

Dieses Buch blickt nun auf 16 Jahre seit seinem ersten Erscheinen zurück. Die andauernde Nachfrage und Nutzung unseres Leitfadens, sowohl analog als auch digital, zeigt, dass dieser sich offenbar bewährt hat und für Studierende und Kolleg*innen nicht nur der Geographie nach wie vor nützlich ist. Das Vorhaben des Verlags, nun auch eine vierte, diesmal vollständig überarbeitete, Auflage herauszubringen, haben wir daher gerne aufgenommen und uns motiviert der Aufgabe gestellt, das Buch auf den neuesten Stand zu bringen.

Ohne die bewährte Struktur, den Stil und das Volumen zu verändern, haben wir uns dabei besonders auf die Veränderungen im medialen und damit auch methodischen Bereich der Vermittlung geographischen Wissens konzentriert. Das Kapitel „Wissenschaftlich präsentieren" ist dementsprechend um einige Hinweise reicher geworden – von Tipps zur Erstellung wissenschaftlicher Poster bis zu Überlegungen zu neuen digitalen Präsentationsformen in Online-Seminaren.

Erweiterungen und Neuerungen hat es auch im Feld der rechtlichen Fragen gegeben. Die saubere Zitation von Quellen in alten und neuen Medien, Urheber- und Zitatrecht sowie Persönlichkeitsschutz sind Bedingungen, die einerseits für den Laien rechtlich nicht so einfach zu durchdringen sind und andererseits in ihrer öffentlichen Bedeutung stetig zunehmen. Gerade Neuwissenschaftler*innen sind hier bei ebenfalls stetig zunehmender Informationsbreite und -dichte auf Hilfen angewiesen, wollen sie nicht unbeabsichtigt zum Teil schwerwiegende Verstöße begehen. Darum ist auch dieser Teil des Buches gewissenhaft aktualisiert.

Darüber hinaus haben wir jedes Kapitel sorgsam überarbeitet und eine Aktualisierung der weiterführenden Literatur im jeweiligen Bereich vorgenommen. Auch die Grundlagenliteratur respektive die kleine Bibliographie zum Geographiestudium im Anhang wurde aktualisiert und erweitert, ohne dabei Anspruch auf Vollständigkeit zu erheben. Das Verlagswesen wartet sowohl im Print- als auch im E-Book-Bereich erfreulicherweise mit einer großen Dynamik auf. Seit unserer letzten Auflage gab es wieder zahlreiche Neuauflagen und Neuerscheinungen von deutsch- und englischsprachigen Lehrbüchern in alten und neuen Teilbereichen der Geographie, ihrer Didaktik und ihren Nachbardisziplinen, aus deren Fülle hier nur eine Auswahl aufgenommen werden kann. Als überzeugte Fachvertreter*innen freut uns diese Entwicklung sehr. Gleichzeitig wünschen wir uns ein noch stärkeres Hineintragen aktueller geographischer Perspektiven und Arbeitsweisen in die Gesellschaft, insbesondere auch im schulischen Kontext. Wenn unser Buch auch hierzu einen Beitrag leistet, freut uns das das umso mehr.

Unser Dank gilt Frau Iris Alder und Dr. Martin Lind, die als Lektoren des Haupt Verlags die nun vorliegende 4. Auflage professionell begleitet haben. Zudem danken wir Frau Elke Alban von der Goethe-Universität Frankfurt für die graphische Umsetzung der neuen Abbildungen sowie den beiden studentischen Hilfskräften Johann Schütz und Alexander Truetsch für ihre genaue Durchsicht des Manuskriptes und ihre wertvollen Hinweise aus Sicht der vorrangigen Zielgruppe dieses Leitfadens. Nicht zuletzt danken wir auch allen Nutzer*innen oder Leser*innen, die uns im Zuge der Arbeit mit unserem Buch über die vielen Jahre konstruktive Kritik und Anregungen haben zukommen lassen!

Jena, Marburg und Frankfurt/Main im Februar 2021
Jussi Baade, Holger Gertel und Antje Schlottmann

1 Einleitung

Ein Studium an einer Universität oder Hochschule setzt sich aus verschiedenen Lehr- und Lernformen zusammen. Neben dem Besuch von Vorlesungen, Seminaren und Übungen, dem sogenannten Kontaktstudium, ist ein zentraler Teil das ‚Selbststudium‘, in dem von Studierenden eigenständiges wissenschaftliches Arbeiten gefordert wird, das nicht nur inhaltlich korrekt ist, sondern auch den geltenden formalen Standards entspricht.

‚Ist das nicht etwas zu viel verlangt?‘, mögen da manche Hochschulneulinge denken. Denn schon die Frage ‚Was ist Wissenschaft?‘ gehört nicht zum Standardprogramm schulischer Ausbildung. Bei der ersten Hausarbeit bereits wissenschaftlichen Standards gerecht zu werden, erscheint da schnell als dramatische Herausforderung. Und Studierende der Geographie, an die sich dieses Buch vorrangig richtet, sollen und wollen sich ja auch noch diverse Inhalte ihres vielgestaltigen Faches erschließen.

Mit dem vorliegenden Leitfaden – richtig genutzt – sollten diese Aufgaben jedoch problemlos zu bewältigen sein. Was aber bedeutet ‚richtig nutzen‘? Dazu sollen nun einige Anmerkungen zur Funktion dieses Leitfadens folgen, also gewissermaßen eine ‚Gebrauchsanleitung‘ für die Arbeit mit diesem Buch.

Erstens handelt es sich nicht um ein dogmatisches Programm, sondern eher um einen Wegweiser im Umgang mit den Richtlinien wissenschaftlichen Arbeitens. Die einzig wahre Methode der Datenerhebung gibt es ebenso wenig wie eine universell gültige Zitierweise. Es kommt maßgeblich darauf an, Sinn und Zweck der Regeln zu begreifen, um sie in verschiedenen Kontexten souverän anwenden zu können. Das Buch ist also in erster Linie als verlässliche Begleitung für einen soliden Einstieg ins Studium gedacht und soll mit Tipps und Anregungen zum selbständigen wissenschaftlichen Arbeiten anleiten. Dazu gehören Motivationsanstöße sowie eine gute arbeitstechnische Grundausrüstung für alles, was in den folgenden Semestern kommt. Im Idealfall hilft der Leitfaden, sich die Prinzipien wissenschaftlichen Arbeitens zu Beginn des Studiums so anzueignen, dass man sich bald intensiv allein den (wirklich spannenden) fachspezifischen Inhalten widmen kann. Denn Spaß machen soll das Ganze – bei allen Regeln, die es zu beachten gilt – ja auch!

Die Frage, ob auf ein lustvolles Studium genügend Aussicht besteht, sollte übrigens alle Studierenden gerade in den ersten Semestern ernsthaft beschäftigen. Denn sich jahrelang lustlos durch die angebotenen (Pflicht-)Veranstaltungen zu schleppen, ist vergeudete Lebenszeit. Dies zu vermeiden, erfordert allerdings sowohl eine aktive Auseinandersetzung mit der Theorie der Disziplin als auch eine Reflexion der persönlichen Stärken und Schwächen im Hinblick auf das wissenschaftliche Arbeiten als solches.

Ein zweiter Punkt, den es bei der Arbeit mit diesem Buch zu berücksichtigen gilt, ist dessen charakteristische Ausgestaltung. In seiner Form unterscheidet es sich stellenweise beträchtlich von einer wissenschaftlichen Buch- oder Zeitschriftenpublikation oder einer Studienarbeit. Aus Gründen der Klarheit haben wir zum Beispiel viele Themen visuell hervorgehoben, haben diverse Aufzählungen eingeflochten und – was den Stil betrifft – sowohl mit ausschmückenden, plakativen Vergleichen als auch mit knappen Imperativen nicht gespart. Kurz gesagt: Der Leitfaden beinhaltet mancherlei Stilelemente, auf die in einer wissenschaftlichen Seminar- oder Abschlussarbeit besser verzichtet werden sollte. Er kann also in einigen Bereichen formal nicht als direkte Vorlage dienen. Demgegenüber besitzen die vorgeschlagenen Richtlinien und Anleitungen selbstverständlich Gültigkeit und der guten wissenschaftlichen Praxis wird in jeder Hinsicht Rechnung getragen!

Allerdings gibt es an verschiedenen Universitäten und Fachbereichen im In- und Ausland ganz verschiedene Regeln und Standards wissenschaftlichen Arbeitens, und jedes Jahr kommen neue Publikationen zu einzelnen Themen hinzu. Aus genau diesem Grund sind im Buch viele Hinweise auf weiterführende Literatur zu finden. Eine jede Nutzerin und ein jeder Nutzer sei hiermit zu Eigeninitiative bezüglich der Aktualisierung aufgefordert, gerade im Hinblick auf sich heute schnell ändernde Bedingungen im Bereich digitaler Informationsverarbeitung!

Abschließend nun noch ein paar Worte zum Aufbau des Buches. Es umfasst vier Hauptteile (Kapitel zwei bis fünf), die in ihrer Abfolge den Prozess wissenschaftlichen Arbeitens widerspiegeln. Während der erste Teil allgemeine theoretische und methodische Grundlagen behandelt – das Fundament aller weitergehenden wissenschaftlich-geographischen Beschäftigungen – sind die drei folgenden Teile konkret mit praktischen Fragen wissenschaftlichen Arbeitens befasst. Im Einzelnen gliedern sich die vier Hauptteile wie folgt:

„Wissenschaftlich arbeiten in der Geographie" dreht sich um die Themen ‚Wissenschaft' und ‚wissenschaftliche Geographie'. Es werden nicht nur Definitionen angeboten, die diese komplexen Gebilde begreifbarer machen, es wird auch eine Vorstellung wissenschaftlicher Forschungsabläufe vermittelt.

Erste strukturelle Hinweise für das Verfassen von Seminararbeiten finden sich am Ende des Teils.

„**Wissenschaftliche Literaturarbeit**" behandelt Fragen rund um die Arbeit mit Daten und Texten. Wer studiert, muss wissen, wie man Quellen sinnvoll und ‚sauber' recherchiert, speichert und verwaltet – Anleitung dazu findet sich in diesem Teil. Vor allem aber muss im Studium sehr viel Literatur gelesen und dabei inhaltlich durchdrungen und angeeignet werden. Wie das möglichst effizient zu bewältigen ist, dazu stellt dieses Kapitel ebenfalls Hinweise und Anregungen bereit.

„**Wissenschaftlich schreiben**" beantwortet Fragen zur schriftlichen Ausarbeitung von wissenschaftlichen Arbeiten. Formale Richtlinien werden zusammengestellt und erläutert, es werden Tipps zum Layout gegeben und allgemeine Grundlagen zur Bewertung schriftlicher Arbeiten als Orientierungsmarken für die selbständige Leistungskontrolle skizziert.

„**Wissenschaftlich präsentieren**" hat schließlich die Kür wissenschaftlichen Arbeitens zum Gegenstand: die Darstellung der Ergebnisse im Rahmen eines Vortrags oder Posters. Es wird gezeigt, was alles zu einer gelungenen Präsentation gehört, wie man sich sinnvoll vorbereitet und wie die Darstellung – unter Einhalten der formalen Richtlinien – so anschaulich wird, dass sie ihr Publikum auch erreicht.

Am Ende eines jeden Kapitels wird weiterführende Literatur zu den behandelten Themen angegeben. Wer die Kenntnisse vertiefen will oder spezielle Fragen und Probleme hat, findet hier eine Auswahl einschlägiger und aktueller Publikationen. Die gesamte zitierte Literatur ist im Kapitel „**Literatur**" zusammengestellt, gleichsam als Gestaltungsvorlage für eine Literaturliste zu einer wissenschaftlichen Abschlussarbeit. Im „**Anhang**" finden sich eine aktualisierte Liste mit Grundlagenliteratur zum Geographiestudium, also eine kleine Bibliographie zu vornehmlich deutschsprachigen Geographielehrbüchern, und zwei Checklisten: eine für das Schreiben, die andere für das Präsentieren wissenschaftlicher Arbeiten. Zu guter Letzt folgt ein Register, um das schnelle Nachschlagen von bestimmten Themen oder Begriffen zu erleichtern.

Aber damit genug der einleitenden Worte: **Los geht's!**

2 Wissenschaftlich arbeiten in der Geographie

Wissenschaft, Wissenschaftler*innen, wissenschaftlich – die Wörter sind uns aus dem alltäglichen Sprachgebrauch vertraut. Man sagt, etwas sei ‚sicher richtig‘, wenn es denn ‚wissenschaftlich erwiesen‘ sei, oder Fußball sei eine ‚Wissenschaft für sich‘.

Sobald wir allerdings selbst geographisches ‚Wissen schaffen‘ sollen, nützen uns solche Redewendungen nicht mehr viel. Spätestens zu diesem Zeitpunkt taucht die Frage auf, was sich hinter dem Begriff des ‚wissenschaftlichen Arbeitens‘ genau verbirgt und wie diese Aufgabe am besten anzugehen ist. Dann wird es auch wichtig, den Unterschied zwischen dem, was gemeinhin unter ‚Erdkunde‘ verstanden wird, und der ‚wissenschaftlichen Geographie‘, ihrem System, ihren Ansprüchen und ihren Konventionen zu verstehen. Die Geographen DÜRR & ZEPP (2012) bearbeiten diese Fragen in einem inspirierenden Arbeits- und Lotsenbuch von knapp 400 Seiten Umfang, auf das wir hier verweisen, da unsere folgende Darstellung deutlich generalisierter und knapper ausfallen muss.

Dieser erste Teil des Studienleitfadens beinhaltet eine auf die Geographie ausgerichtete Einführung in das wissenschaftliche Arbeiten, wie es an der Hochschule erwartet und praktiziert wird („Was ist Wissenschaft?", „Was ist Geographie?"). Er skizziert allgemeine und spezifisch geographische Arbeitsweisen („Forschen: Wie geht das?", „Wie forschen Geograph*innen?"), und umreißt grob das Prozedere von Seminar und Forschungsarbeiten, die nach der Phase der Klausuren den Studienalltag an der Hochschule bestimmen („Was kommt auf mich zu?").

2.1 Was ist Wissenschaft?

Definitionen, Anforderungen, zentrale Begriffe und Etikette wissenschaftlichen Arbeitens

Studieren, so heißt es, ist wissenschaftliches Arbeiten und Arbeit an der Wissenschaft. Im Verlauf des Studiums wird an Studierende in zunehmendem Maße der Anspruch der Wissenschaftlichkeit gestellt: Beginnend im ersten Studienjahr mit Referatsarbeiten, (Exkursions-)Protokollen und kleineren Untersuchungen über Studienprojektberichte und umfangreichere Seminararbeiten im weiteren

Studienverlauf bis hin zur Abschlussarbeit. Doch was bedeutet es überhaupt, wissenschaftlich tätig zu sein, eine wissenschaftliche Arbeit anzufertigen?

Dieses Kapitel bietet eine erste einführende Erklärung des Wissenschaftsbegriffs und stellt die Anforderungen dar, denen eine Arbeit genügen muss, um als wissenschaftlich zu gelten. Danach werden einige zentrale Begriffe erläutert, mit denen im Rahmen wissenschaftlichen Arbeitens hantiert wird. Abschließend wird der Prozess wissenschaftlichen Erkenntnisgewinns aufgezeigt.

2.1.1   Definitionen und Anforderungen

„Wenn die Wahrheit aller Verhältnisse für jedermann offen zutage läge und alle Dinge spontan mit ihren richtigen Namen aufgerufen würden, wäre Wissenschaft überflüssig", bemerkt der Soziologe Wolfgang ESSBACH (1996: 99). Da wir wohl kaum alle physischen und sozialen Gegebenheiten kennen, ist es nach BORSDORF (1999: 19) die Aufgabe der Wissenschaft, „Fragen zu stellen, zu beantworten, Erkenntnisse zu gewinnen und eine geistige Ordnung in das Chaos der Welt zu bringen". Dabei sei Wissenschaft im Gegensatz zu anderen Ordnungssystemen, wie etwa dem sog. gesunden Menschenverstand oder der Religion, die sich ebenfalls mit diesem „Chaos der Welt" beschäftigen, in hohem Grade formalisiert und institutionalisiert. Dies allein unterscheide sie allerdings noch nicht von Religion oder Ideologie. Erst die Tatsache, dass Wissenschaft über entsprechende Regeln und Standards verfüge, mit deren Hilfe ihre Aussagen überprüft und dadurch entsprechend weiterentwickelt werden könnten, verleihe dem Stellen von Fragen und deren Beantwortung den Charakter von Wissenschaftlichkeit (ebd.). Etwas anders formuliert:

> „**Wissenschaft** ist eine soziale Institution mit der Funktion, intersubjektiv [. . .] überprüfbare Aussagen über zu untersuchende Tatbestände zu formulieren. Neben den Naturwissenschaften gehören die Sozialwissenschaften und die so genannten Geisteswissenschaften zum Bereich der Wissenschaft, sowie Logik und Mathematik. Die beiden Letzteren verstehen sich im Vergleich zu den anderen nicht als empirische [. . .] Wissenschaften. Im Rahmen der empirischen Wissenschaften ist man bestrebt, systematische Beschreibungen [. . .] und Erklärungen [. . .] von ‚Realität' zu formulieren und zu diesem Zwecke auch Normen für die Methoden der Realitätserfahrung anzubieten" (WERLEN 2002c: 47).

Aus der fortwährenden Überprüfung der gewonnenen Erkenntnisse ergeben sich die spezifischen Anforderungen an die Wissenschaft und damit an alle Formen wissenschaftlichen Arbeitens (BORSDORF 1999: 20). Dies bedeutet, dass die entsprechenden Arbeitsmethoden und Grundannahmen ausgewiesen und erklärt werden müssen und dass darüber hinaus die Argumentation stringent und logisch aufgebaut sein muss. Mit anderen Worten und einfacher ausgedrückt: Wissenschaftliche Diskussionen werden nicht im Stil von ‚ich sach mal …‘ oder ‚meiner Meinung nach ist das ja so …‘ geführt, sondern über begründete Argumente (‚das ist so, weil …‘) oder mit Bezug auf die Quelle (‚Der Autor XY konnte zeigen, dass es sich so und so verhält‘) und die daraus folgenden Ableitungen (‚gesetzt den Fall, dem wäre so, dann folgt daraus, dass …‘).

Neben der Nachvollziehbarkeit und einer über den Einzelfall hinausgehenden Relevanz der Forschungsfragen und -ergebnisse zeichnen sich wissenschaftliche Disziplinen „durch eine kritische Grundhaltung aus, die sich darin von dem eher auf Gewissheit ausgerichteten alltäglichen Denken und Handeln unterscheidet. Die wissenschaftliche Haltung ist von der kritischen Frage: ‚Könnte es nicht auch anders sein?‘ geleitet" (WERLEN 2002c: 47). Damit Gewähr besteht, dass Erkenntnisse transparent und nachvollziehbar sind, muss jedes Produkt wissenschaftlicher Arbeit (beginnend auf der Ebene von Thesenpapieren, Hausarbeiten oder anderen Studienarbeiten bis hin zu Abschlussarbeiten) bestimmten Kriterien genügen. Sie werden in der folgenden Liste zusammengefasst, wobei wir uns an die Ausführungen von THEISEN (2009) und RAUSCHER (1991) anlehnen. Einige der hier auftauchenden Begriffe werden im nächsten Abschnitt „Zentrale Begriffe" noch detaillierter besprochen.

> **Anforderungen an eine wissenschaftliche Arbeit**
> - Die Arbeit muss einen erkennbaren Gegenstand behandeln, der so genau umrissen ist, dass er auch für Dritte erkennbar und nachvollziehbar ist.
> - Die Bedingungen sind festzulegen, unter denen der Gegenstand auf der Grundlage von Regeln behandelt wird.
> - Die Arbeit muss Angaben enthalten, die es ermöglichen nachzuprüfen, ob die ihr zugrundeliegenden Annahmen und Hypothesen logisch stringent sind.
> - Die Arbeit muss den aktuellen Stand der Forschung zu ihrem Gegenstand kritisch berücksichtigen.

2.1.2 Zentrale Begriffe

Im Rahmen des wissenschaftlichen Forschungsprozesses werden verschiedene begriffliche Konventionen genutzt. Nachfolgend findet sich eine Auswahl der für das wissenschaftliche Arbeiten relevanten Begriffe – ohne Anspruch auf Vollständigkeit oder universelle Gültigkeit. Und schon geht es los: Was ist denn eigentlich ein ‚Begriff‘? Im wissenschaftlichen Sinne handelt es sich dabei nämlich keineswegs um ein bloßes Wort:

> Ein Wort wird zum **Begriff**, wenn mehr oder weniger allgemein akzeptierte Vorstellungsinhalte damit verbunden sind. In Form eines Begriffes werden die wesentlichen Merkmale von „konkret Seiendem“, z. B. einem „Tisch“, abstrakt, gedanklich und komplex dargestellt (z. B. „waagerecht aufgelegte Platte“, „nicht zum Sitzen“ etc.) (Prim & Tilman 2000: 27).

Entsprechend ist ‚Begriff‘ auch von ‚Bedeutung‘ zu unterscheiden. Eine Bedeutung bezeichnet nämlich ‚Sinn und Wert‘ einer Information, Sache oder Handlung. Sprachwissenschaftlich lässt sich knapp festhalten: Begriffe sind Instrumente des Denkens und Bedeutungen Instrumente der Kommunikation (Homberger 2000: 74).

Eine inhaltliche Klärung und die Abgrenzung von Begriffen erfolgt mittels Definitionen. Wie lässt sich aber ‚Definition‘ selbst begrifflich fassen, also definieren?

> **Definition** ist nach Homberger (2000: 95) ein Sammelname für eine Reihe von Verfahren zur fachsprachlichen Begriffsfestlegung. Das heißt, in einer Definition werden Bedeutung und Verwendungsweise eines sprachlichen Ausdrucks exakt (also kontrolliert und eindeutig) festgelegt. Definitionen sind folglich „explizit getroffene Konventionen über die Bedeutung von sprachlichen Zeichen“, sie können „weder wahr noch falsch sein [...], sondern zweckmäßig oder unzweckmäßig bzw. brauchbar oder unbrauchbar“ (Werlen 2008: 347 f.). Eine umfassende Diskussion zur Gültigkeit und Brauchbarkeit von Definitionen findet sich bei Prim & Tilman (2000: 30 ff.).

Definitionen haben also konventionellen Charakter, das heißt, es handelt sich um Vereinbarungen, die weitgehend akzeptiert werden. Einen ersten Zugang zu solchen intersubjektiv gültigen Begriffsbestimmungen bieten Standardnachschlagewerke, die allgemeinen wie die fachspezifischen. Eine Auswahl wichtiger geographischer Nachschlagewerke ist im Anhang dieses Buches zusammengestellt.

Um wissenschaftlich arbeiten zu können und dabei Fragen an einen Gegenstand zu richten, ist es zweckmäßig, Vermutungen zu äußern, wie sich der Gegenstand in Bezug auf die Frage verhält. Diese Vermutungen, die keinen scharfen Kriterien entsprechen müssen, werden als Thesen bezeichnet.

> Eine **These** kann als Behauptung verstanden werden, deren Begründung in Frage steht. Dabei handelt es sich beispielsweise um eine Vermutung, die noch auf ihre ‚Wahrheit' anhand des Forschungsstandes oder empirischer Arbeit überprüft werden müsste. Thesen sind häufig in Form von Lehr- und Leitsätzen formuliert, die aber bestimmten Voraussetzungen genügen müssen (KROMREY 1990: 14). Erstens müssen sie eine Beschreibung von Sachverhalten bieten, die prinzipiell nachprüfbar sind (nicht: „Es gibt Leben im Nirwana"). Zweitens müssen sie so formuliert sein, dass sie prinzipiell widerlegbar sind (nicht: „Kräht der Hahn auf dem Mist, ändert sich das Wetter oder es bleibt, wie es ist"). Drittens dürfen sie keine logischen Fehler (Tautologien, Widersprüche etc.) enthalten (nicht: „Der heutige Klimawandel ist auf den Wandel des Klimas zurückzuführen").

Für die wissenschaftliche Form der These wird auch der Begriff Hypothese verwendet. Oft wird auch von Arbeitshypothesen gesprochen. Solche ‚Unter-Thesen' oder ‚Annahmen' unterliegen in ihrer Formulierung im Gegensatz zu allgemeinen Thesen strengeren Anforderungen, insofern sie enger mit einem empirischen Forschungsprozess, also der Überprüfung anhand eines konkreten Gegenstandes, verknüpft sind.

> „Eine **Hypothese** ist ein mit Begriffen formulierter Satz, der empirisch falsifizierbar ist" (ATTESLANDER 2006: 37). Das heißt, Hypothesen stellen wissenschaftlich fundierte Annahmen dar, die so formuliert sind, dass sie durch Erfahrungen oder Experimente widerlegt werden können. Die wichtigsten Kriterien, die nach ATTESLANDER (2006: 37) bei der Formulierung von Hypothesen beachtet werden müssen, sind:
> * Eine Hypothese ist eine Aussage, keine Frage, kein Befehl.
> * Die Aussage ist widerspruchsfrei.
> * Hypothesen müssen überprüfbar sein, die Aussage ist falsifizierbar.
> * Es darf sich nicht um Singularitäten – also nicht verallgemeinerbare Einzelfälle – handeln.

Als sogenannte Arbeitshypothesen sind Hypothesen forschungsleitend, d. h., sie bestimmen die Art und Weise des wissenschaftlichen Erkenntnisgewinns. Häufig treten sie in Form von Konditionalbeziehungen (wenn – dann) oder Proportionalbeziehungen (je – desto) auf (SCHNELL et al. 1999: 51). Zur weiteren Untergliederung und zur Bildung von Hypothesen lohnt sich, neben den bereits zitierten Quellen, ein Blick in die Publikation von ENGEL & WOITZIK (1997: 129–134).

Wenn Hypothesen also die Basis für wissenschaftliche Theorien bilden, muss der Begriff ‚Theorie' etwas Übergeordnetes beschreiben.

Als **Theorie** kann „ein thematisch und logisch systematisierter Komplex allgemeiner Sätze" (WERLEN 2008: 375) verstanden werden. Dabei soll jeder dieser Sätze auf mehr als nur einen Einzelfall Bezug nehmen. Sie müssen jedoch das gleiche Forschungsobjekt bzw. denselben Themenbereich umfassen (thematische Systematisierung). Die formulierten Aussagen sollen ferner „den logischen Regeln nicht widersprechen und als deduktive Systeme geordnet sein" (ebd.), das heißt, es soll vom Allgemeinen zum Besonderen geschlossen werden können (vgl. empirische Forschung). Theorien haben mehrere Funktionen. Sie „dienen vor allem der Zusammenfassung, Koordination, Reproduktion, Erklärung und Prognose, d. h. Vorhersage, von Phänomenen" (ebd.).

Theoriearbeit unterscheidet sich in der natur- und gesellschaftswissenschaftlichen Geographie häufig grundlegend. In den Naturwissenschaften umfassen Theorien „empirisch überprüfbare, genaue Beschreibungen der Zustände der physischen Welt" (WERLEN 2008: 375), das heißt, sie machen in der Regel „Aussagen über Kausalbeziehungen" und geben diese als „UrsacheWirkungs-Zusammenhänge" in Form von physikalischen Gesetzen und qualitativen Gesetzmäßigkeiten wieder. Dagegen ist es in den Sozialwissenschaften nicht das Anliegen, mit Theorien „Detailaussagen" über die soziale Wirklichkeit zu treffen, es soll vielmehr eine Betrachtungsperspektive für die soziale Welt geboten werden, gleich einer Brille, durch die in die Welt beziehungsweise auf den jeweiligen Forschungsgegenstand geschaut wird (ausführlich: WERLEN 2002b: 342 f.).

Nach KROMREY (1990: 25) liefert die Theorie als Zugangsmöglichkeit zur Realität

- die grundlegende Orientierung, d. h., sie definiert den Objektbereich
- und den Gegenstand mit den entsprechenden Objekten;
- das begriffliche Bezugssystem, das erlaubt, systematisch darzustellen, zu klassifizieren und Beziehungen zu postulieren;
- einen Gültigkeitsbereich bzw. eine Reichweite;
- eine Vorhersagemöglichkeit zukünftiger Ereignisse;
- Hinweise auf zu schließende Wissenslücken.

Zu unterscheiden sind dabei insbesondere zwei Ansätze (KROMREY 1990: 29 f.):
1. analytisch-nomologische Richtung (erfahrungsorientierte Theorie);
2. hermeneutisch-dialektische Richtung (kritische Theorie).

Im ersten Fall stehen Erfahrung, Beschreibung und Erklärung im Vordergrund des Erkenntnisinteresses. Die Wirklichkeit wird quasi ‚von außen' wissenschaftlich untersucht, der Gegenstand kann beliebig sein und wird als Objekt konzeptionalisiert.

Im zweiten Fall wird auch die Beurteilung der empirisch untersuchten sozialen Tatbestände zum Gegenstand. Die Kritik an der Wirklichkeit resultiert dabei aus einem konstruktivistischen Grundansatz: Soziale Tatbestände gelten als Produkt gesellschaftlicher Verhältnisse, in denen auch Forschende agieren und somit ihren Gegenstand (mit-)bestimmen. Die damit verbundene subjektive Einmischung in die eigene Forschung ist aber nicht grundsätzlich falsch, sondern gewissermaßen unvermeidlich. Mit dieser Situation müssen Forscher*innen aber offen umgehen, indem sie ihre Abhängigkeiten reflektieren und „den Sinn dieses Zusammenhangs und dessen Einflüsse auf die Erkenntnis zu durchdringen suchen" (Kromrey 1990: 30).

Um die theoretisch betrachteten Gegebenheiten und Wirkungszusammenhänge anschaulich zu machen, werden sie in Modellversuchen simuliert, das heißt, man ‚baut sie nach' und ist dabei bemüht, der Wirklichkeit möglichst nahe zu kommen. Solche realen oder virtuellen Modelle geben Aufschluss darüber, wie sich etwas – unter bestimmten Bedingungen – verhält, und sind gleichermaßen ein Indikator für die Triftigkeit von Forschungsannahmen und -ergebnissen.

> Ein **Modell** kann definiert werden als eine Abbildung eines genau bestimmten Sachverhalts unter einem bestimmten Gesichtspunkt. Wie es ‚aussieht', das heißt, in welcher Form ein Sachverhalt veranschaulicht wird, hängt vom leitenden Forschungsinteresse ab, das zum Modell geführt hat. In der Regel stellt es einen Kompromiss zwischen Einfachheit, Übersichtlichkeit und Brauchbarkeit dar (Werlen 2002d: 392).

Bisher wurde schon viel gesagt über die ‚empirische Forschung', den Zugang der ‚empirischen Wissenschaften' zur Wirklichkeit – aber was bedeuten die Begriffe ‚Empirie' und ‚empirisches Forschen' genau? Welche Anforderungen werden gestellt an einen Prozess, der aller Wissenserzeugung dieser Disziplinen offenbar vorangeht?

> **Empirie** bezeichnet allgemein die Methode, aus Erfahrung, Beobachtung oder Experimenten Kenntnisse zu gewinnen, bzw. das so gewonnene „Erfahrungswissen" (Ebster & Stalzer 2008: 158). Als **empirische Forschung** ist „die Überprüfung und Erweiterung der bestehenden Wissensbestände auf der Basis wissenschaftlicher Beobachtungen" (Werlen 2008: 249) zu verstehen, deren Ziel es ist, bestehende Theorien und Modelle zu überprüfen, zu erweitern und zu verbessern.

Neben den **deduktiven Verfahren**, also der Erkenntnisgewinnung durch das Schließen vom Allgemeinen (Theorie) zum Besonderen, werden **induktive Verfahren** (also Schlüsse vom Besonderen zum Allgemeinen) angewendet. Oft kommt es zu einem Wechselspiel, wenn die angelegten Theorien durch die konkrete Anwendung aus dem konkreten Fall heraus weiterentwickelt werden. Induktive Verfahren sind jedoch mit Vorsicht zu genießen, da induktive Schlüsse immer unsicher sind und es kaum möglich ist, alle Einzelfälle (also alles Besondere) zu prüfen (SEIFFERT 1980: 135). Bei deduktiven Verfahren ist zudem die Nachvollziehbarkeit des Prozesses von der Forschungsfrage bis zur Erkenntnis deutlich höher.

In der Wissenschaftstheorie gibt es seit Langem einen Diskurs über den ‚Königsweg' der wissenschaftlichen Forschung und Erkenntnis zwischen Empiristen, die behaupten, nur durch die „Wiedergabe der objektiven Struktur des Gegenstandes" (ESSBACH 1996: 103) sei wissenschaftliche Wahrheit zu erlangen, und Rationalisten (Theoretikern), die davon ausgehen, dass die „wissenschaftliche Wahrheit […] eine strukturierende Leistung des erkennenden Subjekts" (ebd.) ist. Gegenwärtig scheint sich ein Kompromiss, der mehr an die theoretische Seite anknüpft, zu etablieren: die ‚theoriegeleitete Empirie'.

Geforscht wird, um einen Sachverhalt zu erklären, eine offene Frage zu beantworten. Doch auch unter ‚Erklären' kann Verschiedenes verstanden werden. Wissenschaftliches Erklären hat nur bedingt etwas mit einer Liebes-, Steuer- oder Einverständniserklärung zu tun.

> Erklären ist eine Hauptaufgabe wissenschaftlichen Arbeitens und besteht, einfach ausgedrückt, in der Beantwortung einer ‚Warum-Frage'. **Erklärung** bezeichnet somit einen „Oberbegriff für verschiedene Arten der Begründung einer Einzeltatsache als Ausdruck eines allgemeinen Zusammenhanges" (WERLEN 2001b: 331). In Bezug auf die Geographie sind dabei zwei Erklärungsmuster zu unterscheiden. Im Bereich der physischen Geographie liefern „Kausalerklärungen", also auf Ursache-Wirkungs-Zusammenhänge abzielende Erklärungen, Erkenntnisgewinne. Anders geht die sozialwissenschaftliche Geographie vor: „Eine problematische Gegebenheit [wird] nicht durch die Zurückführung auf eine Ursache, sondern auf einen Grund (notwendige Bedingung) und die Subsumtion unter eine regelmäßige Grund-Folge-Beziehung verständlich gemacht" (ebd.).

Bei allem wissenschaftlichen Tun, dies sollte bereits deutlich geworden sein, ist eine kritische Grundhaltung gefordert. „Kritik" wird im umgangssprachlichen Gebrauch häufig als etwas grundsätzlich Negatives oder negativ Gemeintes verstanden. Im wissenschaftlichen Kontext ist mit Kritik jedoch zunächst ganz bewertungsfrei eine abwägende Auseinandersetzung mit dem wissenschaftlichen Diskurs oder dem wissenschaftlichen Ergebnis gemeint.

Kritik bezeichnet die nach begründetem Maßstab vorgehende Abwägung, Infragestellung oder Beurteilung einer Sache oder Handlung unter Berücksichtigung zugrundeliegender Normen und Ziele. Bezogen auf den wissenschaftlichen Forschungsprozess, bedeutet Kritik, wissenschaftliche Erkenntnisse sowie die Art und Weise, wie diese Erkenntnisse gewonnen wurden, distanziert zu prüfen oder zu beurteilen. Dazu gehört auch – dem obersten Ziel der ‚Wissenschaftlichkeit‘ folgend – die Selbstkritik bzw. Reflexion des eigenen Handelns im Forschungsprozess. Die Kritik selbst ist dabei an Normen orientiert, das heißt, ihre Inhalte und Methoden richten sich nach der sie jeweils anwendenden Wissenschaft.

Ohne Kritik ist kein wissenschaftlicher Austausch, kein Erkenntnisgewinn und keine Entwicklung denkbar. Darum ist es wichtig, bereits in frühen Phasen des Studiums die eigenen Arbeiten der Kritik auszusetzen und zu lernen, diese nicht personenbezogen, sondern sachbezogen zu interpretieren (Stichwort: ‚Kritikfähigkeit‘). Nur so kann das in einer Kritik steckende Potenzial so effizient wie möglich (und nötig) genutzt werden! Wenn sich niemand mit der Präsentation, dem Referat, der Hausarbeit kritisch auseinandersetzt, ist das nicht der beste, sondern der schlimmste Fall! Dies gilt auch für die häufig zu beobachtende Lobhudelei. Damit wird die Leistung in keiner Weise (an-) erkannt und gewürdigt, und es wird keine Möglichkeit für eine weiterführende Diskussion und zielgerichtete Reflexion der Arbeit eröffnet. Allerdings ist es dazu auch nötig, Kritik konstruktiv zu äußern. Hinweise dazu geben wir im Kap. 5.6 (S. 212 ff.) in diesem Buch.

2.1.3 Urheberrecht und Etikette

Im Zusammenhang mit den Anforderungen an eine wissenschaftliche Arbeit haben wir darauf hingewiesen, dass in einer entsprechenden Arbeit immer der Stand der Forschung darzustellen ist (Kap. 2.1.1, S. 21). Diese Darstellung beruht unweigerlich auf einer Auseinandersetzung mit und einer Präsentation von Gedanken all der anderen Personen, die sich mit einem bestimmten Thema zuvor beschäftigt haben. Von daher ist die Wiedergabe von Gedanken Anderer und die Verwendung von Material Anderer ein integraler, legitimer und notwendiger Bestandteil des wissenschaftlichen Arbeitens. Allerdings sind dabei bestimmte Regeln einzuhalten, die geschriebenen und ungeschriebenen Verpflichtungen zur „intellektuellen Redlichkeit" bzw. zur „guten wissenschaftlichen Praxis" (DFG 1998, 2013, 2019). Dies umfasst auch das bedingungslose Respektieren der Urheberrechte Anderer, die im UrhG (2018) umfassend geregelt sind. Kurz gefasst heißt es darin, dass grundsätzlich nur der Schöpfer eines Werkes, der Urheber, das Recht zur Veröffentlichung, Verwertung und

Verbreitung sowie zur Änderung hat. Zu den durch das Gesetz geschützten Werken gehören u. a. Schriftwerke, Lichtbildwerke sowie „Darstellungen wissenschaftlicher oder technischer Art, wie Zeichnungen, Pläne, Karten, Skizzen, Tabellen" (ebd., § 2(1)). Ein wichtiger Aspekt bei diesen gesetzlichen Regelungen ist die Sicherung einer angemessenen Vergütung der Urheber*innen. Bei der privaten und der nicht kommerziellen Nutzung im Unterricht und in der Wissenschaft gelten Ausnahmen von diesen strengen Regeln, die hier nicht im Einzelnen erläutert werden. Sie entbinden sowieso nicht von der Verpflichtung zur Quellenangabe (UrhG 2018, § 63).

Wissenschaftlich gute Praxis und redliches Verhalten, auf dem sich „Wissenschaft gründet" (DFG 2019: 8), im positiven Sinne zu definieren ist weitaus schwieriger als im Detail Verstöße gegen diese Prinzipien aufzulisten (s. u.). In der ersten Denkschrift zum Thema formuliert die DFG (1998: 7) jedoch einige der Prinzipien, so z. B., dass wissenschaftlich redliches Verhalten beinhaltet, die „strikte Ehrlichkeit im Hinblick auf die Beiträge von Partnern, Konkurrenten und Vorgängern zu wahren". Zudem sei es unerlässlich, *„lege artis* zu arbeiten, Resultate zu dokumentieren und alle Ergebnisse konsequent selbst anzuzweifeln".

Ein gravierender Verstoß gegen dieses Abkommen ist das Plagiieren, das Abschreiben oder Kopieren vorhandener Texte ohne Verweis auf Herkunft und Urheber*innen. Das gilt nicht nur für Veröffentlichungen (auch wenn erst dann ein zivilrechtliches oder strafrechtliches Vergehen vorliegt). Die Verpflichtung zur Redlichkeit und das Respektieren des Urheberrechts Anderer gilt bereits für das Verfassen von Hausarbeiten, für die Verarbeitung jeglicher Quellen (auch und vor allem aus dem Internet!) und für jegliches wissenschaftliches Arbeiten. Dabei muss hier explizit darauf aufmerksam gemacht werden, dass alleine aus der Tatsache, dass gewisse Materialien ohne viel Aufwand, quasi barrierefrei, aus dem Internet heruntergeladen werden können, nicht darauf geschlossen werden kann, dass dieses Material nicht urheberrechtlich geschützt und frei verfügbar sei. Ganz im Gegenteil, im Regelfall ist davon auszugehen, dass jedes Material Urheber*innen hat, entsprechend geschützt ist und nur mit einem eindeutigen Verweis auf die Herkunft verwendet werden darf. Häufig geben die Urheber*innen an, unter welchen Bedingungen das Material verwendet werden darf und mit welchem Quellenhinweis es versehen werden muss. In einigen Fällen ist aber auch etwas Recherche notwendig, um die entsprechenden Angaben zu finden.

Tab. 2-1: Übersicht der Creative Commons Lizenzkategorien (aus: CC 2020: o. S., CC BY 4.0)

Lizenzkategorie	Erläuterung
CC BY	CC BY: Diese Kategorie erlaubt die freie Nutzung, Verbreitung und Veränderung des Materials unter der Maßgabe, dass die Urheber*innen genannt werden; auch für kommerzielle Zwecke.
CC BY SA	CC BY-SA: Unter dieser Kategorie gelten die oben genannten Bestimmungen mit der Einschränkung, dass Kopien oder Bearbeitungen des Materials unter denselben Bedingungen lizensiert werden muss wie das Original.
CC BY NC	CC BY-NC: Diese Kategorie erlaubt die Nutzung, Verbreitung und Veränderung des Materials unter der Maßgabe, dass die Urheber*innen genannt werden; ausschließlich für nicht kommerzielle Zwecke.
CC BY NC SA	CC BY-NC-SA: Unter dieser Kategorie gelten die oben genannten Bestimmungen mit der Einschränkung, dass Kopien oder Bearbeitungen des Materials unter denselben Bedingungen lizensiert werden muss wie das Original.
CC BY ND	CC BY-ND: Diese Kategorie erlaubt die Nutzung und Verbreitung des Materials ausschließlich in unveränderter Form, also genau so, wie von den Urheber*innen bereitgestellt; auch für kommerzielle Zwecke.
CC BY NC ND	CC BY-NC-ND: Diese Kategorie erlaubt die Nutzung und Verbreitung des Materials ausschließlich in unveränderter Form, also genau so, wie von den Urheber*innen bereitgestellt; ausschließlich für nicht kommerzielle Zwecke.
PUBLIC DOMAIN	CC0 kennzeichnet in diesem System Material, das Allgemeingut (Public Domain) ist, oder als solches zur Verfügung gestellt wird.

Um hier zu einem international einheitlichen System zu kommen, ist über die letzten 20 Jahre das System der *Creative Commons* Lizenzen (CC o. J.: o. S.) entwickelt worden. Dieses System ermöglicht es Urheber*innen, ihr Material im Internet einheitlich zu kennzeichnen und festzulegen, unter welchen Umständen es verwendet werden darf. Das System umfasst neben der Kennzeichnung als Allgemeingut (Public Domain) in der Kategorie CC0, das einem Verzicht auf das Urheberrecht gleichkommt, sechs Kategorien, die von der ausschließlich nicht kommerziellen Nutzung und unveränderten Wiedergabe (CC BY-NC-ND) bis zur veränderten Wiedergabe im kommerziellen Kontext (CC BY) reichen (Tab. 2-1). Allen Kategorien gemeinsam ist die Attribution „BY", also die Verpflichtung zur Namensnennung der Urheber*innen bei Verwendung des entsprechenden Materials. Zudem ist die Lizenzkategorie anzugeben (vgl. Tab. 2-1) und bei digitalen Dokumenten ein Link zur ausführlichen Erläuterung der Lizenzbestimmungen zu setzen. Dementsprechend gelten inzwischen für alle Texte der Wikipedia die CC BY-SA Version 3.0 Lizenzbedingungen.

Während bei Texten die Beachtung des Urheberrechts ausreichend ist, sind bei Bildmaterial neben dem Urheberrecht gegebenenfalls auch die Persönlichkeitsrechte der auf einem Bild erkennbaren Personen zu berücksichtigen. Hier ist, abgesehen von wenigen Ausnahmen (u. a. Persönlichkeit des öffentlichen Interesses, Teil einer Gruppe) immer davon auszugehen, dass eine Nutzung und Veröffentlichung von entsprechenden Bildern auch in kleinem Kreis nur mit Zustimmung der darauf abgebildeten Person erfolgen darf. Dies gilt insbesondere für die Abbildung von Kindern und Jugendlichen. Hierfür ist, sobald auch nur ein Gesicht erkennbar oder ein Kind anderweitig eindeutig identifizierbar ist, das Einverständnis der Erziehungsberechtigten einzuholen. Bei der Zusammenarbeit mit Schulen oder Vereinen in Lehr- oder Forschungskontexten ist es daher unerlässlich, bereits vor Projektbeginn diese Erklärung für die entsprechenden Klassen bzw. Gruppen einzuholen.

Im folgenden Kasten sind, angelehnt an RAUSCHER (1991: 20), die zentralen Punkte „unredlichen" Vorgehens aufgeführt.

Intellektuell unredlich verhält sich, wer

- wissentlich die Anfangsbedingungen eines Forschungsprojektes oder die Forschungsergebnisse manipuliert;
- Gedanken, Thesen, Formulierungen, Visualisierungen, Erkenntnisse, Schlussfolgerungen anderer nicht als deren geistiges Eigentum ausweist oder sie gar als seine eigenen ausgibt;
- die Quellen eigener Forschungstätigkeit verborgen hält oder gar falsche Fährten legt;
- subjektive Glaubensbekenntnisse oder Interpretationen als objektiv bewiesene Tatsachen darstellt oder objektive Tatsachen als subjektive Interpretationen oder als Ergebnis eigenen Forschens präsentiert;
- fremde Hilfe in Anspruch nimmt, bei den daraus resultierenden Ergebnissen, auch wenn sie nicht mehr in unmittelbarem Zusammenhang stehen, jedoch darauf verzichtet, auf sie hinzuweisen.

Selbst ein ‚unbewusster' Verstoß gegen diese Etikette birgt nicht nur die Gefahr von Standpauken oder kollegialer Ausgrenzung, sondern kann gar das Ende eines Studiums oder einer (wissenschaftlichen) Karriere bedeuten! Die in den letzten Jahren öffentlich gewordenen Plagiatsfälle in der deutschen Politik, die mit durchaus spektakulären Rücktritten verbunden waren, belegen die Aussage nachdrücklich. Wissenschaftliches Fehlverhalten im Rahmen geförderter Projekte kann schließlich auch ein Verfahren der Deutschen Forschungsgemeinschaft (DFG) nach sich ziehen, mit der Folge, zeitweilig oder dauerhaft aus dem Antragsverfahren ausgeschlossen zu werden oder bereits bewilligte Fördergelder zurückerstatten zu müssen. Es ist also in der Wissenschaft und im Forscherleben wichtig, die Grundregeln zu kennen und immer eine ‚weiße Weste' zu behalten.

2.2 Was ist Geographie?

Anspruch und Struktur wissenschaftlicher Geographie

Die wissenschaftliche Geographie ist nicht gleichzusetzen mit dem, was im Alltagsverständnis als ‚Erdkunde' bezeichnet wird – auch wenn Geograph*innen und solche, die es werden wollen, immer wieder mit dem veralteten und höchst unvollständigen Bild einer Stadt – Land – Fluss – Geographie konfrontiert werden. Dieses Bild, das in Teilen leider auch die Schulerdkunde bestimmt, zu erweitern und den heutigen Auffassungen zum Gegenstand und zur Methodik der wissenschaftlichen Geographie anzupassen, ist Ziel der folgenden Ausführungen. Dabei wird in aller gebotenen Kürze auch auf die Entwicklung der Geographie eingegangen, denn in der Geschichte bzw. den Geschichten der Disziplin liegt der Schlüssel zu einem tieferen Verständnis vieler aktueller Entwicklungen des Faches (SCHLOTTMANN & WINTZER 2019). Abschließend wird das System der ‚modernen Geographie' vorgestellt, wie es heute an vielen Hochschulen vermittelt wird.

2.2.1 Definitionen wissenschaftlicher Geographie

Als eigenständige Disziplin hat sich die Geographie seit Mitte des 19. Jahrhunderts an Hochschulen etabliert. Ihre gedanklichen und forschungspraktischen Wurzeln reichen aber bis in die Antike (JAMES 1972: Xf.). Geographisches Denken und Handeln sieht also auf eine lange Tradition zurück! Der Gegenstand der Geographie ist komplex und das Selbstverständnis von Geograph*innen hat sich laufend verändert. Wenn LIVINGSTONE (1997: 223) schreibt: *„The term ‚geography' means, and has meant, different things to different people in different times and places"*, so muss das also nicht verwundern. Im Laufe ihrer Entwicklung war die Geographie, oder besser: waren Geographien, dementsprechend immer wieder Wandlungen ihrer zentralen Forschungsparadigmen unterworfen. Die folgende, unsere Problematik nicht erschöpfend behandelnde Auswahl an Definitionen von Geographie mag einen ersten Eindruck vermitteln.

Schon vor etwa 2000 Jahren äußerte STRABO (ca. 64 BC–AD 20, JAMES 1972: 47), dass die Geographie „uns bekannt [macht] mit den Bewohnern von Land und Meer, mit der Vegetation, den Besonderheiten der verschiedenen Teile der Erde" (frei übersetzt von CAROL 1963: 24). Ende des 19. Jahrhunderts wird die wissenschaftliche Geographie maßgeblich von Friedrich RATZEL und Alfred HETTNER ausformuliert. RATZEL (zit. in BARTELS 1968: 179) sieht im Erkennen der „Erscheinungen der Erdoberfläche in allen Wechselbeziehungen" die Aufgabe der Geographie. Sie umfasst ihm zufolge „die Vertheilung der Völker über die Erde, die Lage und Größe ihrer Staaten und Städte und herkömmlicherweise sogar ihren allgemeinen Zustand, vorzüglich soweit er sich statistisch darstellen läßt" (RATZEL 1881: 378). Diese länderkundliche Interpretation der Geographie wird von RATZELs Schüler HETTNER weitergeführt und systematisiert. Er sieht dabei allerdings nicht nur Vermessung und Beschreibung, sondern auch die „Auffassung der Landesnatur" als Aufgabe der Geographie (HETTNER 1925: 2) und ist der Ansicht, dass Geographie „Länderkunde oder die Wissenschaft von den verschiedenen Räumen der Erdoberfläche […] nach ihrer ganzen Eigenart" sei (HETTNER 1895/1975: 40). Dieser Ansatz macht einen großen Teil des öffentlichen Verständnisses von Geographie bis heute aus. Sein Fortbestehen, nicht zuletzt auch in der Schulerdkunde, wird heute sehr kritisch diskutiert.

HARVEY (1973: 3) definiert später: *„Geography is concerned with the description and explanation of the areal differentiation of the earth's surface"*, und BIRD (1989: 218): *„Geography is the scientific study […] of changing […] spatial relationships […] of terrestrial phenomena […] viewed as the world of man"*. HAGGETT(1990: 8) wiederum beschreibt Geographie als *„the study of the Earth's surface as the space within which the human population lives"*, während TUAN (1991: 99) kurz und bündig von *„the study of the Earth as the home of people"* spricht. Während allen Definitionen ein gemeinsamer Kern, nämlich der Bezug zur Erde, gemeinsam ist, lassen sich selbst in diesen stark komprimierten Definitionen Verschiebungen der implizierten Forschungsparadigmen feststellen. In einer etwas ausführlicheren Definition der Geographie hat BLOTEVOGEL (2002: 15) versucht, der historischen Entwicklung und der Vielfältigkeit der Disziplin Rechnung zu tragen (s. Kasten). BLOTEVOGELs Ausführungen stellen aber auch nur eine mögliche Definition der Geographie dar. Insgesamt wird demzufolge aus den vielfältigen Wendungen ersichtlich, dass es so etwas wie ‚die Geographie' nicht gibt. Es finden sich in differenzierter Form, je nachdem, aus welcher Perspektive die jeweiligen Wissenschaftler*innen ‚die' bzw. ‚ihre' Geographie betrachten, unterschiedliche wissenschaftliche Standortbestimmungen. Die Sache ist also komplex und einfache Antworten kann es nicht geben. Wer eine detailliertere Rekonstruktion dieser Vielperspektivität sowie der verschiedenen geographischen Praktiken sucht, wird bei SCHLOTTMANN & WINTZER (2019) fündig.

> „**Geographie** als Wissenschaft wird üblicherweise definiert als die Wissenschaft von der Erdoberfläche in ihrer räumlichen Differenzierung, ihrer physischen Beschaffenheit sowie als Raum und Ort des menschlichen Lebens und Handelns. Sie beschäftigt sich insofern nicht nur mit der Erdoberfläche, sondern auch mit dem Menschen und seiner physischen und sozialen Umwelt. Im wörtlichen Sinne definiert als ‚Erdbeschreibung', gilt die Geographie als die Disziplin, die Informationen und Wissen über die Erde als den Lebensraum der Menschen erzeugt, ordnet und in Texten, Karten und anderen Repräsentationsformen für die Bevölkerung, den Staat und die Wirtschaft bereitstellt" (BLOTEVOGEL 2002:15).

In erkenntnistheoretischer Hinsicht argumentiert WERLEN (2008: 14), Forschungsansätze könne man „mit Brillen vergleichen, durch die man die Wirklichkeit – oder zumindest das, was wir dafür halten – unterschiedlich sieht. Jede Forschungsperspektive hat […] spezifische Sehschärfen, aber auch tote Winkel." Schaut man durch die verschiedenen ‚Brillen', durch welche Geograph*innen ihren Forschungsgegenstand zu den jeweiligen Zeiten (unterschiedliche gesellschaftliche Kontexte spielten zudem eine Rolle) sahen, so lässt sich allgemein feststellen, dass geographischer Erkenntnisgewinn anfänglich ganz wesentlich durch die Naturwissenschaften geprägt wurde. Alexander von HUMBOLDT (1769–1859), der Begründer der modernen Geographie, war primär Naturwissenschaftler. Es gab zwar auch ‚sozialwissenschaftliche' Untersuchungen, die jedoch in ihren Methoden und Deutungsmustern auf naturwissenschaftliche Erklärungsmuster zurückgriffen. So thematisierte Friedrich RATZEL (1844–1904), der als Begründer der Anthropogeographie angesehen werden kann, zwar bereits das „Mensch-Natur-Verhältnis", jedoch primär aus naturdeterministischer Sicht (WERLEN 2008: 85 ff.). In der Geographie entwickelte sich – neben dem weiterhin bestehenden naturwissenschaftlichen Zweig (Physische Geographie) – erst in den dreißiger Jahren des 20. Jahrhunderts (durch Vertreter wie Walter Christaller, Hans Bobek u. a.) auch eine moderne Sozialwissenschaft.

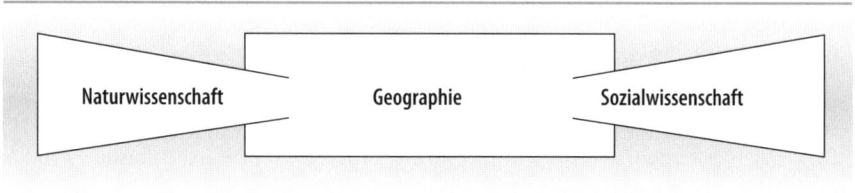

Abb. 2-1: Die Geographie im Gefüge der Wissenschaften

Wie in Abbildung 2-1 dargestellt, kann Geographie gegenwärtig als Natur- *und* Sozialwissenschaft betrieben werden. Wobei die Graphik nicht so zu deuten ist, dass die Geographie lediglich an der Schnittstelle zwischen zwei geschlossenen, eigenständigen Wissenschaftsbereichen liegt, sondern eher so, dass es sowohl einen naturwissenschaftlichen als auch einen sozialwissenschaftlichen Blick auf den Gegenstand der Geographie, das Verhältnis von Umwelt, Raum und menschlichem Handeln, gibt. In Abhängigkeit von der jeweiligen Perspektive identifizieren und formieren sich Teildisziplinen der wissenschaftlichen Geographie. Eine Verbindung dieser Bereiche wird, nicht zuletzt aufgrund aktueller gesellschaftlicher Problemlagen wie Klimawandel oder Migration, vermehrt umzusetzen versucht, etwa im noch jungen Feld der *Environmental Humanities* oder im Bereich der Hazardforschung. Das bedarf aber stetiger Vermittlung zwischen den beiden großen wissenschaftlichen Perspektiven und ihren zugrundeliegenden Erkenntnistheorien. Die dafür nötige erkenntnistheoretische ‚Gleitsichtbrille‘, so könnte man sagen, ist noch in Entwicklung.

2.2.2 Struktur wissenschaftlicher Geographie

Obwohl auch der „Anhäufung individueller Entdeckungen und Erfindungen" (Kuhn 1976: 19) eine gewisse Bedeutung für die Entwicklung eines Faches zukommt, vollzieht sich Erkenntnisfortschritt selten in Form eines kontinuierlichen Prozesses (Wenturis et al. 1992: 247 f.). Vielmehr sind revolutionäre Veränderungen, sogenannte Paradigmenwechsel (Kuhn 1976), für die Entwicklung auch der geographischen Forschung entscheidend (u. a. Schramke 1975).

Bis in die zweite Hälfte des 19. Jahrhunderts lag – wie in der wörtlichen Übersetzung des Begriffes Geographie aus dem Griechischen ersichtlich (*Geo* = „Erde", *graphein* = „schreiben, ritzen") – das Hauptinteresse geographischen Erkenntnisgewinns in der „Erdbeschreibung" (KLUGE 2002: 347, 369). Geographie war die ‚Kunde von der Erde' im Sinne einer Aufzeichnung ihrer Formen und Aufnahme ihres Bestandes. Der Geograph[1] zu dieser Zeit ist als „reisender Berichterstatter" (WERLEN 2008: 84) vorstellbar, der von seinen Reisen durchaus elaborierte und möglichst auf Messungen beruhende Beschreibungen von Klima, Relief, Bewohnern und weiteren typischen „Eigenschaften" ferner Länder mitbringt. Als Beispiel sei hier auf die Dokumentation der Ergebnisse von HUMBOLDTS Forschungsreisen in den Tropen Amerikas verwiesen (zwischen 1987 und 1997 als Studienausgabe der Wissenschaftlichen Buchgesellschaft (WBG) Darmstadt erschienen, herausgegeben von BECK 1987 ff.).

Aufbauend auf dieser Phase „enzyklopädischer Registrierung", entwickelte sich Ende des 19. Jahrhunderts die „Allgemeine Geographie", die den Stoff der Geographie „ohne Rücksicht auf die einzelnen Erdräume [...] nach Kategorien von Gegenständen und Erscheinungen [...] zusammenfasst" (RICHTHOFEN 1883/1975: 22 ff.). Allerdings erhält diese Allgemeine Geographie – so HETTNER (1895/1975: 45) – „erst durch die Erklärung [...] ihren Abschluss". Ein Bild vom damaligen Stand der Methodik und der Erklärungsansätze zum physisch-geographischen Wirkungsgefüge vermittelt der 1886 von Ferdinand von RICHTHOFEN (1886/1983) verfasste Führer für Forschungsreisende. Gleichzeitig vollzog sich, wie RICHTHOFEN (1883/1975: 26) mit gewissem Bedauern feststellt, unter dem Einfluss von Carl RITTER ein weiterer Paradigmenwechsel, denn nun galt „der Mensch [...] als Ziel und Zweck geographischer Untersuchungen". Parallel zur Ausbildung der Allgemeinen Geographie, die sich im Laufe der Zeit weiter differenziert und aus der sich schon relativ früh zahlreiche eigenständige Nachbarwissenschaften entwickeln (SCHREPFER 1934/1975), etabliert sich die „Spezielle Geographie" (HETTNER 1895/1975: 40) oder Regionale Geographie. Dieser Dualismus, der übrigens schon bei VARENIUS (1650, zit. in VIDAL DE LA BLACHE 1896/1975: 52 f.) beschrieben ist, prägt das Bild der traditionellen Geographie (Abb. 2-2).

Mit dem Beginn des Zweiten Weltkrieges gerät auch die Geographie als wissenschaftliche Disziplin unter machtpolitischen Einfluss, wie SCHULTZ (1989) anhand seiner Betrachtung „geographischen Großraumdenkens" ausführlich darlegt. Die Trennlinie zwischen einer ideologiedurchdrungenen „Geopolitik" und einer wissenschaftlichen und neutralen „Erdbeschreibung"

---

1 In der Tat wird das Bild von männlichen Fachvertretern beherrscht. Die durchaus ebenfalls reisenden und forschenden Frauen bleiben weitgehend unsichtbar.

verschwimmt. Die insbesondere mit dem Namen Karl HAUSHOFER und seinem Wirken verbundene geopolitische Periode wird nach dem Krieg einer Aufarbeitung unterzogen. Während jedoch rechtfertigende Aufsätze wie der von TROLL (1947) die Idee einer ‚guten' politischen Geographie und einer ‚bösen' Geopolitik verschärfen, stellen aktuelle Arbeiten einer kritischen politischen Geographie die Frage, inwiefern gerade eine derartige Abgrenzung die immer vorhandene Machtdurchdrungenheit des geographischen Diskurses verschleiert (WARDENGA 2001: 21 ff.). Einen Überblick über die Forschungsausrichtungen der politischen Geographie geben REUBER & WOLKERSDORFER (2001) sowie REUBER (2012).

Ein weitreichender Paradigmenwechsel erfolgte nach dem Zweiten Weltkrieg im Zuge der Adaption der Elektronischen Datenverarbeitung (EDV), die mit dem Einzug statistischer Methoden in die Geographie einherging. Mit der EDV stand und steht ein analytisches Instrument zur Verfügung, das statistisch basierte, quantitative Untersuchungen der komplexen Zusammenhänge an der Erdoberfläche möglich macht, die „früher einfach ausgeschlossen waren" (HÄGERSTRAND 1970: 278). Insbesondere die damit verbundene Möglichkeit, „beobachtete Ereignisketten geographischer Art nachzuvollziehen oder hypothetisch zu schaffen" (ebd.), förderte bzw. erforderte „die Entwicklung einer theoretischen, Modelle bildenden Geographie" (BURTON 1970: 101). Nun standen nicht mehr die bloße Beschreibung beobachteter Phänomene oder qualitative Erklärungsansätze im Zentrum des Forschungsinteresses, sondern es entwickelte sich der Wunsch nach ‚Erklärungen des Raumes' und einer quantitativen Modellentwicklung auf physikalischer Grundlage. So sollten im Zuge der „quantitativen Revolution" in den fünfziger und sechziger Jahren des 20. Jahrhunderts auch in der Humangeographie „Raumgesetze" aufgedeckt werden, wobei die Wahrscheinlichkeitsstatistik „das Prinzip der zwangsläufigen Wirkung durch das des wahrscheinlichen Trends" ersetzte (BRONOWSKI zit. in BURTON 1970: 96). Demgegenüber entwickelten sich in der Folgezeit gesellschaftswissenschaftliche Ansätze der Geographie, die nicht scharf messbare Faktoren wie z. B. „Territorialität" (SACK 1986) oder „Macht" (TAYLOR 1992) im Zusammenhang mit Raum thematisieren. Bislang vorrangig naturwissenschaftlich erforschte Bereiche, wie etwa sogenannte Naturrisiken, werden nun auch gesellschaftswissenschaftlich untersucht, beispielsweise im Rahmen einer wahrnehmungsorientierten „Hazardforschung" (POHL 1998). WERLEN (1993, 1997, 2008) lenkt mit seinen sozialgeographischen Forschungen insgesamt den Blick weg von einer gegebenen „Geographie der Dinge" auf das „alltägliche Geographie-Machen" der Individuen und vollzieht mit seinem Entwurf einer modernen Geographie auch im deutschsprachigen Bereich einen deutlichen Paradigmenwechsel (Abb. 2-2 u. 2-3).

Mit den Paradigmenwechseln im Fach ändern sich, wenn auch oftmals zeitverzögert, die institutionellen Strukturen der Organisation von Wissenschaft. Die geographischen Forscherinnen und Forscher sind derzeit im deutschsprachigen Raum unter einem Dachverband, der „Deutschen Gesellschaft für Geographie" (DGfG) organisiert, der aus verschiedenen Teilverbänden besteht.

Der „Verband für Geographie an deutschsprachigen Hochschulen und Forschungseinrichtungen" (VGDH) ist die Interessenvertretung für alle an Hochschulen tätigen Geograph*innen gegenüber Politik, Verwaltung und Forschungsförderung und soll den Transfer von Erkenntnissen aus geographischer Wissenschaft und Forschung in die Öffentlichkeit leisten. Daneben gibt es den „Deutschen Verband für Angewandte Geographie" (DVAG), den „Hochschulverband für Geographiedidaktik" (HGD), den „Verband Deutscher Schulgeographen" (VDSG) und nicht zuletzt die studentische Interessenvertretung „GeoDACH". Zudem existiert eine Vielzahl von Geographischen Gesellschaften in Deutschland, die geographisches Wissen für eine breite Öffentlichkeit anbieten.

Neben der Organisation von Arbeitskreisen und Tagungen, wie etwa dem zweijährig stattfindenden „Deutschen Kongress für Geographie" (bis 2013 „Deutscher Geographentag"), ist die DGfG mit ihren Teilverbänden und den zugehörigen Gremien maßgeblich beteiligt an der Bestimmung der Art und Weise, wie Geographie wissenschaftlich betrieben wird. Die hochschulpolitischen Strukturen wiederum können durch Mitarbeit in den Gremien oder kritische Interventionen mitbestimmt werden. Letztere können sogar, wie die maßgeblich auch von Studierenden am Geographentag 1969 in Kiel eingeleitete, später sogenannte „Kieler Wende", tiefgreifende Veränderungen (Paradigmenwechsel) des Faches anstoßen (WEICHHART 2009: 64; WERLEN 2008: 208; für eine kritische Diskussion s. KORF (2014) sowie das entsprechende Themenheft der Open-Access-Zeitschrift Geographica Helvetica unter dem Titel „Discussion Forum: Kiel 1969 – ein Mythos?").

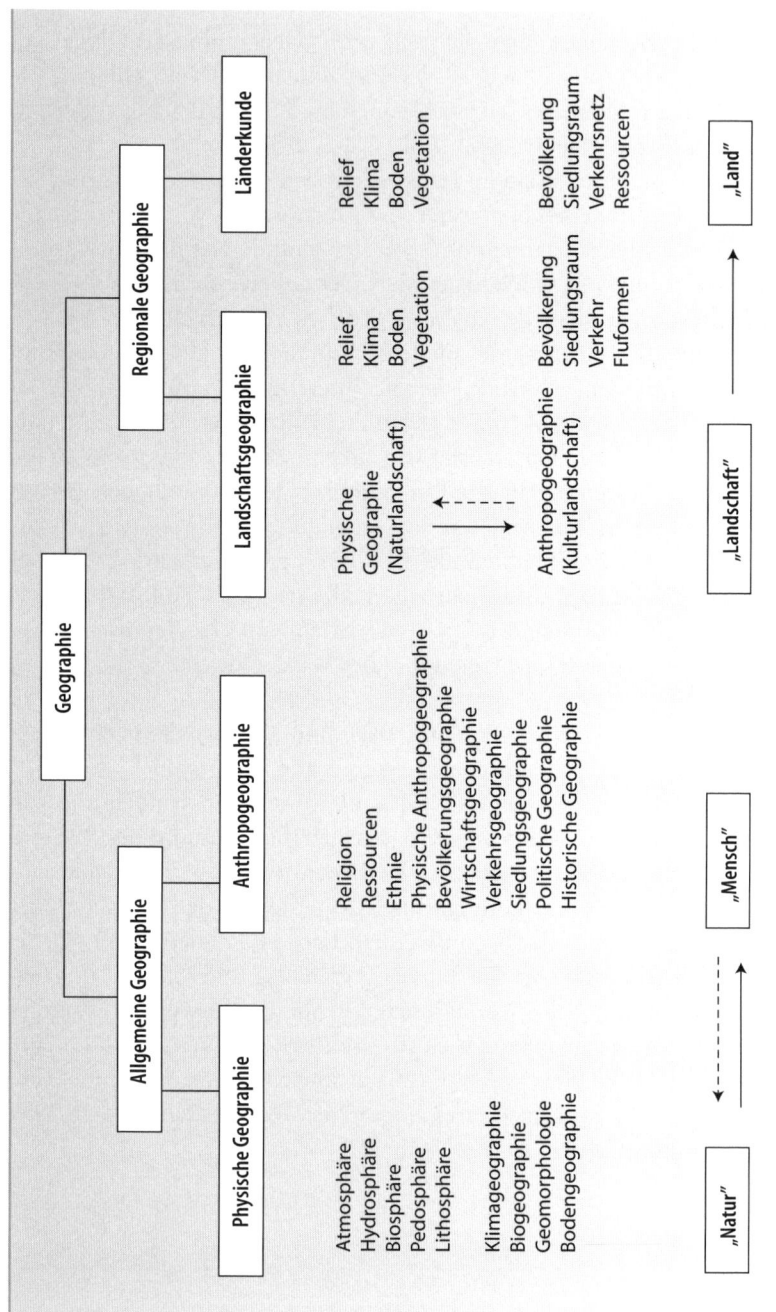

Abb. 2-2: Das System der traditionellen Geographie (leicht verändert nach WERLEN 1997: 45)

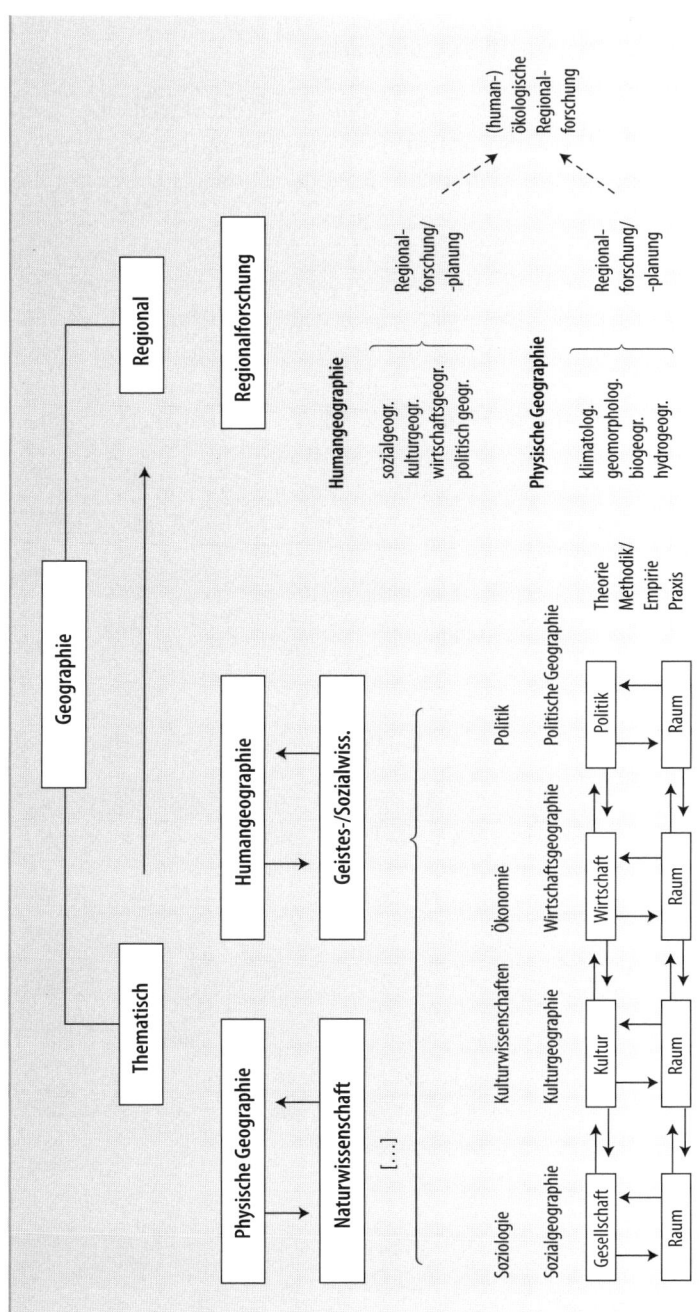

Abb. 2-3: Das System moderner Geographie (nach WERLEN 1993: 247)

2.2.3 Teilbereiche der wissenschaftlichen Geographie

Allgemein lässt sich festhalten, dass sich Geograph*innen sowohl mit natur- als auch mit gesellschaftswissenschaftlichen Fragestellungen beschäftigen. An vielen Instituten werden deshalb Physische Geographie und Humangeographie als Hauptzweige der Geographie unterschieden. Darunter existieren vielerlei Spezialbereiche geographischen Forschungsinteresses und der jeweiligen Ausrichtung entsprechende Teildisziplinen. Viele geographische Masterstudiengänge sind heute darüber hinaus themenspezifisch angelegt, übergreifen Fachbereiche und verbinden natur- und gesellschaftswissenschaftliche Perspektiven. Die folgende Darstellung geographischer Teilgebiete (s. a. HEINRITZ & WIESSNER 1994) erhebt keinen Anspruch auf Vollständigkeit, gibt aber einen groben Überblick über die Vielfalt der Bereiche wissenschaftlicher Geographie. Die angegebene Grundlagenliteratur in der kleinen Bibliographie zum Geographiestudium im Anhang orientiert sich im Wesentlichen an dieser Grobgliederung.

Die **Humangeographie** kann in folgende Hauptteilbereiche untergliedert werden:
- Sozialgeographie
- Wirtschaftsgeographie
- Kulturgeographie
- Politische Geographie
- Stadtgeographie

‚Human' bedeutet hier so viel wie ‚vom Menschen handelnd' und ‚auf den Menschen bezogen'. Darüber hinaus entwickeln sich im Bereich der Humangeographie als Reaktion auf gesellschaftliche Diskussionen immer wieder neue Teilbereiche, die teilweise globale Bedeutung erreichen, häufig aber auf gewisse Zeiträume oder Regionen beschränkt bleiben. Beispiele sind die
- *Radical Geography* (insb. in Großbritannien) und die
- feministische Geographie

Die **Physische Geographie** betrachtet das ‚System Erde' mit naturwissenschaftlichem Blick. Sie befasst sich dabei mit den sogenannten Geofaktoren und betrachtet deren Wirkungsprozesse und Zusammenhänge. Dabei haben sich im Laufe ihrer knapp hundertfünfzigjährigen Entwicklung, entsprechend den fünf Geofaktorengruppen (NOLZEN 1988: 1), folgende Teilbereiche entwickelt:
- Klimageographie
- Geomorphologie
- Hydrogeographie
- Bodengeographie
- Biogeographie

Seit den siebziger Jahren des 20. Jahrhunderts hat sich sowohl innerhalb der Physischen Geographie als auch außerhalb der Disziplin ein neuer Bereich etabliert, in dem die genannten Teilbereiche wieder zusammengeführt und systemisch betrachtet werden: die **Geoökologie**.

Die **Regionale Geographie** legt ihr „Schwergewicht auf die Verflechtungen zwischen der individuellen Entwicklung einzelner Regionen und übergeordneten sachlichen Rahmenbedingungen und räumlichen Entwicklungen" (Heinritz & Wiessner 1994: 34). Als (moderne) Landes- oder Länderkunde (*Area Studies*) kann die Regionale Geographie verschiedene Teilbereiche der Physischen und der Humangeographie verbinden.

Ein Arbeitsgebiet jüngeren Datums stellt die **Geoinformatik** dar. Sie hat eine Brückenfunktion zwischen der Informatik und den Geowissenschaften. Das Anliegen der Geoinformatik ist die Entwicklung und Anwendung von digitalen Datengrundlagen, Modellen und Methoden zur computergestützten Lösung fachspezifischer Probleme in den Geowissenschaften (z. B. Geographie, Geologie, Geophysik, Landschaftsökologie). Besondere Berücksichtigung finden dabei der räumliche Bezug von Informationsschichten und die veranschaulichende Projektion von Daten auf den vermessenen Erdraum (z. B. Geographische Informationssysteme, Fernerkundung).

Didaktik ist die wissenschaftliche Disziplin, die sich mit allen Fragen des Lernens und Lehrens befasst. Sie ist Mittlerin zwischen der fachlichen Perspektive (Fachwissenschaft) und der beruflichen Perspektive. Sie befasst sich nicht nur mit den Methoden der Vermittlung (dem ‚Wie?'), sondern auch mit der Ausrichtung und Legitimation der relevanten Inhalte (dem ‚Was?'). Im Fokus stehen dabei nicht nur Schule und Schüler*innen, sondern auch die Lehrer*innen und Lehramtsstudierende, die Wissen in die Gesellschaft tragen und dabei ihr eigenes geographisches Weltbild entwickeln und vertreten müssen. Insofern sind auch Master-Studierende Adressat*innen einer Ausbildung zu Selbst- und Faktenbewusstsein sowie Vermittlungskompetenz.

2.3   Forschen: Wie geht das?

Grundlagen und Ablauf eines empirischen Forschungsprozesses

Die wissenschaftliche Forschung ist der Kern jeglichen wissenschaftlichen Arbeitens. Daher sollen hier einige grundlegende Aspekte bezüglich ‚Forschung' und des ‚Forschungsprozesses' angesprochen werden. Wie wird überhaupt ‚wissenschaftlich' geforscht? Wozu sind Forschungsmethoden notwendig? Wie sieht ein Forschungsprozess aus? Die spezifischen Forschungsmethoden werden in einer Vielzahl von Publikationen beschrieben, auf die hier nur verwiesen werden kann. Studierende müssen sie sich im Laufe des Studiums sowohl theoretisch als auch praktisch aneignen.

2.3.1 Grundlagen

Der Weg wissenschaftlichen Erkenntnisgewinns lässt sich auf verschiedene Weise beschreiten. Im 19. Jahrhundert und bis ins 20. Jahrhundert hinein glich wissenschaftliche Forschung in den Naturwissenschaften einem Mosaiksteinpuzzle – Wissenschaftler*innen setzten aus einer Vielzahl beobachteter Einzelphänomene ein Modell oder eine Theorie zusammen. Diese Vorgehensweise wird induktive Methode oder kurz **Induktion** genannt. Der umgekehrte Weg, bei dem theoretische Überlegungen den Ausgangspunkt und nicht das Resultat wissenschaftlichen Erkenntnisgewinns bilden, heißt **Deduktion** (WERLEN 2001a: 235; 2002a: 151).

> „Unter **empirischer Forschung** versteht man den systematisch vollzogenen Blick eines Forschers in die Realität, in dessen Rahmen versucht wird, reale Tatbestände systematisch zu erfassen bzw. auszudeuten. Im Gegensatz zur rein theoretischen ist die empirische Forschung eine erfahrungsgemäße Form des Erkenntnisgewinns" (STICKEL-WOLF & WOLF 2009: 190).

Die zu untersuchende ‚Realität' ist jedoch unter sozial- respektive naturwissenschaftlicher Perspektive eine jeweils andere. Der unterschiedlichen Wirklichkeit von gesellschaftlichen Tatsachen, z. B. ‚Urbanität', und natürlichen Tatsachen, z. B. einer Sedimentablagerung, muss im Forschungsprozess Rechnung getragen werden (s. a. Kap. 2.4). Während Sedimentablagerungen quantitativ erfasst und gemessen werden können und dabei allenfalls die Zweckmäßigkeit der ausgewählten Messmethodik zu diskutieren ist, ist ein abstraktes und dynamisches Phänomen wie ‚Urbanität' weniger eindeutig zu definieren und stark von individuellen, gruppenspezifischen oder gesellschaftlichen Einstellungen und Bewertungen abhängig. Der Zugang ergibt sich hier insbesondere über die ‚qualitative Forschung' und ihre Methodik, über die Sammlung und Erhebung von Dokumenten und persönlichen Aussagen, deren strukturelle Analyse oder nachvollziehbare sinnbezogene Deutung (die sogenannte Hermeneutik). Innerhalb der Sozialforschung spricht man daher weniger von ‚Realität' als von ‚sozialer Wirklichkeit', die es zu erforschen gilt.

2.3.2 Ablauf und Struktur eines Forschungsprozesses

Nach allgemein akzeptierten wissenschaftlichen Regeln lässt sich der Ablauf eines Forschungsprozesses grob in fünf Phasen einteilen (ATTESLANDER 2006: 17 f.):

1. Problembenennung: theoriegeleitete Formulierung von Problemen in Form wissenschaftlicher Fragestellungen, Abgrenzung des Problems, Nachweis seiner Erklärungsbedürftigkeit und des Bedarfs empirischer Untersuchung, Formulieren von Vermutungen zum Forschungsergebnis (Hypothesen);
2. Gegenstandsbenennung: Abgrenzung und Formulierung des zu untersuchenden Gegenstandes;
3. Durchführung: Anwendung von Forschungsmethoden;
4. Analyse: Durchführung von Auswertungsverfahren;
5. Zusammenführung und Verwendung von Ergebnissen.

Dabei stellt das deduktive Verfahren die am meisten verbreitete Forschungslogik der letzten Jahrzehnte dar. Hier steht, wie in Abbildung 2-4 verdeutlicht, eine Theorie oder eine Fragestellung am Beginn des Forschungsprozesses. In einem zweiten Schritt werden Hypothesen aufgestellt, in denen mögliche Antworten auf Theorie oder Fragestellung formuliert sind. Danach wird die Methodik festgelegt, mit der die aufgestellten Hypothesen auf ihren ,Wahrheitsgehalt' überprüft und ggf. revidiert werden sollen (Operationalisierung). Anschließend erfolgen Datenerhebung und Datenauswertung. Alle diese Prozessschritte bedingen die intensive Auseinandersetzung mit dem Forschungsstand eines Sachgebietes und den dazugehörigen Veröffentlichungen. Am Ende eines deduktiven wissenschaftlichen Forschungsprozesses steht die Diskussion und ggf. das Verwerfen und Neubestimmen der zuvor formulierten Hypothesen.

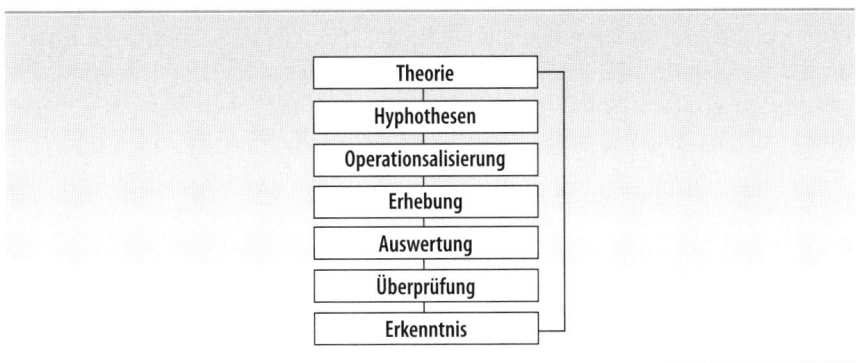

Abb. 2-4: Lineares Modell des Forschungsprozesses (verändert nach FLICK 1998: 61)

Wenn die im Vorfeld formulierten theoretischen Annahmen an mehreren ‚Fällen‘ praktisch überprüft werden und der Vergleich der jeweiligen Ergebnisse wiederum die Basis einer neuen Theorie bildet, spricht man von einem zirkulären Forschungsprozess. Ein solches Vorgehen wird vorrangig in der qualitativen Forschung eingesetzt, weil es deren „entdeckendem Charakter" eher gerecht wird (FLICK 1998: 61). Das heißt, dass Vorannahmen, Theorie und Ergebnisse einer stetigen Revision und Dynamik unterzogen werden. Die Abfolge eines solchen dynamischen Prozesses ist in Abbildung 2-5 verdeutlicht.

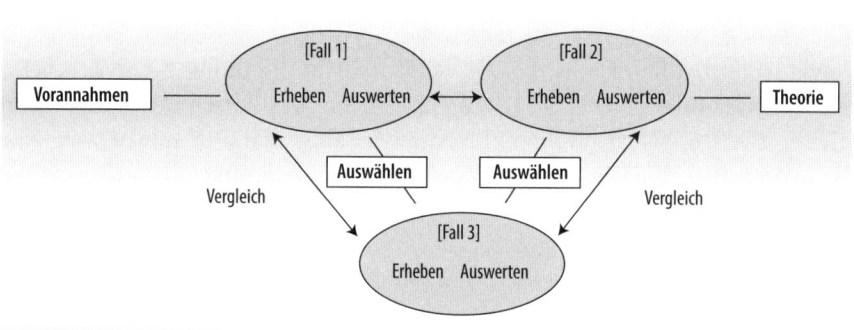

Abb. 2-5: Zirkuläres Modell des Forschungsprozesses (verändert nach FLICK 1998: 61)

2.3.3   Wer soll das bezahlen? – Forschungsmittel

Forschungen kosten nicht nur Zeit, sondern auch Geld. In Ländern wie Deutschland und anderen hochentwickelten Ländern stellen dabei die Kosten für das forschende und unterstützende Personal, das auch bezahlt werden will, häufig den größten Anteil dar. Im naturwissenschaftlichen Bereich schlagen zudem die Kosten für Geräte und labortechnische Einrichtungen und Verbrauchsmaterialien zu Buche. Sind Forschungen ‚im Feld‘ geplant, seien es Vermessungen, Bodenbeprobungen oder Expert*inneninterviews vor Ort, fallen zudem Reisekosten und Aufwendungen für eine adäquate Ausrüstung an (s. a. DODDS 2001: 404 f. zu „Forschungsreisen").

Aber auch ‚weiche‘ Faktoren der ‚Forschungsinfrastruktur‘ spielen eine Rolle für den Forschungsprozess: Bietet eine Forschungsstätte den Austausch mit anderen Wissenschaftler*innen? Wie ist das soziale Umfeld ‚vor Ort‘? Ist der Zugang zum Gegenstand respektive zu den Quellen gewährleistet?

Forschung wird in Deutschland staatlich und privat gefördert. Universitäten und staatliche Forschungseinrichtungen sind die maßgeblichen Institutionen der über Bund und Länder finanzierten Forschung. Kommt das Geld für ein geplantes Forschungsprojekt nicht direkt von der durchführenden Institution (dem Haushalt der Hochschule), so handelt es sich um ‚Drittmittel‘.

> „Drittmittel sind Mittel, die zur Förderung von Forschung und Entwicklung sowie des wissenschaftlichen Nachwuchses und der Lehre zusätzlich zum regulären Hochschulhaushalt (Grundausstattung) von öffentlichen oder privaten Stellen eingeworben werden" (Statistisches Bundesamt o. J.).

Drittmittel sind direkt an das jeweilige Forschungsprojekt gebunden und werden zeitlich befristet gewährt. In Deutschland sind, basierend auf den Zahlen des Jahres 2018 (DESTATIS 2020: 28) und gemessen am Volumen der bereitgestellten Mittel, die Deutsche Forschungsgemeinschaft (DFG), die verschiedenen Bundesministerien (insbesondere das Bundesministerium für Bildung und Forschung (BMBF)), die gewerbliche Wirtschaft, die Europäische Union sowie diverse Stiftungen (u. a. die VolkswagenStiftung) die wichtigsten Drittmittelgeber. Die Beantragung von Projektmitteln erfolgt in der Regel durch etablierte Projektleiter*innen entweder aus Eigeninitiative oder im Rahmen von Ausschreibungen zu spezifischen Forschungsfragen.

Aber auch private Wirtschaftsbetriebe und große Industrieunternehmen können Forschung an Universitäten fördern. Das wird insbesondere dann der Fall sein, wenn ein ökonomisches Interesse an den Ergebnissen besteht. Entsprechend hoch kann dann auch die Einflussnahme auf den Forschungsprozess, die Wahl der Methoden und die Laufzeit der Untersuchungen sein. In diesen Fällen ist ein Höchstmaß an Transparenz angeraten, da sonst die wissenschaftliche Reputation gefährdet sein kann.

2.3.4 Wer soll das bezahlen? – Stipendien für Studierende und Nachwuchswissenschaftler*innen

Finanzmittel werden nicht nur für ausgeklügelte, in der Regel auf drei Jahre angelegte Forschungsprojekte zur Verfügung gestellt. Inzwischen wird auch im akademisch-wissenschaftlichen Bereich die Nachwuchsförderung groß geschrieben. Unabhängig vom gewählten Studiengang (Bachelor, Master, Magister, Lehramt) sind in Deutschland für Studierende neben dem schon 1925 gegründeten Begabtenförderwerk Studienstiftung des deutschen Volkes insbesondere die Stiftung der deutschen Wirtschaft (sdw) und das vor knapp

10 Jahren eingeführte Deutschlandstipendium von Bedeutung. Darüber hinaus fördern die einschlägigen politischen Stiftungen (z. B. Konrad-Adenauer-, Heinrich-Böll-, Friedrich-Ebert-, Rosa-Luxemburg-, Friedrich-Naumann- und Hanns-Seidel-Stiftung), verschiedene kirchliche und religiöse sowie zahlreiche private Stiftungen erfolgversprechende Studierende. Dabei sind in der Regel auch Selbstbewerbungen möglich.

Von besonderer Bedeutung sind diese Einrichtungen für herausragende Studierende, die nach Abschluss der universitären Ausbildung ihre akademische Laufbahn mit einem Promotionsvorhaben fortsetzen wollen und auf der Suche nach einem Stipendium oder einer weiteren Förderung für dieses Vorhaben sind. Zum Zeitpunkt der Überarbeitung dieser Auflage fanden sich lohnende Informationen zur Studien- und Promotionsförderung u. a. unter:

- Studis Online (www.studis-online.de/studienfinanzierung/stipendienverzeichnis.php),
- Stipendienlotse des Bundesministeriums für Bildung und Forschung (BMBF) (www.stipendienlotse.de),
- Stifterverband (www.stifterverband.org),
- Deutsches Stiftungszentrum (www.deutsches-stiftungszentrum.de), oder
- Deutschland-Portal „Deutschland.de" (www.deutschland.de/de/topic/wissen/bildung-lernen/forschungsfoerderung)

2.4   Wie forschen Geograph*innen?

Wissenschaftliche Methoden der Geographie

Geograph*innen machen Expeditionen in fremde Länder. Geograph*innen stehen am Straßenrand hinter Messgeräten. Geograph*innen bohren im Eis. Geograph*innen sammeln Regenwasser und sagen das Wetter voraus. Geograph*innen zeichnen Karten von Bergen, Bodenschätzen und Bevölkerungsdichte. So in etwa stellt sich im Normalverständnis geographische Tätigkeit dar. Und die Sache hört sich ziemlich spannend, zuweilen abenteuerlich und irgendwie auch einfach an: Reisen, Messen, Zeichnen. Aber wenn es darum geht, wissenschaftliche Erkenntnisse in den verschiedenen geographischen Teilbereichen zu gewinnen, ja, was sind dann die von Geograph*innen angewendeten Methoden? Was hat Geographie mit Rechnen, Wiegen, Fernsehen oder Bloggen zu tun?

2.4.1 Methodendifferenzierung

Jede Wissenschaft arbeitet mit bestimmten Methoden, um neue Erkenntnisse zu gewinnen – so auch die Geographie. Dabei ist grundsätzlich zu beachten, dass keine Methode als ‚Selbstzweck' betrieben werden darf. Auch gibt es keine nur für die Geographie reservierten Methoden. Maßgeblich ist, dass die gewählten und angewandten Methoden auf den jeweiligen Untersuchungsgegenstand abgestimmt sind. Eine Orientierung erfolgt in der Regel an den dokumentierten Vorgehensweisen und Ergebnissen anderer Wissenschaftler*innen, die sich mit ähnlichen Fragen auseinandersetzen. Der Forschungsaustausch ist entscheidend für die Optimierung und die Weiterentwicklung der Methodik.

Eine erste grobe **Differenzierung der Methoden** kann zwischen naturwissenschaftlichen und sozialwissenschaftlichen Methoden vorgenommen werden. Es wäre offenkundig unsinnig, Bodentypen mit Interviewverfahren bestimmen zu wollen (die erhaltenen Auskünfte wären sehr dürftig, es sei denn, man befragt Menschen, die den Boden bearbeiten). Genauso wenig ist es sinnvoll, soziale Beziehungen mit ‚Salztracertechniken' zu analysieren. Studierende der Geographie müssen sich aber während des Studiums sowohl Methoden der physischen Geographie als auch sozialwissenschaftliche Methoden aneignen. Genauso wichtig wie das reine Handwerk ist dabei, die Angemessenheit der Methode in Bezug auf die jeweilige Fragestellung und den Forschungsgegenstand abschätzen zu lernen (**Methodenadäquanz**). Ferner ist zu unterscheiden zwischen Methoden, die der Erhebung, und solchen, die der Auswertung von Daten dienen.

Da sich im Laufe der Entwicklungsgeschichte der Geographie eine Vielzahl von Arbeitsmethoden herausgebildet haben (und Bücher darüber ganze Regale in Bibliotheken füllen), sollen im Folgenden nur einige Methoden beispielhaft genannt und auf Grundlagenliteratur verwiesen werden. Das Curriculum der Geographie sieht in der Regel vor, dass ausgewählte Methoden in den verschiedenen Veranstaltungen des Studienganges (Kartographie und Statistikkurse, Geländeübungen und -praktika, Studienprojekte sowie Vorlesungen und Seminare) eingeübt und vertieft werden.

Vor allem die außerhalb der Universität (‚im Feld') durchgeführten **Geländeübungen** oder **-praktika** bzw. **Projektseminare vor Ort** ermöglichen erste praktische Erfahrungen mit angewandter Methodik auf der Basis einer selbst entwickelten Fragestellung. Sie bereiten auf eigenständig durchzuführende Studienprojekte und die praktischen Arbeiten im Zusammenhang mit der Abschlussarbeit vor. Gleichzeitig sind sie das Handwerkszeug, das Geograph*innen in einer späteren beruflichen Tätigkeit beherrschen müssen. Im Grunde lässt sich praktisches Forschen übrigens gar nicht genug üben, denn das Knowhow angewandter Forschung muss zwar theoretisch wohl überlegt sein, richtig gelernt wird es aber erst beim Selbermachen (‚*learning by doing*‘) – mit allen anfänglichen Fehlern.

Nicht immer gilt es, a priori (also vorab) die einzig richtige, adäquate Methode auszuwählen. Häufig ist es durchaus sinnvoll, einen Untersuchungsgegenstand mit verschiedenen Methoden und aus unterschiedlichen Perspektiven zu untersuchen (**Methodenmix, Methodentriangulation**). Dabei ist allerdings darauf zu achten, dass alle verwendeten Methoden sinnvoll auf den Untersuchungsgegenstand ausgerichtet sind. Diesbezüglich führt WERLEN (2008: 17) aus, dass Vielfalt „nur dann sinnvoll sein [kann], wenn innerhalb […] verschiedener Ansätze eine möglichst große Methodenstrenge praktiziert wird". Damit ist gemeint, dass eine Einheitlichkeit der zu verwendenden Methoden nicht generell und für alle Perspektiven und Disziplinen gelten kann. Dagegen ist eine **Reinheit der Methode** (ebd.) für die Vertreter*innen einer bestimmten Richtung verbindlich, das heißt, dass die Methode im Hinblick auf den verfolgten Zweck widerspruchsfrei zu konzipieren ist. Die Abwägung der geeigneten Methode(n) ist somit immer aufgrund der Spezifik des Einzelfalles vorzunehmen.

2.4.2   Kartierung

‚Die‘ klassische geographische Arbeitsmethode ist das Kartieren. Dabei ist Kartieren nicht zu verwechseln mit dem Anfertigen einer Karte, die den letzten Schritt einer Kartierung darstellt und eine Wissenschaft für sich, nämlich die Kartographie, repräsentiert. Die Kartierung ist eine Methode zur Erfassung und Repräsentation der räumlichen Ausdehnung oder Verteilung eines zuvor definierten und abgegrenzten Forschungsgegenstandes. ‚Räumlich‘ kann sich dabei sowohl auf den absoluten physischen Raum, aber auch auf den wahrgenommenen mentalen Raum beziehen. In letzterem Fall wird auch vom subjektiven Kartieren gesprochen.

Es gibt allerdings zahlreiche praktische und erkenntnistheoretische Gründe dafür, dass es sich bei einer Kartierung ohnehin niemals um eine realitätsgetreue 1:1-Abbildung handeln kann. Alleine die formalen und technischen Beschränkungen, denen die Aufnahme der Gegebenheiten auf der Erdoberfläche (ALBERTZ 2013) sowie die schlussendliche kartographische Darstellung unterliegen (HAKE et al. 2002), verhindern dies. Auch das Arbeiten mit Geographischen Informationssystemen (GIS) ändert nichts an diesen Beschränkungen. Zudem beinhaltet das Kartieren eine inhaltliche Selektion, eine Abgrenzung und Zusammenfassung von Objekten in Klassen sowie das Anlegen einer bestimmten Perspektive. Eine intensive Auseinandersetzung mit der jeweiligen Aufnahmetechnik (z. B. bei Radarsatellitenbildern, aber auch bei manuellen Erhebungsmethoden) sowie mit den Besonderheiten der gewählten Darstellung von Ergebnissen ist daher unerlässlich.

> „In möglichst kurzer und doch allgemeiner Form lässt sich **Kartographie** bezeichnen als Wissenschaft und Technik des Entwurfs, der Herstellung und des Gebrauchs kartographischer Darstellungen; diese vermitteln raumbezogene Informationen durch ein System geometrisch gebundener Zeichen" (Hake 1982: 13).

Bei aller Restriktion sind physische Karten (z. B. topographische oder hydrologische Verteilungen), thematische Karten (z. B. demographische, politische Verteilungen) und in neuerer Zeit auch ‚kognitive Karten' (subjektive Wahrnehmungen und Bewertungen von Distanz) das Mittel, um geographische Erkenntnisse zu repräsentieren. Es ist aber lange Zeit sehr selbstverständlich mit diesen Mitteln als Spiegel einer (einzigen, wahren) neutralen Realität umgegangen worden. Vor allem jene thematischen Karten, die humangeographische Sachverhalte scheinbar objektiv darstellen und fixieren, werden heute aufgrund ihrer nicht transparenten, gleichwohl machtvollen Einflussnahme auf die Entstehung von politischen und normativen „Weltbildern" kritisiert (Agnew 1999; Harley 2002; Schlottmann & Wintzer 2019).

2.4.3 Statistik

Unausweichlich für Studierende der Geographie, gleich ob Bachelor-, Diplom-, Master-, Lehramts- oder Magisterstudierende, ist es, grundlegende Kenntnisse statistischer Erhebungs und Auswertungsmethoden und -verfahren zu erwerben und einige von ihnen auch praktisch zu beherrschen.

> Unter **Statistik** versteht man nach Nipper (2002: 286):
> * eine Liste mit Daten zur Kennzeichnung von Sachverhalten für einzelne Objekte,
> * eine Teildisziplin der Mathematik, die sich mit der Erhebung und Auswertung von Daten beschäftigt,
> * die Anwendung statistischer Methoden in empirischen Wissenschaften.

Die Anwendung der Statistik in der Geographie begann sich im Rahmen der sog. Quantitativen Revolution in den 1960er-Jahren zu etablieren, und inzwischen sind statistische Methoden aus vielen Bereichen der Geographie nicht mehr wegzudenken. Gerade weil aber die statistisch aufbereitete Datenflut immer größer wird, ist es für die wissenschaftliche Arbeit mit Statistiken wichtig, aufgrund eigener fundierter Kenntnisse der Bedeutung statistischer Parameter, den Zahlenwerken gegenüber kritisch sein zu können. Das beginnt mit der Frage nach der Aussagekraft, z. B. von Zentralwerten einer Verteilung (Median, Mittelwert) und führt – selbst für nicht spezialisierte Geograph*innen – bis hin zur Beurteilung der Güte (Signifikanz) von Korrelations-, Regressions-, Faktoren- und Clusteranalysen (ZIMMERMANN-JANSCHITZ 2014; DE LANGE & NIPPER 2018; BAHRENBERG et al. 2008; BAHRENBERG et al. 2017; BACKHAUS et al. 2018; SCHNELL et al. 2018;).

2.4.4 Physisch-geographische Messungen und Labormethoden

Innerhalb der physischen Geographie gibt es zahlreiche Methoden, um im Gelände, also in einem Untersuchungsgebiet, Daten zu erheben. Dazu gehören Messungen des Abflusses in Fließgewässern oder das Erfassen von Wetterdaten (Messung von Temperatur, Luftdruck etc.). Aber auch die bereits oben angesprochenen Kartierungen, in Form von geomorphologischer (DEMEK 1976), bodenkundlicher (AD-HOC-AG BODEN 2005) und geoökologischer Kartierung (LESER & KLINK 1988) sind hier zu nennen. Eine weitreichende Sammlung physisch-geographischer Geländemethoden findet sich in ZEPP & MÜLLER (1999). Darüber hinaus gehören Laboruntersuchungen, z. B. Korngrößen- und Wassergehaltsbestimmungen an Bodenproben, chemische Untersuchungen an Sedimenten und an Wasser zum Handwerkszeug von Geograph*innen. In der Regel handelt es sich bei den im Gelände und im Labor eingesetzten Methoden um standardisierte Verfahren, die in entsprechenden Methodensammlungen dokumentiert sind und die sicherstellen sollen, dass die Messergebnisse nicht subjektiv beeinflusst sind. Neben den bereits mit Literaturhinweisen versehenen Geländemethoden ist zur Vertiefung insbesondere auf AMTHAUER & PAVICEVIC (2001), PAVICEVIC & AMTHAUER (2000), UTERMANN (2000) und auf die einschlägigen DIN-Normen zu verweisen. Allerdings ist in den letzten Jahren festzustellen, dass diese Methodensammlungen nicht mehr in gedruckter Form, sondern nur noch in Form von Internetdokumenten aktualisiert werden. Ein gutes Beispiel ist die Sammlung „Neue Methoden und Aktualisierungen der Methodendokumentation Bodenkunde" bei der Bundesanstalt für Geowissenschaften und Rohstoffe (BGR, BGR o. J.)

Die weitgehende Standardisierung der Messverfahren in der physischen Geographie garantiert allerdings noch keine sinnstiftenden Ergebnisse. Denn die angesprochenen Standardisierungen beziehen sich in der Regel nur auf das ‚Wie' des Messens, nicht jedoch auf das ‚Wo' oder das ‚Wann' einer Messung bzw. Beprobung im Gelände. Die Standardisierung einer Messung sagt also noch nichts darüber aus, ob eine Messung oder Beprobung im Gelände repräsentativ für ein Untersuchungsgebiet, einen Standort bzw. repräsentativ für einen Untersuchungszeitraum ist. Statistische und geostatistische Verfahren können in diesem Zusammenhang zwar hilfreich sein. Aber auch diese Verfahren lassen sich nur sinnvoll einsetzen, wenn durch unterstützende Untersuchungen Kenntnisse zur räumlichen oder zeitlichen Variabilität eines Phänomens vorliegen.

2.4.5 Methoden empirischer Sozialforschung

Im Gegensatz zur physischen Geographie gibt es in der Humangeographie keine Laborversuche und keine so weitreichende Standardisierung von Messverfahren. Methoden der primären Datengewinnung beziehen sich auf Daten, die mit Hilfe von quantitativen und/oder qualitativen Methoden der empirischen Sozialforschung gewonnen werden. Auch diese Methoden unterliegen Regeln, vor allem aber ist gerade bei den qualitativen Methoden die Abstimmung auf Fragestellung und Forschungsgegenstand wichtig.

Mit dieser Kurzcharakterisierung sind zum Beispiel Messungen und Zählungen (etwa zum Autoverkehr), standardisierte Formen von Interviews (Fragebögen), und neuere qualitative Formen der Datengewinnung, wie etwa offene Interviewsituationen (beispielsweise Leitfadeninterviews) und spezifische Beobachtungsverfahren (beispielsweise teilnehmende Beobachtung) angesprochen. Die Einbindung visueller Methoden bei der Datengewinnung (z. B. Probanden zeichnen oder photographieren lassen, Analyse von Bildern öffentlicher, insbesondere auch sozialer Medien) bekommt aktuell einen immer größeren Stellenwert. Dies gilt insbesondere auch für Forschung im Bereich der Didaktik, in der Kinder und Jugendliche im Fokus stehen (BUDKE & KUCKUCK 2015). Qualitative Methoden bedürfen allerdings auch – neben statistischen Verfahren – besonderer Auswertungsmethoden, etwa der Konversations- oder Bild-Diskursanalyse (s. FLICK et al. 2009; KELLER et al. 2006). Einen aktuellen Überblick für die humangeographische Forschung bietet WINTZER (2018). Verwiesen sei auch auf ihr Buch zur Orientierung in der qualitativen

Sozialforschung speziell für Studierende, in dem studentische Forschungsprojekte dargestellt und diskutiert werden (WINTZER 2016).

> **Empirische Sozialforschung** ist nach ATTESLANDER (2006: 3) „die systematische Erfassung und Deutung so-
> zialer Tatbestände" wobei der Begriff „empirisch erfahrungsgemäß bedeutet", systematisch ein regelhaf-
> tes Vorgehen impliziert und mit „sozialen Tatbeständen [...] beobachtbares menschliches Verhalten, von
> Menschen geschaffene Gegenstände [also Artefakte im ursprünglichen Sinn, eigene Ergänzung] sowie durch
> Sprache vermittelte Meinungen, Informationen über Erfahrungen, Einstellungen, Werturteile, Absichten"
> gehören.

Eine spezifisch humangeographische Methode ist die Hermeneutik, „die Lehre vom interpretativen Vorgehen" (SOEFFNER 2000: 164), oder aber auch die
„Lehre vom Verstehen" (JUNG 2001: 7). Das Ziel dieser qualitativen Methode ist die Erfassung von Bedeutung und Sinn, wie wir ihn über die Sprache
und Symbolik herstellen. Nicht ‚Messen', sondern ‚deutendes Verstehen' von
Sachverhalten und Phänomenen steht dabei im Vordergrund. Anwendungs-
bereiche der Hermeneutik sind im weitesten Sinne ‚Texte', also dokumentier-
te Aussagen von Interviewpartnern, oder Zeitungsberichte und Fernsehfilme.
Das heißt nicht, dass die hermeneutischen Methoden auf das gesprochene
oder geschriebene Wort festgelegt sind. Auch Handlungen oder Bilder werden
untersucht, sie müssen jedoch, auch weil Wissenschaft auf Sprache basiert,
zur Analyse ‚transkribiert' (verschriftet) werden. Dies bedeutet, es ist ein Text
herzustellen, der das Ton- oder Bilddokument möglichst genau wiedergibt.
Forschende müssen sich dabei jedoch immer mit der Tatsache auseinandersetzen, dass sie mit Dokumentation und Transkription eine neue Realität kons-
truieren, also aktiv in die Wirklichkeit ihres Gegenstandes eingreifen (FLICK
1998: 193 ff.).

Die weitreichenden Implikationen und die Problematik qualitativer Forschung werden in verschiedenen Online-Foren fortlaufend diskutiert. Besonders empfehlenswert ist das „Forum Qualitative Sozialforschung" (FQS), das
unter der URL http://www.qualitativeresearch.net zu finden ist und inzwischen zu einer begutachteten, mehrsprachigen Open-Access-Zeitschrift zur
qualitativen Sozialforschung herangereift ist.

2.5   Was kommt auf mich zu?

Das Prozedere von Seminar- und Forschungsarbeiten

Nachdem in diesem ersten Hauptteil einige grundlegende Aspekte zu ‚Wissenschaft‘ und ‚Forschung‘ dargelegt wurden und bevor die wissenschaftliche Arbeit bezüglich studentischer sowie wissenschaftlicher Abhandlungen im Einzelnen und ausführlich erläutert wird, soll an dieser Stelle skizzenhaft eine vorläufige Zusammenfassung der jeweiligen Schritte im wissenschaftlichen Arbeitsprozess erfolgen. Kurz: Was kommt nun eigentlich auf Studierende zu? Neben dem Erlernen von Fakten und Daten und der Ausbildung von Methoden und Sozialkompetenzen (z. B. Teamfähigkeit) gilt es, das im Laufe des Studiums erworbene Wissen und eigene Forschungsergebnisse ‚aufzubereiten‘ und in schriftlicher und mündlicher Form anderen (Kommiliton*innen, Dozent*innen, Wissenschaftler*innen, Mitbürger*innen etc.) zu präsentieren. In der Tat handelt es sich hierbei für die meisten Studierenden um den wohl schwierigsten, wenngleich wichtigsten Teil ihrer studentischen Karriere. Besonders wenn es an das Abfassen der Abschlussarbeit geht, stellen sich mitunter ganz unerwartete und bislang durchaus unbekannte (sicherlich individuell verschiedene) psychologische Zustände ein. Schon alleine der verlangte Seitenumfang und die absolut strikte Terminierung der Abschlussarbeit reichen über die Anforderungen an eine klassische Studienarbeit hinaus. Die gesetzten Termine sind natürlich auch bei Studienarbeiten einzuhalten, nur sind die Folgen bei Nichteinhaltung ungleich schwerwiegender, wenn es sich um die Abschlussarbeit handelt.

Wie bereits in Kapitel 2.3.2 dargestellt, kann ein Forschungsprozess allgemein in fünf aufeinander folgende Phasen eingeteilt werden (ATTESLANDER 2006: 17). Diese Phasen sind – mit anderen Inhalten angefüllt – mehr oder weniger äquivalent zum allgemeinen Prozedere beim Erstellen von Studien- und Abschlussarbeiten sowie Präsentationen. Tabelle 2-2 fasst die Phasen wissenschaftlichen Arbeitens im Forschungsprozess zusammen und gibt darüber hinaus Auskunft über die psychologischen Zustände, die sich typischerweise in den jeweiligen Phasen einstellen. Ausgehend von der Perspektive der ‚Wissenschaftler*innen‘ wird im Folgenden auch auf die Tätigkeiten von ‚Studierenden‘, die beim Anfertigen von Seminararbeiten oder Präsentationen anfallen, eingegangen. Die Tabelle soll verdeutlichen, dass auch bei ‚gestandenen‘ und ‚erfahrenen‘ Wissenschaftler*innen in gewissen Phasen eines Forschungsprozesses die anfallende Arbeit unübersichtlich und hoch komplex werden kann, sodass es notwendig wird, sich immer wieder von Neuem Klarheit zu verschaffen und sich zu motivieren, um schließlich in den Genuss eines erfolgreichen Abschlusses des jeweiligen Projektes (ob es sich um einen Forschungsauftrag oder eine Studienarbeit handelt) zu kommen. In der Regel generieren bei dem oder der Forschenden neue Einsichten oder Erkenntnisse Motivationsschübe; bei Studierenden sind dies häufig die berühmten ‚Aha-Erlebnisse'. Anzumerken ist jedoch, dass die einzelnen inhaltlichen Punkte der jeweiligen Phasen in der Praxis nicht immer so klar voneinander abgetrennt sind: Vielmehr ergeben sich meist fließende Übergange zwischen den Phasen, oder bereits ‚abgehandelte' Phasen müssen nochmals durchlaufen werden, um etwa die Arbeitshypothesen zu spezifizieren.

Die erste Phase (**Problemstellung**, Tab. 2-2) ist für Wissenschaftler*innen eigentlich die zentrale Phase, da mit dem Erfassen der Problemstellung bereits viele ‚Weichen' für den zukünftigen Verlauf des Forschungsprozesses gestellt werden. Studierende haben es in dieser Phase vergleichsweise einfach, da sie oftmals ein zu behandelndes Thema zugewiesen bekommen oder einen Arbeitsgegenstand aus einem Themenkatalog auswählen können oder müssen. Den positiv gestimmten Typus Studierender vorausgesetzt, sollte diese Phase von einer gewissen Anfangseuphorie oder Aufbruchsstimmung gekennzeichnet sein. Gerade Geograph*innen wollen ja ‚Neuland' entdecken, und dieses findet sich nicht nur als ‚weiße Flecken' auf Landkarten, sondern gerade auch in unseren individuellen Wissensvorräten – quasi als kognitive weiße Flecken, die es zu kolorieren gilt. Zugegebenermaßen können nicht immer alle Studierende bezüglich der Themenauswahl oder des zugewiesenen Themas zufriedengestellt werden, was sicherlich die Anfangseuphorie mindern kann. Die Erfahrung lehrt jedoch, dass, je intensiver in das zu behandelnde Thema ‚eingetaucht' wird, gleichzeitig das Interesse an der Bearbeitung der Problemstellung wächst.

Wenn ersichtlich wird, welche Menge an Arbeit mit der ursprünglichen Idee verbunden ist, erfolgt, wie im täglichen Leben auch, auf die Euphoriephase häufig eine gewisse Ernüchterung. In dieser Phase der **Gegenstandsbenennung** fängt die harte wissenschaftliche Arbeit an. Das zu behandelnde Problem muss dezidiert formuliert und der zu bearbeitende Gegenstand klar umrissen und eingeordnet werden. Schließlich kann nicht alles auf einmal behandelt werden. Dies würde nicht nur die geistigen Kapazitäten überstrapazieren, sondern auch die zeitlichen Ressourcen über die Maßen beanspruchen. Die Forschung ist somit auf die Durchführbarkeit hin zu prüfen. An dieser Stelle des Forschungsprozesses werden in der Regel Arbeitshypothesen formuliert und operationalisiert (Kap. 2.3.2). Bei Studienarbeiten wird in dieser Phase das Thema abgegrenzt, es werden Teilthemen festgelegt und eigene Fragen an das

Tab. 2-2: Die fünf Phasen wissenschaftlichen Arbeitens (nach ATTESLANDER 1993, aus: LAZAR 2001: 7)

Phase:	Forschung ,Wissenschaftler*innen'	Studienarbeit/ Präsentation ,Studierende'	Möglicher psychologischer Zustand
Problemstellung	Wissenschaftliches Problem fassen	Thema wählen/erhalten/ akzeptieren	Anfangseuphorie Aufbruchsstimmung
Gegenstands-benennung	Problem formulieren Problem eingrenzen Arbeitshypothesen generieren	Thema abgrenzen Fragen formulieren Teilthemen festlegen	Ernüchterung Die Menge an Arbeit wird ersichtlich
Durchführung	Methodenauswahl Instrumente und Versuchsanordnung festlegen	Literatur sammeln, sichten und exzerpieren Beginn der Textarbeit Ideen zur Präsentation sammeln	Völlige Verwirrung und Verzweiflung „Ich kapier´s nicht" „Das schaff´ ich nie!"
Analyse/Interpretation	Auswertung der Versuche Überprüfung der Hypothesen	Literatur ordnen und auswerten Studienarbeit konkret verfassen Präsentationsinhalte Fallbeispiele Medieneinsatz	Erstes ,Aha-Erlebnis' „Jetzt wird´s richtig spannend!"
Verwertung	Problemlösung Publikationen Forschungsberichte	Folien produzieren Abbildungen suchen Thesenpapier erstellen Präsentieren	Lampenfieber Stolz auf's Geleistete Erfolgserlebnis

zu behandelnde Thema entwickelt (Fragenkatalog, Kap. 4.2.1). Dabei ist es unbedingt erforderlich, die Fragen nicht nur „im Kopf" zu haben, sondern präzise auszuformulieren. Durch die Eingrenzung des Themas und die Formulierung von Fragen sollte im besten Falle auch eine Komplexitätsreduktion erfolgen, damit die anstehende Arbeit „handhabbar" und überschaubar wird.

Zu Beginn der **Durchführungsphase** wählen Wissenschaftler*innen (wenn dies nicht schon vorher geschehen ist) ihre Methoden und gegebenenfalls ihre Arbeitsinstrumente aus. Werden Laborversuche durchgeführt, muss die Versuchsanordnung festgelegt und schriftlich festgehalten werden (Kap. 2.4.4). Bei Untersuchungen mit Methoden der empirischen Forschung wird vorab ein Arbeitsplan erstellt (Kap. 2.4.5). Die eigentliche Durchführung ist dann beispielsweise gekennzeichnet von Wasserprobenanalysen und Messungen der Leitfähigkeit von Böden oder Beobachtungen und Befragungen verschiedener sozialer Gruppen. Zeigen die Versuche nicht die erwarteten Ergebnisse (was durchaus häufig der Fall ist und was auch ‚gut‘ ist, denn sonst wäre diese Arbeit ja unnötig) oder ergibt es sich etwa, dass der Zugang zur vorgesehenen Befragungsgruppe nicht möglich ist, gerät der oder die Wissenschaftler*in mitunter in einen Zustand ‚völliger Verzweiflung‘. Da hilft nur, etwas Abstand zu gewinnen, auf das bereits Geleistete zu blicken und noch einmal neu anzusetzen.

Für Studierende sind in der Durchführungsphase Verzweiflung und Verwirrung häufig auch dadurch gegeben, dass die bearbeitete Literatur entweder zu umfangreich oder zu komplex ist (Kap. 3). Hier besteht die Gefahr, dass einem das Thema ‚aus den Händen gleitet‘. Häufig hilft es an dieser Stelle, die Problematik Freunden, Kommiliton*innen, Mitbewohner*innen oder Familienangehörigen zu schildern, da die eigene Formulierung des (wissenschaftlichen) Problems zur Klärung beitragen kann. Das Interesse anderer kann zudem einen neuen Motivationsschub auslösen. Auch erste Schritte zur eigenständigen textlichen Fassung (Studienarbeit) können einen Beitrag zur Ordnung der eigenen Gedanken liefern (Kap. 4). Sollte dies nicht erfolgreich sein, ist es ratsam, die Veranstaltungsleitung oder den oder die Betreuer*in zu kontaktieren. In diesem Fall sind jedoch unbedingt konkrete Fragen vorzubereiten! Zu einer allgemeinen Aussage wie ‚Ich komm’ einfach nicht weiter!‘ können Veranstaltungsverantwortliche keine befriedigende Auskunft geben, selbst wenn sie es wollten.

Nach Beendigung der Untersuchungen werden die abschließenden Ergebnisse einer (vorläufig) endgültigen Auswertung unterzogen. Dies ist die Phase im Forschungsprozess, in der es sehr, sehr spannend wird. Wie bei einem Detektiv, der kurz vor der Lösung eines schweren Falles steht, nimmt die Ausschüttung von Adrenalin im Körper der oder des Forschenden in Erwartung der Ergebnisse zu. Zweifelsohne ist wissenschaftliche Arbeit in gewissem Sinne vergleichbar mit Detektivarbeit. Die eingangs getroffenen Hypothesen werden schließlich von den Wissenschaftler*innen anhand der neu generierten Ergebnisse überprüft und gegebenenfalls vorläufig und teilweise bestätigt (verifiziert) oder für unhaltbar erklärt (falsifiziert). Die gewonnenen Daten werden also entsprechend den zugrundeliegenden theoretischen Annahmen interpretiert (Kap. 2.1.2 und 2.3). Bei Studienarbeiten ist dies die Phase, in der sich regelmäßig befriedigende ‚Aha-Erlebnisse‘ einstellen (sollten). Die gelesene Literatur ist zu ordnen und auszuwerten (Kap. 3). Schließlich ist an dieser Stelle bereits an die Verwertung in Form einer schriftlichen Darstellung (Kap. 4) oder mündlichen Präsentation (Kap. 5) zu denken. Oftmals erhellt sich das bearbeitete Thema (wenn noch nicht geschehen) erst und gerade durch das Verfassen der Arbeit oder des Manuskriptes (Kap. 5.1.3).

Die abschließende **Verwertungsphase** ist für Wissenschaftler*innen wiederum eine Phase des Genusses. Wurde an einem Gutachten, etwa zum Image einer Stadt oder zur Umweltverträglichkeit einer Baumaßnahme gearbeitet, konnte konkret zur Lösung eines Problems beigetragen werden. Darüber hinaus werden die gewonnenen Ergebnisse meistens in Form eines Buches oder als Zeitschriftenbeitrag publiziert. Dadurch steigt das Renommee der Wissenschaftler*innen innerhalb der *Scientific Community*.

Für Studierende kann die Phase der Verwertung allerdings auch eine Zeit kleinerer und/oder größerer Krisen sein, insbesondere wenn die Verwertung in Form einer mündlichen Präsentation erfolgt, was für Ungeübte meistens eine angespannte, von Nervosität gekennzeichnete Situation ist. Hier gilt es, ruhig zu bleiben und die Tipps in Kapitel fünf dieses Buches zu beachten (Kap. 5.5). Sowohl für das Schreiben einer Studienarbeit als auch bezüglich mündlicher Präsentationen hat der altbekannte Satz ‚Übung macht den Meister!‘ weiterhin Gültigkeit. Auf jeden Fall sollte das Erfolgserlebnis einer gelungenen (aber auch einer ‚hinter sich gebrachten‘) Präsentation entsprechend genossen werden. Es ist nicht nur erlaubt, sondern sogar ratsam, auf das Geleistete ein wenig stolz zu sein!

Die nun folgenden Kapitel geben Auskunft darüber, wie durch entsprechende Erarbeitung, Einhaltung und Übung formaler und methodischer Techniken Reibungsverluste (und damit negative psychologische Zustände), insbesondere bei der Durchführungsphase (Kap. 3), der Analyse und Interpretationsphase (Kap. 4) und der Verwertungsphase (Kap. 5) minimiert werden können. Schließlich sollte, trotz aller Härte der alltäglichen wissenschaftlichen und studentischen Arbeit, das wissenschaftliche Prozedere auch Spaß machen und einhergehend mit Erkenntnissen der Hirnforschung bezüglich der Auswirkung emotionaler Kontexte auf die Lernleistung (Spitzer 2008: 28), der individuelle psychologische Zustand positiv aufgeladen sein. Mit ‚Lust und Laune‘ arbeitet es sich kreativer, effizienter und nicht zuletzt auch gesünder!

Weiterführende Literatur

Atteslander, P. (2010[13]): Methoden der empirischen Sozialforschung. Berlin: ESV.

Backhaus, K., B. Erichson, W. Plinke & R. Weiber (2018[15]): Multivariate Analysemethoden. Eine anwendungsorientierte Einführung. Berlin: Springer.

Bahrenberg, G., E. Giese, N. Mevenkamp & J. Nipper (2008[3]): Statistische Methoden in der Geographie. Bd. 2: Multivariate Statistik. Stuttgart: Borntraeger.

Bahrenberg, G., E. Giese & J. Nipper (2017[6]): Statistische Methoden in der Geographie. Bd. 1: Univariate und Bivariate Statistik. Stuttgart: Borntraeger.

Bartels, D. (1968): Zur wissenschaftstheoretischen Grundlegung einer Geographie des Menschen. Wiesbaden: Steiner.

Bathelt, H. & J. Glückler (2018[4]): Wirtschaftsgeographie. Ökonomische Beziehungen in räumlicher Perspektive. UTB **8217**. Stuttgart: Ulmer.

Bohnsack, R. (2014[9]): Rekonstruktive Sozialforschung. Einführung in qualitative Methoden. UTB **8242** Opladen: Budrich.

Borsdorf, A. (2007[2]): Geographisch denken und wissenschaftlich arbeiten. Berlin: Springer.

Broad, W. & N. Wade (1984): Betrug und Täuschung in der Wissenschaft. Basel: Birkhäuser.

Budke, A. & M. Kuckuck (Hrsg.) (2015): Geographiedidaktische Forschungsmethoden. Praxis Neue Kulturgeographie **10**. Berlin: Lit.

Bundesverband Deutscher Stiftungen (Hrsg.) (2017[9]): Verzeichnis Deutscher Stiftungen. Berlin: Selbstverlag.

Bundesverband Deutscher Stiftungen (2019): Liste der größten gemeinwohlorientierten Stiftungen. Online unter: https://www.stiftungen.org/stiftungen/zahlen-und-daten/liste-der-groessten-stiftungen.html (Stand: 2019-12-02) (Zugriff: 2020-10-24).

De Lange, N. & J. Nipper (2018): Quantitative Methodik in der Geographie. Eine Einführung. UTB **4933**. Paderborn: Schöningh.

Denzin, N. K. & Y. S. Lincoln (Eds.) (2012[4]): Strategies of Qualitative Inquiry. Thousand Oaks: Sage.

Denzin, N. K. & Y. S. Lincoln (Eds.) (2017[5]): The Sage Handbook of Qualitative Research. Thousand Oaks: Sage.

DFG (Deutsche Forschungsgemeinschaft) (2013[2]): Vorschläge zur Sicherung guter wissenschaftlicher Praxis. Denkschrift. Weinheim: Wiley-VCH. https://doi.org/10.1002/9783527679188.oth1.

DFG (Deutsche Forschungsgemeinschaft) (2019): Leitlinien zur Sicherung guter wissenschaftlicher Praxis. Kodex. Bonn: DFG. https://doi.org/10.5281/zenodo.3923602 (deutsche und englische Version).

Dürr, H. & H. Zepp (2012): Geographie verstehen. Ein Lotsen- und Arbeitsbuch. UTB **8476**. Paderborn: Schöningh.

Ebster, C. & L. Stalzer (2017[5]): Wissenschaftliches Arbeiten für Wirtschafts- und Sozialwissenschaftler. UTB **2471**. Wien: WUV Facultas.

Flick, U. (2016[7]): Qualitative Sozialforschung. Eine Einführung. Reinbek: Rowohlt.

Flick, U. (2014[2]): Sozialforschung: Methoden und Anwendungen. Ein Überblick für die BA-Studiengänge. Reinbek: Rowohlt.

FOTHERINGHAM, A. S. & P. A. ROGERSON (Eds.) (2009): The SAGE Handbook of Spatial Analysis. Los Angeles: Sage.

HAGGET, P. (1990): The Geographer's Art. Oxford: Blackwell.

HAKE, G., D. GRÜNREICH & L. MENG (2002[8]): Kartographie: Visualisierung raumzeitlicher Informationen. Berlin: de Gruyter. https://doi.org/10.1515/9783110870572

HAY, I. (Ed.) (2016[4]): Qualitative Research Methods in Human Geography. Oxford: Oxford University Press.

HEINZE-PRAUSE, R. & T. HEINZE (1996): Kulturwissenschaftliche Hermeneutik: Fallrekonstruktionen der Kunst, Medien und Massenkultur. Opladen: Westdeutscher Verlag.

HOLDEN, J. (2017[4]): Approaching Physical Geography. In: HOLDEN, J. (Ed.): An Introduction to Physical Geography and the Environment. Harlow: Pearson, 3–26.

HOLT-JENSEN, A. (2018[5]): Geography: History and Concepts. London: Sage.

KANWISCHER, D. (Hrsg.) (2013): Geographiedidaktik. Ein Arbeitsbuch zur Gestaltung des Geographieunterrichts. Studienbücher der Geographie. Stuttgart: Borntraeger.

KELLER, R., A. HIRSELAND, W. SCHNEIDER & W. VIEHÖVER (Hrsg.) (2011[3]): Handbuch Sozialwissenschaftliche Diskursanalyse. Bd. **1**: Theorien und Methoden. Wiesbaden: Springer VS.

KENNEDY, B. A. (2006): Inventing the Earth. Ideas on Landscape Development since 1740. Oxford: Blackwell.

KNOX, P. L. & S. A. MARSTON (2008[4]): Humangeographie. Heidelberg: Spektrum.

KUHN, T. S. (2003): Die Struktur wissenschaftlicher Revolution. Sonderausgabe. Frankfurt a. M.: Suhrkamp.

LAMNEK, S. & C. KRELL (2016[6]): Qualitative Sozialforschung. Weinheim: Beltz.

MATTISSEK, A., C. PFAFFENBACH & P. REUBER (2013[2]): Methoden der empirischen Humangeographie. Das geographische Seminar 30. Braunschweig: Westermann.

MEIER KRUKER, V. & I. RAUH (2016): Arbeitsmethoden der Humangeographie. Darmstadt: WBG Academic.

OPP, K.-D. (2014[7]): Methodologie der Sozialwissenschaften. Einführung in Probleme ihrer Theorienbildung und praktischen Anwendung. Wiesbaden: Springer VS.

PRIM, R. & H. TILMAN (2000[8]): Grundlagen einer kritisch-rationalen Sozialwissenschaft. Studienbuch zur Wissenschaftstheorie. UTB **221**. Wiebelsheim: Quelle & Meyer.

REUBER, P. (2012): Politische Geographie. UTB **8486**. Paderborn: Schöningh.

REUBER, P. & G. WOLKERSDORFER (Hrsg.) (2001): Politische Geographie. Handlungsorientierte Ansätze und Critical Geopolitics. Heidelberger Geographische Arbeiten **112**. Heidelberg: Selbstverlag.

SCHLOTTMANN, A. & J. WINTZER (2019): Weltbildwechsel. Ideengeschichten geographischen Denkens und Handelns. UTB **5218**. Bern: Haupt.

SCHULTZ, H.-D. (1989): Versuch einer Historisierung der Geographie des Dritten Reiches am Beispiel des geographischen Großraumdenkens. In: Fahlbusch, M., M. Roessler & D. Siegrist (Hrsg.): Geographie und Nationalsozialismus. Drei Fallstudien zur Institution Geographie im Deutschen Reich und der Schweiz. Urbs et Regio **51**. Kassel: Gesamthochschule, 1–75.

SEIFFERT, H. (2003[13]): Einführung in die Wissenschaftstheorie. Bd. **1**: Sprachanalyse, Deduktion, Induktion in Natur- und Sozialwissenschaften. Beck'sche Reihe **60**. München: Beck.

TAYLOR, J. R. (1997²): An Introduction to Error Analysis. The Study of Uncertainties in Physical Measurements. Sausalito: California University Science Books.

WAGNER, W. (2012⁵): Uni-Angst und Uni-Bluff heute. Wie studieren und sich nicht verlieren. Berlin: Rotbuch.

WENTURIS, N., W. VAN HOVE & V. DREIER (1992): Methodologie der Sozialwissenschaften. Eine Einführung. Tübingen: Francke.

WERLEN, B. (2008³): Sozialgeographie. Eine Einführung. UTB **1911**. Bern: Haupt.

ZIMMERMANN-JANSCHITZ, S. (2014): Statistik in der Geographie. Eine Exkursion durch die deskriptive Statistik. Berlin: Springer.

3   Wissenschaftliche Literaturarbeit

Wissenschaftliche Arbeiten zeichnen sich dadurch aus, dass sie auf den Erträgen der Forschung aufbauen, die andere auf dem Gebiet bisher geleistet haben, und dass sie sich explizit auf den Forschungsstand beziehen. Deshalb beginnt wissenschaftliches Arbeiten mit einem intensiven Studium der einschlägigen, das Gebiet betreffenden Literatur.

Die in dieser Phase von Studierenden wohl am häufigsten gestellte Frage ist, wie und wo Literatur zu einem Thema zu finden ist. Daran schließen sich weitere Fragen an: Wie wähle ich die relevante Literatur aus? Wie können wissenschaftliche Abhandlungen sinnvoll und effizient gelesen werden? Welche Textinhalte sollen gespeichert werden, und wie sind sie in die eigene Arbeit einzubauen? Diese Fragen leiten zu den anfallenden Arbeitsschritten bei der Literaturarbeit hin, wie sie Abbildung 3-1 schematisch aufzeigt.

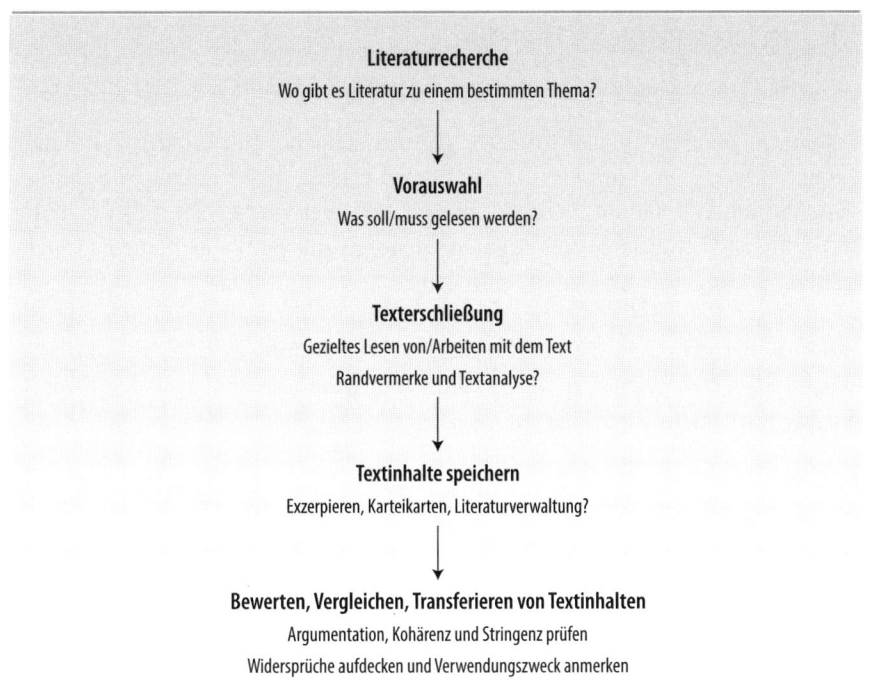

Abb. 3-1: Schritte der Literaturarbeit

In diesem Kapitel wollen wir versuchen, die im Zusammenhang mit der Literaturarbeit stehenden Fragen zu beantworten. Unter der Überschrift „Wo gibt's Literatur?" werden die verschiedenen Möglichkeiten der Literaturrecherche vorgestellt. Diese haben sich in den letzten Jahren durch die zunehmende digitale Verfügbarkeit von hochwertiger Literatur deutlich verändert. Der Teilbereich „Alles lesen?" beschäftigt sich mit Techniken des Lesens von Texten und der Textanalyse. In „Kaum gelesen – schon vergessen?" werden abschließend Methoden vorgestellt, wie Textinhalte sinnvoll gespeichert und verwaltet werden können. Diese Gliederung folgt dem gängigen Weg der Literaturarbeit, der in Abbildung 3-1 visualisiert ist. Vorab finden sich unter der Überschrift „Ist Literatur gleich Literatur?" einige wichtige Anmerkungen zur Qualität und allgemeinen Bewertung von Quellen. Denn bei der Suche nach Literatur oder, allgemeiner formuliert, nach Quellen für die eigene Arbeit, ist es bei weitem nicht notwendig und angebracht, sich auf alles zu stürzen, was einem in die Finger kommt.

3.1   Ist Literatur gleich Literatur?

Primär- und Sekundärliteratur, graue Literatur und andere Quellen

Es gibt zahlreiche Quellen, die für das Anfertigen einer wissenschaftlichen Arbeit relevant sein können. Da der Begriff Quelle in der Literatur zum wissenschaftlichen Arbeiten nicht eindeutig verwendet wird (Diskussion in THEISEN 2009: 88 f.), müssen wir zunächst deutlich machen, was hier mit Quelle gemeint ist und wie der Oberbegriff Quelle weiter untergliedert wird. Wir verwenden den Begriff ‚Quelle' also im Sinne einer übergeordneten Kategorie, die alle Grundlagen einer wissenschaftlichen Arbeit umfasst. Diese Grundlagen lassen sich differenzieren in Textquellen und Datenquellen. Dabei subsumieren wir unter dem Begriff Textquellen alle Stellungnahmen zu einem Thema, also sowohl veröffentlichte als auch nicht veröffentlichte Dokumente. Unter Datenquellen verstehen wir in Anlehnung an THEISEN (2009: 88) all jenes Material, das „möglicherweise bearbeitet – aber noch nicht für dritte Zwecke verarbeitet […] [und] als ‚Original' angesehen werden" kann. Darunter fallen insbesondere selbst oder von Seiten Dritter erhobene Roh- oder aufgearbeitete Datensätze (v. a. Karten, Klimadaten, Satellitenbilder, Statistiken). In bestimmten Situationen kann es sich bei diesen Datenquellen auch um Texte handeln, wenn es z. B. um das Image einer Region in der Presse geht.

In der ersten Phase der Ausbildung, d. h. in den ersten Semestern, wird zunächst fast ausschließlich mit Textquellen gearbeitet. Später kommen fremde und in der Abschlussarbeit eventuell selbst erhobene Datenquellen dazu. Aus dem Ziel, eine wissenschaftliche Arbeit zu schreiben, ergeben sich jedoch gewisse Qualitätsanforderungen an die Quellen, die vor den Ausführungen zur Literaturrecherche erläutert werden müssen.

3.1.1 Textquellen

Der Begriff ‚Textquelle‘ dient in dieser Darstellung als Oberbegriff für alle Stellungnahmen zu einem Thema und beinhaltet sowohl veröffentlichte als auch unveröffentlichte Dokumente. Mit Blick auf die Literaturrecherche und die Bewertung von Literatur sind weitere Differenzierungen notwendig. Zum einen sollen Textquellen in Publikationen und sonstiges Textmaterial unterteilt werden, und zum anderen soll zwischen Primär- und Sekundärliteratur bzw. primären und sekundären Textquellen unterschieden werden.

3.1.2 Publikationen

Der Begriff „Publikation" wird hier in Anlehnung an EWERT & UMSTÄTTER (1997: 10 f.) sehr breit interpretiert und umfasst „geschriebene bzw. gedruckte Dokumente sowie audio-visuelle Medien in analoger oder digitaler Form, die von Verlagen, politischen, gesellschaftlichen oder privaten Vereinigungen, Organisationen bzw. Institutionen hergestellt, vervielfältigt und für die Öffentlichkeit bzw. eine Teilöffentlichkeit bestimmt, herausgegeben werden". Neben über den Buchhandel zu beziehenden Medien, wie Bücher und Zeitschriften – auch als **„weiße" Literatur** bezeichnet – zählen nach der (von uns geteilten) Auffassung von STOCK (2000: 250) auch **„graue" Literatur** (s. u.), audio-visuelle Medien (Rundfunk, wissenschaftliche Filme) und Internetdokumente zu den Publikationen. Bevor Sie sich jetzt aber aufgrund der richtigen Schlussfolgerung, dass alles, was im Internet zu finden ist, eine Textquelle darstelle, auf die Internet-Suchmaschinen stürzen, um Quellen für Ihre Arbeit zu finden, sollten Sie unbedingt noch die folgenden Ausführungen lesen.

Die Unterscheidung von ‚weißer‘ Literatur (sauber) und ‚grauer‘ Literatur (schmutzig) mag einen Qualitätsunterschied zwischen diesen beiden Literaturgattungen suggerieren. Das ist aber nicht der Fall, denn die Unterscheidung basiert zunächst einzig und allein auf dem Herstellungs- und Vertriebsweg.

Die ‚weiße‘ Literatur, oder ‚Verlagsliteratur‘, ist über Verlage und den Buchhandel zu beziehen, die ‚graue‘, zu der Forschungsberichte, Konferenzbeiträge, Vorabdrucke, Hochschulschriften, Dissertationen und Habilitationen, Veröffentlichungen von Unternehmen, Behörden und Verbänden etc. gehören (DINI 2002: 4; Stock 2000: 248), dagegen nicht. Das Kriterium der Veröffentlichung für eine Teilöffentlichkeit wird selbstverständlich auch von universitären Abschlussarbeiten (Bachelor-, Diplom-, Magister-, Master- oder Staatsexamensarbeiten) erfüllt, sobald sie entweder in den Bibliotheksbestand oder gegebenenfalls in Dokumentenservern aufgenommen wurden oder in anderer Form im Internet publiziert sind. Dabei liegt die Entscheidung, eine Abschlussarbeit im Internet zu veröffentlichen, einzig bei den Autor*innen. Prinzipiell trifft dies auch für im Internet zugängliche Studienarbeiten zu.

Im Prinzip sind alle Publikationen, da sie öffentlich zugänglich und damit intersubjektiv überprüfbar sind, als Textquellen verwendbar und zitierfähig. Das gilt auch für **Internetdokumente**, bei denen allerdings die Schnelllebigkeit und Offenheit des Mediums die intersubjektive Überprüfbarkeit und damit die Verwendbarkeit für wissenschaftliche Arbeiten einschränkt (Ebster & Stalzer 2008: 62 f., 66). Ein Dokument, das gestern noch unter einer bestimmten Adresse erreichbar war, mag morgen schon aus dem Internet verschwunden oder völlig verändert sein. Um unter diesen Bedingungen die Überprüfbarkeit sicherzustellen, rät Theisen (2009: 69) daher dringend zu einem Ausdruck bzw. zur Speicherung von Quellenmaterial, das aus dem Internet stammt. Diese Notwendigkeit entfällt bei Internetdokumenten, die über einen persistenten Identifikator (PID), z. B. einen DOI (Digital Object Identifier)-Namen verfügen. Der DOI-Name ist eine einmalige Kombination von alphanumerischen Zeichen, die eineindeutig und dauerhaft (im Internet) genau auf das Dokument oder Material (z. B. Forschungsdatensätze) verweist (IDF 2015: o. S.).

Auch wenn kein Zweifel daran bestehen kann, dass alle Publikationen **zitierfähig** sind, so sind als Quelle für eine wissenschaftliche Arbeit, abgesehen von einzelnen Ausnahmen, wissenschaftliche Publikationen heranzuziehen, also Publikationen, die selbst die Kriterien einer wissenschaftlichen Arbeit erfüllen und damit **zitierwürdig** sind (vgl. Ebster & Stalzer 2008: 63-67). Das bedeutet, dass Tageszeitungen, wie „BILD“, „Steinhuder Meerblick“ oder „Abendpost-Nachtausgabe“ sowie Publikumszeitschriften wie „Hörzu“ oder „Stern“ (Beispiele aus Krämer 1999: 185), aber auch das unter Geographen so beliebte Magazin „Geo“ mit seinen Schwesterpublikationen kaum als Textquellen in Frage kommen. Selbst renommierte Blätter, wie „Die Zeit“, „Der

Spiegel" oder die „Süddeutsche Zeitung" sollten nur dann in wissenschaftlichen Arbeiten verwendet werden, wenn gezeigt werden soll, dass und wie ein Thema in der breiten Öffentlichkeit diskutiert wird. Das hängt im Wesentlichen damit zusammen, dass es sich bei den Beiträgen in Zeitungen um Pressemitteilungen bzw. Beiträge über etwas handelt. Zeitungen sind damit in den Bereich der Sekundärliteratur einzuordnen (sie können in der Humangeographie aber durchaus als empirisches Material für eine Text-, Bild- oder Diskursanalyse dienen).

Das Kriterium der Wissenschaftlichkeit schränkt auch die Verwendung von im Internet veröffentlichten universitären Studienarbeiten als Quelle ein. Denn alle diese Arbeiten entstehen im Rahmen der Ausbildung zum wissenschaftlichen Arbeiten und können dieses Kriterium in der Regel noch nicht vollständig erfüllen. Zudem besteht das Problem, dass gewisse Internetportale zwar nur besser benotete Arbeiten zu vermarkten vorgeben. Aber eine Überprüfung der Angaben zur Benotung dürfte für die Betreiber der Portale kaum möglich sein.

3.1.3 Primär- und Sekundärliteratur

Bei der Unterscheidung zwischen Primär- und Sekundärliteratur geht es um ein ganz anderes Kriterium. Die Art der Veröffentlichung spielt dabei keine Rolle. Hier geht es um die Frage des Ursprungs eines Gedankens, einer Theorie, einer Tatsachenbehauptung oder einer Position (u. a. FRANCK 2009: 164; KRÄMER 1999: 186; SESINK 1990: 29). Bei **Primärliteratur** handelt es sich im engeren Sinn um die originale (ursprüngliche) Literaturquelle bzw. in etwas erweiterter Form um die Publikationen derjenigen, die einen Gedanken zuerst formuliert haben. Im engeren Sinn muss jede weitere Publikation, die einen Gedanken der ursprünglichen Publikation wiedergibt, als Sekundärliteratur eingestuft werden. In der etwas erweiterten Form handelt es sich bei **Sekundärliteratur** um alle Publikationen von Personen, die nicht Urheber*innen des betreffenden Gedankens sind und diesen (in der Regel unter Bezug auf auf die ursprünglichen Autor*innen) wiedergeben, dabei aber unweigerlich interpretieren. Daraus folgt, dass auch Übersetzungen von in einer anderen Sprache verfassten Arbeiten als Sekundärliteratur aufzufassen sind, denn hier sind es Übersetzer*innen, die notwendigerweise interpretieren müssen. Je nach eigenen Fremdsprachenkenntnissen kann es allerdings der geringere Schaden sein, die von den ursprünglichen Autor*innen autorisierte und somit unter ihrem Namen publizierte Übersetzung zu lesen. Unter der Bedingung, dass

Wissenschaft auf dem Stand der Forschung aufbaut, muss jede Publikation Teile enthalten, die als Sekundärliteratur einzustufen sind. Und wenn wissenschaftliche Publikationen Neuerungen beinhalten und nicht reine Überblicksbeiträge (Review-Artikel) darstellen, dann enthält jede Publikation auch Teile mit Primärliteraturcharakter (Sesink 1990: 29). Vereinfacht und sehr allgemein ausgedrückt, kann man sagen, dass Primärliteratur Literatur von … und Sekundärliteratur Literatur über … ist.

> „Die Unterscheidung zwischen Primär- und Sekundärliteratur muss man immer gegenwärtig haben, weil in der Sekundärliteratur oft Teile der Quellen enthalten sind, die aber [...] *Quellen aus zweiter Hand* darstellen. Eine zu schnell und nicht ordnungsgemäß durchgeführte Untersuchung kann außerdem leicht dazu führen, dass man Quellen und Sekundärliteratur verwechselt. Wenn ich das Thema *Das wirtschaftliche Denken von Adam Smith* gewählt habe, aber im Verlauf der Arbeit merke, dass ich vorwiegend damit beschäftigt bin, mich mit den Interpretationen eines bestimmten Autors auseinanderzusetzen und dass ich die unmittelbare Lektüre von Smith vernachlässige, dann habe ich zwei Möglichkeiten: Entweder ich kehre zur Quelle zurück, oder ich entschließe mich dazu, das Thema zu ändern und über *Die Interpretation von Smith im englischen zeitgenössischen liberalen Denken* zu schreiben. Das erspart mir keineswegs zu wissen, was Smith gesagt hat, aber es ist klar, dass ich mich jetzt nicht so sehr mit dem auseinandersetze, was er gesagt hat, als mit dem, was andere in Auseinandersetzung mit ihm gesagt haben" (Eco 2010: 64).

Rauscher (1991) geht in seiner mit den anderen in diesem Kapitel zitierten Autor*innen prinzipiell übereinstimmenden Einteilung von Literatur einen Schritt weiter und weist neben der primären und sekundären Literatur noch eine Gruppe tertiärer Literatur aus (Tab. 3-1). Dabei wird die Gruppe der tertiären Literatur durch ein zusätzliches Kriterium, nämlich das der Veröffentlichung in einer eng umgrenzten Gattung von Büchern, definiert. Wie die anderen hier diskutierten, jüngeren Beiträge zeigen, konnte sich diese Erweiterung allerdings nicht durchsetzen. Gleichzeitig zeigt die Diskussion aber auch, dass die auf der Homepage www.hausarbeiten.de unter „Wie schreibe ich eine Hausarbeit?" auch nach zwei Jahrzehnten noch immer propagierte Definition, nach der es sich bei „Sekundärliteratur [...] um Bibliographien" (vgl. Grin Verlag, c2000: o. S.; Grin Verlag, c2016: o. S.) handeln würde, bestenfalls als exotisch bezeichnet werden kann.

Im Laufe des Studiums sollte es zu einer deutlichen Verschiebung im Anteil von Primär- und Sekundärliteratur in einer wissenschaftlichen Arbeit kommen. Während in den ersten Semestern wohl alle Verständnis zeigen, wenn der Anteil der Sekundärliteratur, und dazu gehören auch viele Lehrbücher, überwiegt, sollten sich Studienarbeiten in höheren Semestern und erst recht die

Abschlussarbeiten ganz klar durch einen hohen Anteil an selbst verarbeiteter Primärliteratur auszeichnen.

Tab. 3-1: Primäre, sekundäre und tertiäre Literatur (verändert nach RAUSCHER 1991: 71)

Unterscheidung nach dem Abstand zum Untersuchungsgegenstand		
Primäre Literatur Sagt unmittelbar etwas über einen Sachverhalt/ein Thema aus (Originale, Literatur ,von')	*Sekundäre Literatur* Verweist auf primäre und andere Sekundärliteratur, fasst diese zusammen oder interpretiert und vergleicht sie, erschließt primäre Literatur und Quellen (Literatur ,über')	*Tertiäre Literatur* Systematisch geordnete und einen Überblick gebende Literatur (Lexika, Handbücher, Wörterbücher)

3.1.4 Sonstige Textquellen

Der Begriff ,sonstige Textquellen' wird sehr weit ausgelegt. Er umschreibt alle Dokumente, die entweder nicht publiziert wurden oder die, da nicht archiviert, nur äußerst schwer zugänglich sind. Selbstverständlich kann dieses Material, zu dem u. a. Graffiti, Werbeprospekte, Flyer und Social-Media-Beiträge zählen, zum Gegenstand einer Arbeit werden. Dann aber wäre dieses Material als Datenquelle einzustufen und im Anhang zu einer Arbeit auch intersubjektiv nachprüfbar zu dokumentieren.

Zu dieser Rubrik sind weiterhin mündliche und schriftliche Mitteilungen, Vorlesungsmitschriften u. a. zu zählen. Auch hier besteht das Problem, dass sich diese Dinge einer intersubjektiven Überprüfbarkeit entziehen. In Ausnahmefällen mag man sich daher auf solche Quellen beziehen. Kernpunkte einer wissenschaftlichen Argumentation können sie aber nicht werden.

3.1.5 Primäre und sekundäre Datenquellen

Bei einer wissenschaftlichen Arbeit, die einen empirischen Teil enthält, kann bezüglich empirischer Daten ebenfalls nach primären und sekundären Informationsträgern unterschieden werden. Eigene Erhebungen und Messungen sowie andere Rohdaten bilden die primären Informationen, während bereits aufgearbeitete Daten sekundäre Informationen, also Informationen ,aus zweiter Hand' sind. Auch hier ist auf eine entsprechende Ausgewogenheit beim Datenmaterial zu achten. Tabelle 3-2 gibt einen Überblick über die Einordnung von empirischen Informationsquellen.

Tab. 3-2: Empirische Informationsquellen

Primärquellen	Sekundärquellen
• Eigene Erhebung → Beobachtung → Befragung → Kartierung → Labormessungen → eigene Kernbeschreibung → … *Mit eigenen Erhebungen werden Studierende der Geographie oftmals bereits in Gelände- und Laborpraktika konfrontiert.*	• Fremde aufgearbeitete Daten → Statistiken → Amtliche Statistiken → Betriebsstatistiken → Marktforschungspanels → Datenbanken → Kartenmaterial → fremde Laborergebnisse → fremde Kernbeschreibungen → …
• Fremde Rohdaten → Parlamentsprotokolle → Rohdaten einer Klimastation → Level-0-Satellitendaten → …	Mittelwerte einer Klimastation → Level 1A/1B Satellitendaten → …
⇒ *Neue, weitergehende Informationen*	⇒ *Informationen aus bereits vorhandenem Material*
Vorteil Genau auf Fragestellung abgestimmte Erhebungsmethoden und damit mögliche Verzerrungen bekannt bzw. abschätzbar	**Vorteil** Preiswerter, schneller, manchmal einzige Möglichkeit der Informationsbeschaffung, unterstützen bei eigenen Erhebungen, stellen Vergleichsmaßstab für eigene Forschung dar
Problem Sehr zeit- und kostenaufwendig, Erhebungsumfang begrenzt	**Problem** Bezug zur eigenen Fragestellung oft nicht gegeben, fehlende Vergleichbarkeit, eventuell veraltete Daten bzw. Erhebungsmethoden und Fehler oft nicht nachvollziehbar

3.2 Wo gibt's Literatur?

Recherche, Zusammenstellung und Auswahl von Literatur

Wird zu einem bestimmten Thema oder Forschungsgegenstand Literatur gesucht, stehen gerade Studienanfänger*innen vor dem Problem, dass sie zu der zu bearbeitenden Thematik bisher wenig oder gar kein Vorwissen haben. Dies ist jedoch nicht immer ein Nachteil, da somit eine gewisse ‚Offenheit' für die verschiedenen Wissensbestände und sich teilweise widersprechenden

Forschungsansätze vorhanden ist und die eigene Arbeit ‚vorurteilsfreier' an-
gegangen werden kann. Weiterhin ist es ja gerade ein Ziel des Studierens, sich
neues Wissen anzueignen. Und der erste Schritt auf diesem Weg ist die Literaturrecherche, also die „professionelle Suche" nach Literatur, oder, etwas weiter
gefasst, nach Informationen (FRANKE et al. 2014: 2).

> Eco (2010: 75) führt dazu Folgendes aus: „Es kann vorkommen, dass der Forscher in eine Bibliothek geht und
> ein Buch sucht, von dessen Existenz er weiß, aber oft geht er in die Bibliothek nicht *mit* einer Bibliographie,
> sondern *um* eine Bibliographie *zu erstellen*. Sich eine Bibliographie zu erstellen heißt zu suchen, von dessen
> Vorhandensein man noch nichts weiß. Ein guter Forscher ist, wer in eine Bibliothek ohne die mindeste Vor-
> stellung über ein bestimmtes Thema hinein- und mit einigem Wissen herausgeht."

Die Literaturrecherche, d. h. das Suchen und Beschaffen von Quellen und deren Verarbeitung, ist trotz der immer weiter fortschreitenden digitalen Verfügbarkeit von hochwertiger Literatur noch immer sehr aufwendig und be-
ansprucht viel Zeit. Deshalb gilt es, damit so früh wie möglich zu beginnen
und dabei systematisch zu verfahren. Letzteres bedeutet insbesondere, schon
bei der Recherche auf eine vollständige Dokumentation der Quellenangaben
zu achten (ggf. mit Hilfe eines Literaturverwaltungsprogramms, s. Kap. 3.4.3),
um später in der Phase der Fertigstellung der eigenen Arbeit auch die erforderlichen vollständigen Nachweise über die verwendete Literatur oder andere
Quellen zur Hand zu haben (s. Kap. 4.4). Nichts ist ärgerlicher, als in der End-
phase festzustellen, dass z. B. vergessen wurde, den Titel des Sammelbandes zu
notieren, in dem der in Kopie vorliegende Artikel erschienen ist.

3.2.1 Wo finde ich Literatur?

Es gibt mittlerweile zahlreiche Möglichkeiten, um an Informationen zu einem
Thema, insbesondere die wissenschaftliche Literatur, heranzukommen. Auch
wenn man meinen könnte, dass im Zeitalter globaler Informationsströme
Internet-Suchmaschinen die erste Adresse seien, stellen wir diese als Informa-
tionsquelle sehr bewusst ans Ende und folgen in der Gliederung dem klassischen Weg, der zunächst – persönlich oder virtuell – in die Bibliothek führt.
Dabei verschmähen wir die Nutzung der inzwischen mehrheitlich bestens aus-
gestatteten virtuellen Bibliotheken keineswegs, halten es aber für sinnvoll, zunächst das Handwerk in einer ausgewählten, geprüften und übersichtlichen
Sammlung zu erlernen, bevor man sich zutraut, qualitativ hochwertige Quellen ‚auf eigene Faust' zusammenzustellen.

3.2.1.1　Bibliotheken

‚Wissen' wird in Form von Schriften oder Büchern festgehalten, seitdem die Schrift entstanden ist. Schon frühzeitig wurde dieses Wissen gesammelt und archiviert, nicht zuletzt, um ‚Machtapparate' aufzubauen. Als Beispiel kann hier das Wissen um Steuererhebungen angeführt werden. Dieses Wissen war lange Zeit ein elitäres Gut, denn Bücher waren bis zur Erfindung des Buchdrucks in der Regel nur als Einzelexemplare in speziellen Bibliotheken, häufig in klerikalen Einrichtungen, vorhanden. Mit der Alphabetisierung der europäischen Gesellschaften wurde diese „Tradition des Geheimwissens" (ESSBACH 1996: 204) aufgebrochen, in allen administrativen Territorialeinheiten wurden Bibliotheken gegründet. Neben der Schul-, Dorf-, Stadt-, Landes- und Staatsbibliothek sind es vor allem die **Universitätsbibliotheken**, in denen das verfügbare Wissen (Publikationen) gesammelt und archiviert wird. Wir leben gegenwärtig in einer Situation, in der die meisten Bibliotheken allen Menschen zugänglich sind, obwohl auch hier einzelne geschützte Bereiche mit Zugangsbeschränkungen existieren und Nutzungsgebühren ökonomische, und Immatrikulationsbescheinigungen soziale Ausschlussverfahren darstellen können.

Allen Bibliotheken ist gemeinsam, dass die Bestände, die oft nicht nur gedruckte Bücher und Zeitschriften, sondern auch Handschriften, Karten, Ton- und Bilddokumente sowie digitale Dokumente umfassen, inventarisiert und katalogisiert sind. Dabei werden die bibliographischen Angaben eines Mediums (Autor*in, Titel usw.) erfasst und der Bestand über Schlagwörter gemäß den Regeln für den Schlagwortkatalog (DDB 2002) relevanten Themengebieten sachlich, regional und zeitlich zugeordnet. Diese Inventarisierung und Katalogisierung ermöglichen letztendlich auch den Zugang zum Bestand. Durch die interne Organisation einer Bibliothek ergeben sich im Einzelnen jedoch erhebliche Unterschiede beim praktischen Zugang zu den Beständen, die zu berücksichtigen sind. Deshalb zunächst ein kurzer Exkurs in die Organisation einer real existierenden Bibliothek.

Prinzipiell ist hier zwischen **Präsenz- und Leihbeständen** zu unterscheiden. Während Präsenzbestände lediglich vor Ort (d. h. im Lesesaal, in der Institutsbibliothek) nutzbar sind, dürfen Leihbestände, wie der Name besagt, ausgeliehen werden. Ein weiterer wichtiger Unterschied betrifft die **Aufstellung** der Medien. Da die meisten Bibliotheken unter Raummangel leiden, ist nur ein Bruchteil des Bestands einer Bibliothek direkt zugänglich. Der Großteil lagert in Magazinen, aus denen die Medien bestellt werden. Sowohl die

Magazine als auch die frei zugänglichen Bestände (Freihandbereiche) sind in den großen Bibliotheken in der Regel **nach Größe und Zugang** geordnet. In einer Situation, in der unter einem gewissen Zeitdruck nach Literatur gesucht wird, sollte man hier schon wissen, was benötigt wird. Mit etwas Zeit kann es aber durchaus lehrreich sein, einfach die Regale entlang zu schlendern und zu schauen, was es Neues im Bestand gibt. Insbesondere in Bibliotheken, die über getrennte und überschaubarere Freihandbereiche verfügen, kann das zur Horizonterweiterung beitragen. Neben den nach Größe und Zugang und somit thematisch ungeordneten Bereichen verfügen viele Bibliotheken über **nach Sachgruppen** geordnete Aufstellungen. Dazu gehören die Lehrbuchsammlungen, in denen mehrere Exemplare eines Titels vorhanden sind, und die Lesesäle, in denen Nachschlagewerke, Bibliographien, die wichtigsten – und häufig teuersten – Werke zu einem Themenbereich sowie die aktuellen Ausgaben von Fachzeitschriften aufbewahrt werden. Auch in vielen Institutsbibliotheken erfolgt die Aufstellung nach Sachgruppen bzw. Themenbereichen.

Je nach Stand der Vorkenntnisse und den persönlichen Vorlieben kann die Literaturrecherche entweder mit dem elektronischen Katalog einer Bibliothek, mit allgemeinen und einschlägigen Nachschlagewerken (inkl. Bibliographien) oder in nach Themenbereichen gegliederten Aufstellungen direkt am Bücherregal beginnen.

3.2.1.2 Bibliothekskataloge

Bibliothekskataloge verzeichnen den Medienbestand der jeweiligen Bibliothek. Dabei hat die traditionelle Unterscheidung von alphabetisch geordnetem Autorenkatalog und Schlagwortkatalog durch die weit verbreiteten Datenbankstrukturen der Kataloge (mit entsprechenden Suchroutinen) an Bedeutung verloren. Weil aber selbst Universitätsbibliotheken nicht über die finanziellen Mittel verfügen, um alle wissenschaftlichen Neuerscheinungen anzuschaffen, müssen die einzelnen Bibliothekskataloge unvollständig sein. Da dieses Problem nicht neu ist, wurden schon Ende der 1940er-Jahre in Deutschland an verschiedenen Bibliotheken fachspezifische Sammelschwerpunkte eingerichtet (DFG 2003). Mit finanzieller Unterstützung der Deutschen Forschungsgemeinschaft (DFG) wird an der jeweiligen Bibliothek versucht, die einschlägige Literatur zum jeweiligen Fachgebiet vollständig zu beschaffen und über das Fernleihsystem bundesweit zur Verfügung zu stellen. Der Sammelschwerpunkt Geographie befand sich bis 1973 in der Stadt- und Universitätsbibliothek Frankfurt/Main und wurde dann in die Niedersächsische Staats- und

Universitätsbibliothek Göttingen verlagert (WEBIS 2003). Im Jahr 2015 wurde dieses System eingestellt und durch die Fachinformationsdienste (FID) ersetzt. Dabei wird der FID Geowissenschaften (FID GEO) von der Bibliothek in Göttingen und der Bibliothek des Wissenschaftsparks Albert Einstein des Helmholtz-Zentrum Potsdam bereitgestellt (WEBIS 2020). Als zentrales Rechercheinstrument dienen hier das Internet-Portal und die Metasuchmaschine GEO-LEO (https://geo-leo.de/).

Mit dem Einzug der elektronischen Datenverarbeitung in das Bibliothekswesen vor mehr als 40 Jahren wurde zudem der Grundstein für die nationale (und internationale) Vernetzung der Bibliothekskataloge in Bibliotheksverbünden gelegt. Eine Übersicht der Bibliotheksverbünde in Deutschland, Österreich und der Schweiz gibt Tabelle 3-3. Wer bei Literaturrecherchen in diesen Katalogen nicht fündig geworden ist, sei auf den Karlsruher Virtuellen Katalog (KVK) verwiesen, über den zahlreiche weitere nationale und internationale Bibliothekskataloge und Datenbanken durchsucht werden können. So lässt sich zumindest feststellen, welche Publikationen wo zur Verfügung stehen.

Dieser kurze Exkurs in das Bibliothekswesen in Deutschland dürfte deutlich gemacht haben, dass Bibliothekskataloge, seien es Einzelkataloge oder Verbundkataloge, ein umfassendes Werkzeug zur Literaturrecherche darstellen. Zudem bieten viele Bibliotheken inzwischen über die Bibliothekskataloge Zugang zu eigenen und externen verlagsgebundenen oder nicht kommerziellen Dokumentenservern an, über die Publikationen online zu beziehen sind oder Inhaltsangaben sowie Textausschnitte (Leseproben) eingesehen werden können. Einschränkend muss jedoch darauf hingewiesen werden, dass

1. Bibliothekskataloge über mehrere Jahrhunderte schriftlich geführt und die digitalen Datenbanken erst in den letzten 40 Jahren aufgebaut wurden. Obwohl viele Bibliotheken neben der laufenden, vollständigen Aufnahme der Neuerwerbungen auch erhebliche Anstrengungen unternommen haben, um die Altbestände in die Datenbanken zu integrieren, ist daher unsicher, ob ältere Bestände tatsächlich in der aktuellen Katalog-Datenbank verzeichnet und damit recherchierbar sind. Nachdem aber die Universitätsbibliothek Heidelberg schon 2002 den „DigiKat bis 1935" vorgestellt hatte, der den alphabetischen Hauptkatalog vor 1935 erhält und dessen ältester Eintrag in das Jahr 1455 datiert (SCHWARZ 2002) dürfte die Zeit der Zettelkataloge gezählt sein. Inwieweit dieses Problem die jeweils spezifische Bibliothek betrifft, lässt sich in der Regel den Informationen zum jeweiligen Katalog entnehmen oder beim Bibliothekspersonal erfragen.

Tab. 3-3: Ausgewählte Verbundkataloge im deutschsprachigen Raum

Bibliotheks-verbund	Erläuterung und Online-Zugang
BVB	Bibliotheksverbund Bayern (BVB) mit über 150 Bibliotheken in Bayern: https://www.bib-bvb.de
GBV	Gemeinsamer Bibliotheksverbund (GBV) der Bundesländer Bremen, Hamburg, Mecklenburg-Vorpommern, Niedersachsen, Sachsen-Anhalt, Schleswig-Holstein und Thüringen sowie der Stiftung Preußischer Kulturbesitz: https://www.gbv.de; seit 2019 Kooperation mit SWB und Zusammenschluss zum Katalogisierungssystem K10plus.
HeBIS	Hessisches BibliotheksInformationssystem (HeBIS) mit wissenschaftlichen Bibliotheken in Hessen und Teilen von Rheinland-Pfalz, über das HeBIS-Portal sind auch die anderen Verbundkataloge recherchierbar: https://www.portal.hebis.de
hbz	Hochschulbibliothekszentrum (hbz) Nordrhein-Westfalen, mit den Hochschulbibliotheken Nordrhein-Westfalens und eines großen Teils von Rheinland-Pfalz: http://okeanos-www.hbz-nrw.de/F/
IDS	Informationsverbund Deutschschweiz (IDS), über 600 Bibliotheken vornehmlich aus der Deutschschweiz: https://www.informationsverbund.ch
K10plus	Zusammenschluss von GBV und SWB. Der Verbundkatalog vereinigt die Katalogsysteme von 10 Bundesländern: https://opac.k10plus.de
KVK	Karlsruher Virtueller Katalog (KVK): https://kvk.bibliothek.kit.edu
KOBV	Kooperativer Bibliotheksverbund Berlin-Brandenburg (KOBV): https://www.kobv.de
NEBIS	Netzwerk von Bibliotheken und Informationsstellen in der Schweiz, Verbund von über 140 Hochschul- und Forschungsbibliotheken aus der gesamten Schweiz: https://www.nebis.ch
OBVSG	Österreichischer Bibliothekenverbund mit 90 Bibliotheken, darunter alle bundesstaatlichen Universitätsbibliotheken: https://www.obvsg.at
SWB	Südwestdeutscher Bibliotheksverbund (SWB), über 800 Bibliotheken aus Baden-Württemberg, Saarland u. Sachsen: https://swb.boss.bsz-bw.de/; seit 2019 Kooperation mit GBV und Zusammenschluss zum Katalogisierungssystem K10plus.
WorldCat	Größte globale bibliographische Datenbank mit mehr als 9 000 beteiligten Institutionen: https://www.worldcat.org

2. Bibliothekskataloge enthalten zwar alle bibliographischen Angaben zu den Medien. Diese Angaben beziehen sich jedoch auf die Einheit, also auf das Buch oder die Zeitschrift. Dagegen werden in der Regel keine Informationen zur inneren Struktur dieser Einheit erhoben. Bei Zeitschriften und Sammelbänden bedeutet dies, dass zwar Herausgeber*in, Titel usw. im Katalog verzeichnet sind, nicht jedoch die Autor*innen und Titel der Einzelbeiträge. Inzwischen finden sich aber in den elektronischen Bibliothekskatalogen für Sammelbände immer häufiger Verknüpfungen zu Kopien der Inhaltsverzeichnisse als PDF-Datei, und die Inhalte von Beiträgen in Zeitschriften lassen sich über entsprechende Datenbanken (s. u.) recherchieren. Zudem kann man Bibliographien zu Rate ziehen oder traditionell Inhaltsverzeichnisse sichten.

3.2.1.3 Bibliographien und Literaturdatenbanken

Bibliographien sind ‚Bücher über Bücher‘ bzw. heutzutage in der Regel Datenbanken über Publikationen, die ähnlich wie Bibliothekskataloge organisiert sind. Traditionell sind Bibliographien, wenn es sich nicht um Bibliographien einzelner Persönlichkeiten handelt (das ist die alternative Wortbedeutung), nach Autor*innen, Titeln oder Schlagworten gegliedert. Im Zeitalter der Datenbanken und der Volltextsuche ist dieses Ordnungssystem für Nutzer*innen aber kaum noch relevant. Im Unterschied zu Bibliothekskatalogen verzeichnen Bibliographien auch die Einzelbeiträge und enthalten neben den bibliographischen Angaben häufig auch die Kurzfassungen der Beiträge (Schröder & Steinhaus 2000: 27). Die Datenbanksysteme bieten zudem in der Regel eine direkte Verknüpfung zu den Kurzfassungen (Abstract) und den vollständigen Beiträgen, soweit diese digital vorliegen und kostenfrei zugänglich sind. In Abhängigkeit von der herausgebenden Institution berücksichtigen Bibliographien und Datenbanken neben der ‚weißen‘ unter Umständen auch die ‚graue‘ Literatur.

Tabelle 3-4 zeigt eine für die Geographie relevante Auswahl von Bibliographien und Datenbanken. Einen vollständigen Überblick zu deutschsprachigen und internationalen fachspezifischen und fachübergreifenden Datenbanken erhält man u. a. über das Datenbank-Infosystem (DBIS). Hier lässt sich auch recherchieren, welche Datenbanken über das Internet frei verfügbar oder an der jeweiligen Bibliothek im Bestand sind und wie der Zugang geregelt ist. Selbstverständlich können diese Informationen auch in der jeweiligen Bibliothek erfragt oder auf der jeweiligen Homepage recherchiert werden. Ältere

Tab. 3-4: Geographierelevante Bibliographien und Datenbanken

Bibliographie	Erläuterungen
Bibliographie zur Didaktik der Geographie	Frei verfügbare Datenbank, bereitgestellt vom Hochschulverband Geographiedidaktik (hgd), über alle bis dato von Autor*innen gemeldeten Titel aus den Bereichen Didaktik der Geographie und Schulgeographie. Die alphabetisch geordnete Datenbank wird jährlich aktualisiert und ist abrufbar über: http://geographiedidaktik.org/de/publikationen/online-bibliographie/
Current Geographical Publications	Seit 2006 eine Sammlung von Verknüpfungen zu den aktuellen Inhaltsverzeichnissen von geographischen Zeitschriften und Periodika weltweit angesiedelt an der University of Wisconsin in Milwaukee unter: https://guides.library.uwm.edu/c.php?g=56532
DBIS	Frei verfügbares Datenbank-Infosystem zu wissenschaftlichen Datenbanken mit knapp 11 000 Einträgen, davon über 400 Einträge zur Geographie. Hier lässt sich auch recherchieren, welche kostenpflichtigen Datenbanken über die eigene Bibliothek zugänglich sind. Details und Zugang über: http://rzblx10.uni-regensburg.de/dbinfo/fachliste.php?lett=l
Geobase	Kommerzielle Datenbank des Elsevier-Verlags für den Bereich Geographie, Geologie und Ökologie, über drei Millionen Einträge für 1980 bis heute, berücksichtigt Zeitschriften, Bücher, Monographien, Konferenzbeiträge und Berichte, Kurzfassungen stehen zur Verfügung, Geobase steht in vielen Bibliotheken zur Verfügung.
GEODOK	Frei verfügbares Suchprogramm für geographische Literatur des Instituts für Geographie der Universität Erlangen, berücksichtigt nationale und internationale Literatur (Monographien, Aufsätze), ermöglicht auch den direkten Zugang zu Aufsätzen über das EZB. Details und Zugang über: http://www.geodok.uni-erlangen.de
GEO-LEO	Frei verfügbare virtuelle Fachbibliothek zum System Erde und dem Weltall, die von den Sondersammelbibliotheken der Universitätsbibliotheken in Freiberg und Göttingen betrieben wird. Ermöglicht die Abfrage der Einträge mehrerer Bibliothekskataloge sowie ausgewählter Aufsatzdatenbanken, Dokumenten-Server und Internetquellen. Details und Zugang über: https://www.geo-leo.de
GeoRef	Kommerzielle Datenbank des American Geological Institutes für den Bereich der Geowissenschaften inkl. Geomorphologie u. Hydrologie, über 3,9 Mio. Einträge für weltweit 1933 bis heute, berücksichtigt Zeitschriften, Bücher, Karten, Konferenzbeiträge, Berichte, Dissertationen und alle Veröffentlichungen des USGS. GeoRef steht in vielen Bibliotheken zur Verfügung.
GZB	Die Geographische Zentralbibliothek (GZB) im Leibniz-Institut für Länderkunde, Leipzig (IFL) ist eine seit über 100 Jahren gewachsene Sammlung, die neben Büchern, Zeitschriften, Konferenzbeiträgen und Berichten auch zahlreiche Einzelkarten und Atlanten sowie Bildmaterial umfasst. Zugang zum Katalog unter: https://ifl.wissensbank.com
wiso-net	Größte deutschsprachige Zusammenstellung von Literaturnachweisen (mehr als 17 Millionen) zu den Wirtschafts- und Sozialwissenschaften. Die Nutzung ist nur über lizenzierte Hochschulen/Bibliotheken möglich. https://www.wiso-net.de

Bibliographien, die in Buch- oder Zeitschriftenform vorliegen, sind in den Bibliothekskatalogen verzeichnet.

3.2.1.4 Nachschlagewerke

Enzyklopädien, Lexika, Wörterbücher etc. sind mögliche Quellen für einen Ersteinstieg in ein Thema im Sinne einer Überprüfung von Begriffen (s. Kap. 2.1.2). Dabei sind qualitativ hochwertige wissenschaftliche Lexika vorzuziehen. Diese zeichnen sich dadurch aus, dass die enthaltenen Stichwortbeiträge namentlich gekennzeichnet sind und entweder Hinweise auf die stichwortspezifische einschlägige Literatur geben (gilt teilweise für BRUNOTTE et al. 2001 f.), oder aber allen Regeln wissenschaftlicher Arbeiten folgen (gilt für GREGORY et al. 2009, teilweise für THOMAS & GOUDIE 2000). Dieser Qualitätsanspruch gilt auch für die unter Studierenden so beliebte freie Enzyklopädie Wikipedia (WIKIBOOKS-BEARBEITER 2016) und ist bei zahlreichen Beiträgen auch gegeben. Über die Quellenbelege bieten Lexika auch einen Ansatzpunkt zur Vertiefung der Literaturrecherche mit dem Schneeballsystem (s. Kap. 3.2.1.7). Allerdings ist bei Lexika immer zu beachten, dass die Beiträge häufig stark komprimiert sind. Lexika können daher auf keinen Fall eine weitere Literaturarbeit ersetzen! Sie dienen im Wesentlichen dazu, sich einen ersten, schnellen Ein- und Überblick zu verschaffen. Als Quelle sollten Ausführungen in Lexika, wie auch andere Sekundärquellen, nur dann verwendet werden, wenn tatsächlich Primärquellen nicht verfügbar sind und die Beiträge den Regeln wissenschaftlicher Arbeiten folgen. Da „nach dem Wiki-Prinzip erstellte und veröffentlichte Texte" selbst für Beiträge in der Wikipedia nicht als Quellen akzeptabel sind (N. N. 2021: o. S.), dürfte klar sein, dass sie für wissenschaftliche Arbeiten auch nicht geeignet sind. Dieser Hinweis soll den Nutzen der freien Enzyklopädie Wikipedia als schnellen Einstieg in ein Thema nicht mindern.

3.2.1.5 Sachaufstellungen in der Bibliothek

Viele Bibliotheken verfügen über zugängliche Bereiche, in denen die Literatur nach Sachgruppen aufgestellt ist. Dazu gehören einerseits die Lesesäle und andererseits die meisten Institutsbibliotheken. Hier lässt sich, nachdem man sich mit der Systematik der Aufstellung vertraut gemacht hat, die einschlägige Literatur direkt im Regal suchen und unmittelbar in Augenschein nehmen. Allerdings sollte nicht davon ausgegangen werden, dass die komplette Literatur unter nur einem Schlagwort bzw. in einem Sachgruppenbereich zu finden wäre. Schmökern Sie auch in verwandten Sachgruppenbereichen und ggf. in anderen Institutsbibliotheken. Denken Sie auch daran, dass insbesondere in der Geographie interessante Titel auch in der regionalen Aufstellung ‚versteckt' sein können.

Wichtige Hinweise zur Nutzung von Bibliotheksbeständen:
Nach dem Gebrauch der entsprechenden Materialien ist darauf zu achten, dass diese auch wieder an die entsprechende Stelle zurückgestellt werden, da es sonst für nachfolgende Nutzer fast unmöglich wird, die Materialien wiederzufinden. Verstellte Bücher sind meist verlorene Bücher und müssen neu angeschafft werden, da nicht jedes Jahr eine Inventur durchgeführt werden kann.

3.2.1.6 Fachzeitschriften

Fachzeitschriften stellen das Medium dar, in dem der aktuelle Stand der Forschung dokumentiert wird und die meisten originären Beiträge erscheinen. Da kürzere Artikel schneller geschrieben und redigiert werden als umfangreiche Monographien, sind Zeitschriftenbeiträge in der Regel aktueller als Monographien. Neben **Fachartikeln** enthalten Zeitschriften häufig Hinweise auf **Neuerscheinungen** und **Buchbesprechungen** (Rezensionen). Um in der eigenen Arbeit den aktuellen Stand der Forschung dokumentieren zu können, ist es unerlässlich, Fachzeitschriften zu sichten, relevante Beiträge zu lesen und in die eigenen Ausführungen einzuarbeiten.

Insbesondere hinsichtlich der Arbeit mit Zeitschriftenbeiträgen haben sich in den letzten Jahren deutliche Fortschritte ergeben, die eine erhebliche Arbeitserleichterung bewirken: Inzwischen bieten fast alle einschlägigen Verlage ihre Fachzeitschriften digital an (häufig auch die älteren Ausgaben). Verlagsübergreifende Zusammenschlüsse wie JSTOR haben zusätzliche, ältere Zeitschriftenbände digital verfügbar gemacht. Zudem sollten umfangreiche Aufsatzdatenbanken (z. B. Ingenta Connect, Online-Contents (OLC), Science Direct®, SpringerLink, Wiley InterScience) und ausgeklügelte Recherchesysteme (s. Kap. 3.2.1.7) an jeder Universitätsbibliothek zur Verfügung stehen, sodass der direkte Online-Zugang zu Zeitschriftenaufsätzen vornehmlich davon abhängt, in welchem Umfang die eigene Bibliothek Zugangsrechte abonniert hat oder über National- oder Konsortiumslizenzen anbieten kann. Sollte über die eigene Bibliothek keine Volltextberechtigung bestehen, dann gibt es bei allen digital verfügbaren Zeitschriften immer die Möglichkeit, die Kurzfassung eines Artikels kostenfrei zu lesen. Häufig stehen auch einzelne Hefte oder Beiträge, mitunter auch ganze Jahrgänge zu Werbezwecken kostenfrei zur Verfügung. Zudem bieten zahlreiche Fachverlage einen *pay-per-view-Service* an. Hier dürften die Kosten (Größenordnung 30 EUR pro Artikel) in der Regel jedoch abschreckend wirken. Bei sogenannten Open-Access-Zeitschriften, deren Zahl beständig zunimmt und deren Beiträge in der zentralen Datenbank Directory of Open Access Journals (DOAJ) (https://doaj.org/) zentral recherchiert werden können, ist ohnehin die Nutzung frei. Die zuständigen Verlage finanzieren die Herausgabe über Abgaben der Autor*innen. Das heißt nicht, dass man sich hier die Veröffentlichung seines Werkes ‚erkaufen‘ kann, was sicherlich der Qualität nicht zugutekommen würde. Auch bei diesen Journalen werden die Beiträge in der Regel durch unabhängige Expert*innen begutachtet. Ob dies der Fall ist, und wer zum Kreis der Gutachter*innen gehört, lässt sich üblicherweise dem ‚Editorial‘ auf der Homepage der Zeitschrift entnehmen. Bei vielen Verlagen besteht auch die Möglichkeit, sich in einen Verteiler aufnehmen zu lassen, sodass man stets über die Herausgabe der neuesten Ausgabe der gewählten Zeitschriften und die darin befindlichen Artikel informiert wird.

Wird nach einer bestimmten Zeitschrift gesucht, kann man über die Homepage des entsprechenden Verlags einsteigen. Häufig dürfte es jedoch effektiver sein, in der an der Universitätsbibliothek Regensburg angesiedelten Elektronischen Zeitschriftenbibliothek (EZB) (Hutzel 2008; UB Regensburg 2020) zu beginnen, an der über 650 Hochschul- und Forschungsbibliotheken u. a. aus Deutschland, Österreich und der Schweiz beteiligt sind. Hier finden sich Verknüpfungen (Links) zu insgesamt über 100 000 Periodika (vornehmlich Zeitschriften, aber auch Jahres- und Tätigkeitsberichte sowie Rundbriefe) und dem Suchenden wird sofort angezeigt, ob er von seinem Standort aus Zugriff auf den Volltext der entsprechenden Publikation hat. Etwa ⅔ der verzeichneten Titel sind freie und etwa ⅓ lizenzpflichtige Onlinezeitschriften. Für das Fach Geographie waren Anfang November 2020 über 1 250 Einträge an weltweiten *open-access*, hybriden und traditionellen kostenpflichtigen Periodika gelistet, darunter auch retrospektiv digitalisierte Zeitschriften aus dem 18. Jh.

In der Regel wird die Zugangsberechtigung über eine Abfrage der IP-Adresse des benutzten Rechners geprüft. Der Zugang zu diesen Ressourcen ist daher über ein Virtuelles Privates Netzwerk (VPN) auch vom heimischen Rechner aus möglich (Die jeweiligen Rechenzentren bieten diesbezüglich Beratungen an). Folglich können die Recherche nach Zeitschriftenartikeln (aber auch zu Beständen auf anderen Dokumentenservern) und der Zugriff auf die Titel in vielen Fällen in entspannter Atmosphäre und unabhängig von Öffnungszeiten erfolgen.

Sich zur Sichtung von Zeitschriftenbeiträgen in die Bibliothek zu begeben und die Inhaltsverzeichnisse (ggf. sachlich und regional gegliederte Jahresinhaltsverzeichnisse im ersten oder letzten Heft eines Jahrgangs), Indizes, Buchbesprechungen und Hinweise auf Neuerscheinungen durchzublättern, ist in vielen Fällen kaum mehr nötig. Sollte sich jemand jedoch noch dem traditionellen System verbunden fühlen, dann sei darauf hingewiesen, dass viele Fachzeitschriften auf **bestimmte Themengebiete** spezialisiert sind (Tab. 3-5). Somit kann schon über den Zeitschriftentitel eine Vorauswahl erfolgen. Insbesondere in Deutschland sind in den letzten Jahren mehrere Zeitschriften (z. B. Geographische Revue, Geographische Rundschau, teilweise Die Erde) dazu übergegangen, in ihren Ausgaben jeweils **Schwerpunktthemen** zu behandeln. Auch das erleichtert die Sichtung der Beiträge. Darüber hinaus gibt es Zeitschriften, in denen vornehmlich Übersichtsartikel zur Entwicklung des Stands der Forschung (sog. **Review-Artikel**) publiziert werden. Für die Geographie relevant sind hier die Zeitschriften Progress in Human Geography, Progress in Physical Geography: Earth and Environment und Earth-Science Reviews. Es bietet sich ferner an, Zeitschriften der jeweiligen Nachbardisziplinen durchzusehen. Beispielsweise gibt es im Bereich der Informatik, der Geologie, der Soziologie oder der Wirtschaftswissenschaften Zeitschriften, in denen auch für geographische Themen relevante Beiträge und Beiträge von Geographen zu finden sind. Die Suchroutinen in umfassenden Aufsatzdatenbanken erleichtern natürlich insbesondere das Auffinden von relevanten Beiträgen in Zeitschriften der Nachbarwissenschaften.

In Tabelle 3-5 sind viele der für die Literaturrecherche im Fach Geographie relevanten Zeitschriften aus dem deutschsprachigen Raum aufgeführt. Es gilt dabei zu beachten, dass es sich hierbei um eine Auswahl handelt, die keinesfalls eine weiter gehende Recherche in anderen, insbesondere internationalen Zeitschriften ersetzt, sondern den Einstieg in die Literatursuche erleichtern soll. Dabei zeigt die Analyse der vornehmlichen Publikationssprache der Beiträge in den Zeitschriften, dass auch einige im deutschsprachigen Raum beheimateten Fachzeitschriften inzwischen zu Englisch als primärer Publikationssprache übergegangen sind.

Tab. 3-5: Auswahl geographischer Fachzeitschriften aus dem deutschsprachigen Raum mit Angaben zu thematischen Schwerpunkten (OA = Open-Access-Zeitschriften) und zur Publikationssprache (mult. = mehrsprachig).

Titel	Schwerpunkte	Sprache
Berichte. Geographie und Landeskunde	Geographie (gesamt) (bis 2012: Berichte zur dt. Landeskunde)	dt.
disP – The Planning Review	Raumwissenschaften	mult.
Die Erde	Geographie (gesamt, OA)	engl.
Erdkunde	Geographie (gesamt, OA)	engl.
Europa Regional	Geographie (gesamt)	dt.
Geographica Helvetica (GH)	Geographie (gesamt, OA)	mult.
Geographie heute	Didaktik der Geographie (U-Material Schule)	dt.
Geographische Revue	Humangeographie (2014 eingestellt)	dt.
Geographische Rundschau (GR)	Geographie (gesamt), Themenhefte	dt.
Geographische Zeitschrift	Humangeographie	dt.
GW Unterricht	Didaktik der Geographie (OA)	dt.
Mitteilungen der Österreichischen Geographischen Gesellschaft (MÖGG)	Geographie (gesamt)	dt.
Geo-Öko	Physische Geographie	dt./engl.
Petermanns Geographische Mitteilungen (PGM)	Geographie (gesamt), Themenhefte (2004 eingestellt)	dt.
Photogrammetrie, Fernerkundung, Geoinformation (PFG)	Geoinformatik	dt./engl.
Praxis Geographie	Didaktik der Geographie (U.-Material Schule)	dt.
Raumforschung und Raumordnung	Raumwissenschaften (OA)	dt./engl.
Social Geography	Humangeographie (OA) (2012 eingestellt)	dt./engl.
Zeitschrift für Geomorphologie (ZfG)	Geomorphologie	engl.
Zeitschrift für Wirtschaftsgeographie	Wirtschaftsgeographie	dt./engl.

3.2.1.7 Schneeballsystem

Das „Schneeballsystem" nutzen heißt, die Literaturlisten der gefundenen Werke durchzusehen, denn alle Verfasser*innen einer wissenschaftlichen Arbeit zitieren ihre Quellen. Auf diese Weise sind kontextbezogen **weitere (ältere) Literaturquellen** zu finden, die für die Bearbeitung des eigenen Themas nützlich sein dürften. Bei vielen in digitaler Form vorliegenden Werken bestehen sogar Verknüpfungen zu den zitierten Quellen, sodass man hier unmittelbar auf die zitierte Literatur zugreifen kann, so diese digital vorliegt. Einige Datenbank- und Recherchesysteme (z. B. Web of Science™ von Clarivate Analytics, Scopus™ von Elsevier oder Wiley Online Library) ermitteln darüber hinaus auch die Beiträge, in denen der entsprechende Beitrag zitiert wurde. Damit ist also auch der Zugriff auf kontextbezogene **weitere (jüngere) Literaturquellen** möglich. Allerdings sei darauf hingewiesen, dass hier die Ergebnisse der unterschiedlichen Systeme – wie auch in anderen Fällen – nicht immer übereinstimmen.

Prinzipiell ist das Schneeballsystem eine sehr sinnvolle Methode, um das Spektrum an Literaturquellen zu erweitern und an den **Ursprung eines Gedankens** oder einer Auffassung zu gelangen und ggf. die neueren Entwicklungen zu erfassen. Da sich hin und wieder bestimmte Gruppen von Autoren allerdings auch gerne wechselseitig zitieren, gelangt man gelegentlich in einen sogenannten ‚**Zitierzirkel**'. Das kann den Anschein erwecken, dass es außerhalb dessen keine andere hilfreiche Literatur mehr gäbe. Dieser Schein trügt in den meisten Fällen. Wahrscheinlicher ist, dass man bei solchen Zirkeln auf fachpolitisch motivierte Diskursgrenzen gestoßen ist, um es vornehm auszudrücken.

3.2.1.8 Fernleihe

Manche Bücher, Zeitschriften etc. sind nicht in der ‚eigenen' Bibliothek vor Ort, sondern nur in auswärtigen Bibliotheken und Lehrbuchsammlungen erhältlich. Diese Literatur kann aber, wenn die genauen Literaturangaben bekannt sind, über die eigene Bibliothek als gebührenpflichtige Fernleihe bestellt werden. Dies funktioniert in der Regel online über die elektronischen Bestellsysteme. Bei Fragen hilft das Bibliothekspersonal weiter. Allerdings muss die gewünschte Literatur frühzeitig bestellt werden, da es, wenn das Medium nicht gerade anderweitig verliehen ist, mindestens zwei, in der Regel aber drei bis vier Wochen dauert, bis die Fernleihe in der eigenen Bibliothek eintrifft. Die

Kosten für eine Buchbestellung oder Kopien eines Aufsatzes (bis 20 Seiten)
per Fernleihe sind in den Gebührenordnungen der jeweiligen Bibliotheken geregelt. Die Kosten für Kopien liegen gegenwärtig bei etwa 1,50 € je Vorgang.
Bei einer größeren Anzahl an Kopien sind höhere Gebühren zu entrichten.
Insbesondere bei Zeitschriften sollte daher über die Elektronische Zeitschriften Bibliothek (EZB) geprüft werden, ob die eigene Bibliothek mittels einer
National- oder Konsortiallizenz eine gebührenfreie Online-Zugangsberechti-
gung für die gesuchte Zeitschrift hat oder ob der spezifische Beitrag ggf. als
Open-Access-Artikel zur Verfügung gestellt wird. In dringenden Fällen kann
auch der gebührenpflichtige Dokumentenlieferdienst Subito genutzt werden,
der Zeitschriften-, aber auch Buchkopien aus Bibliotheken in Deutschland,
Österreich und der Schweiz liefert (Details unter http://www.subito-doc.de).

3.2.1.9 Behörden, Ministerien, Internationale Organisationen

Häufig lohnt sich auch eine Recherche bei den Landes- und Bundesbehörden
und -ministerien sowie ggf. bei internationalen Organisationen (z. B. European Space Agency (ESA), Food and Agriculture Organization of the United
Nations (FAO), Organisation for Economic Co-operation and Development
(OECD), United Nations Environment Programme (UNEP), World Mete-
orological Organization (WMO)) und wissenschaftlichen Verbänden (z. B.
European Geophysical Union (EGU), International Association of Hydro-
logical Sciences (IAHS), International Geographical Union (IGU)). Im Rahmen ihrer Berichtspflicht und Öffentlichkeitsarbeit geben diese Institutionen
Publikationen heraus, die häufig auch als Quellen wissenschaftlicher Arbeit
geeignet sind. Da es sich bei den Publikationen in aller Regel um sogenannte
graue Literatur handelt, sind diese Beiträge in den kommerziellen Literaturdatenbanken nicht verzeichnet. Über die sinnvolle Kombination von Suchbe-
griffen sind die entsprechenden Dokumente aber meistens zielsicher mit den
Internet-Suchmaschinen zu finden.
 Bei der Suche nach einer Statistik sind beispielsweise die **Statistischen Lan-
des- und Bundesämter** ideale Ansprechpartner. Umweltbezogene Informationen findet man bei den für den Umweltschutz oder die Landwirtschaft und
die Forste zuständigen Ministerien, Anstalten oder Ämtern. Darüber hinaus
sind in Deutschland Informationen zu den verschiedensten Themenbereichen
über die **Bundes- und Landeszentralen der politischen Bildung** zu erhalten.
 In der Regel werden die Publikationen dieser Organisationen kostenfrei online als PDF-Dateien unter der Rubrik Publikationen oder Veröffentlichungen

zur Verfügung gestellt. Bei vielen dieser Institutionen können gedruckte Exemplare bestellt werden (teilweise kostenlos oder gegen Portoersatz). Sollten die Publikationen kostenpflichtig sein, dann oftmals zu unschlagbar günstigen Preisen.

3.2.1.10 Internet

Das Internet bietet Zugang zu anderen Bibliotheken mit evtl. größeren Katalogen bzw. zu den Verbundkatalogen (Tab. 3-3), zu Literaturdatenbanken (Tab. 3-4), Rechercheinstrumenten, Fachzeitschriften (Tab. 3-5), weißer und grauer Literatur, Zeitungsarchiven sowie zu statistischen und anderen Datenquellen. Von daher sind das Internet und die diversen Internet-Suchmaschinen (Microsoft Bing, dogpile, Fireball, Google, Yahoo! etc.) als Werkzeug wissenschaftlichen Arbeitens kaum mehr wegzudenken. Im Zusammenhang mit einer einfachen stichwortbasierten Suche nach Quellen haben die allgemeinen Internet-Suchmaschinen allerdings den Nachteil, dass sie in der Regel sehr viele Treffer liefern, die als Quelle für eine wissenschaftliche Arbeit nicht in Frage kommen (Kap. 3.1.2, 3.2.1.4). Hier gilt es, zum einen sinnvolle Schlagwörter und Verknüpfungen einzugeben und zum anderen die Seriosität der Suchergebnisse immer im Auge zu behalten (Wer hat das geschrieben? Mit welcher Motivation und welchem Hintergrund? Gibt es eine verantwortliche Institution? Handelt es sich um begutachtete Informationen? etc.). Insbesondere bei Internetseiten von Interessenvertretern (politischen Parteien, Firmen, Wirtschaftsverbänden, Lobbyisten aller Couleur, auch Umweltschutzverbänden) ist es notwendig, die dort präsentierten Fakten mit wissenschaftlichen Publikationen abzugleichen.

Vor diesem Hintergrund werden inzwischen speziell für Wissenschaftler konzipierte Suchmaschinen wie z. B. Google Scholar (http://www.scholar. google. de) oder ScienceDirect® vom Elsevier Verlag (nur mit Login) angeboten. Bei diesen Suchmaschinen wird primär nach wissenschaftlichen Einträgen gesucht, und ggf. werden Verknüpfungen zu online verfügbaren Publikationen angezeigt. Hier muss der Vollständigkeit halber auch auf das in Europa durchaus umstrittene Digitalisierungsprojekt für Bücher von Google hingewiesen werden (https://books.google.de). Positiv im Sinne des wissenschaftlichen Arbeitens ist dabei, dass durch diese Initiative insbesondere auch ältere Literatur digital erschlossen und allgemein zugänglich wird.

Wer darüber hinaus angeleitet in den Weiten des Internets nach für wissenschaftliche Studienarbeiten verwertbarem Material suchen möchte, der sei auf die Verknüpfungsseiten der Geographischen Institute und Organisationen verwiesen. Da diese Seiten häufig ehrenamtlich betreut werden, kann sich ihr qualitativer Zustand schnell ändern. Vermutlich ist der Betreuungsaufwand auch der Grund dafür, dass umfangreiche Link-Sammlungen kaum mehr gelistet werden. Einigermaßen gut gepflegt ist noch die Seite des Geographischen Instituts der LMU München (Stand November 2020): http://www.geo graphie.uni-muenchen.de/department/fiona/sonstiges/links/index.php.

Wichtige Hinweise zur Nutzung von Internetquellen

Internetquellen sind besonders sorgfältig zu prüfen, da dort prinzipiell ungeprüft Texte veröffentlicht werden können! Grundsätzlich gilt:

- Nur Homepages von offiziellen Institutionen, Universitäten, Behörden etc. nutzen!
- Aus dem Internet nur zitieren, wenn die Angaben über herkömmliche Quellen nicht verfügbar sind!
- In der Literaturliste die vollständige Adresse angeben! Sind die notwendigen Angaben (s. Kap. 4) nicht vorhanden, also kein*e Autor*in zu identifizieren und die Herkunft von Texten, Zitaten und Daten insgesamt unklar, ist die Quelle in der Regel als wissenschaftlich wertlos einzustufen!

Fazit: „Dazu gibt es keine Literatur!" gibt es nicht!

3.2.2   Auswahl von Literatur

Nachdem eine erste erfolgreiche **Recherche** zum Thema stattgefunden hat, wird recht schnell der Eindruck entstehen, dass die Menge an Literatur, die es gibt, kaum zu bewältigen ist. Um sich bei der Bearbeitung nicht zu ‚verzettelt‘, ist eine effiziente Vorgehensweise bei der Literaturauswahl nicht nur ratsam, sondern dringend notwendig.

Da in der Regel am Anfang lediglich die Titel von Monographien, Sammelbänden und Zeitschriftenartikeln (Bibliographie) vorliegen, muss danach die Sichtung der Literatur stattfinden. Dazu ist es zunächst nicht nötig, die ganze Publikation zu lesen. Artikel beginnen meist mit einer Kurzfassung (*Abstract*) und enden mit einer Zusammenfassung. Diese sollten genau gelesen werden, damit entschieden werden kann, ob der Artikel für die eigene Arbeit relevant ist. Sammelbände enthalten meistens eine Einleitung durch die Herausgeber, die einen Überblick über das Gesamtwerk gibt, die Thematik beleuchtet und auf die einzelnen Beiträge eingeht und deren Stellung innerhalb des Werkes offenlegt. Ansonsten kann die **Relevanzprüfung** (ROST 2003: 76 ff.) bei Sammelbänden wie bei Monographien durchgeführt werden. Wie dies geschieht, veranschaulicht Abbildung 3-2. Abgesehen vom Titel geben der Klappentext und das Inhaltsverzeichnis einen ersten Überblick. Im Umgang mit Literatur geübte ‚Forscher*innen' wenden sich danach in aller Regel dem Literaturverzeichnis zu, um zu prüfen, ob denn bereits Bekanntes in der vorliegenden Publikation verarbeitet wurde oder nicht. Entsteht der Eindruck, dass relevante Standardwerke keinen Eingang in die entsprechende Arbeit gefunden haben, ist eine gewisse Vorsicht beim Gebrauch der Monographie geboten. Dies soll nicht heißen, dass diese Quelle nicht benutzt werden sollte, aber erste kritische Notizen sind hier angebracht. Schließlich gilt es nach dieser kurzen Durchsicht zu beurteilen, ob der Inhalt (soweit er noch nicht erfasst wurde) weiter relevant oder irrelevant ist. Sollte die Publikation weiterhin bedeutsam sein, ist sinnvollerweise nun die Einleitung und die Abschlussdiskussion zu lesen, eventuell bietet es sich auch an, einige Kapitel kurz anzulesen. Sollte die Publikation dann immer noch relevant erscheinen, kann die genaue Texterschließung beginnen (s. Kap. 3.3).

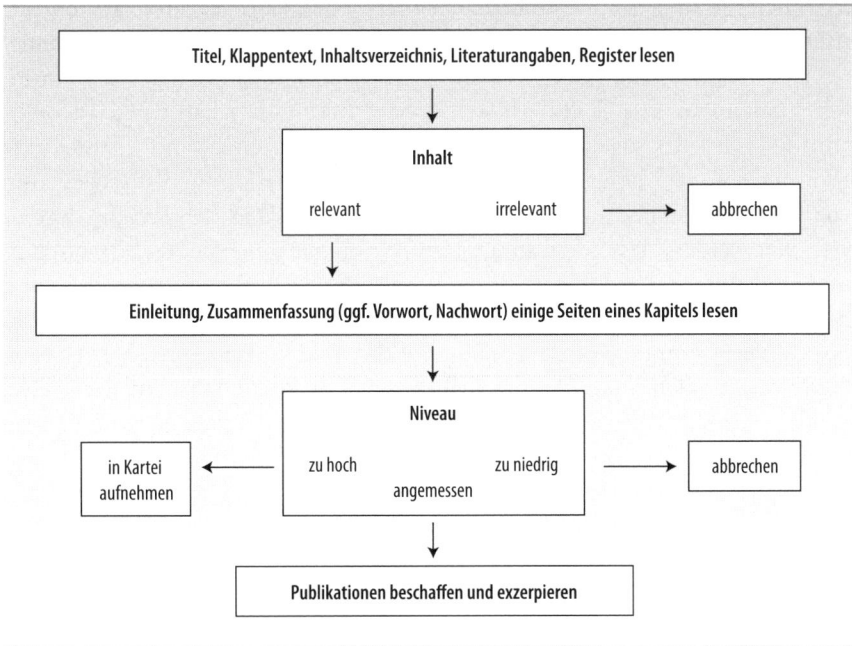

Abb. 3-2: Prüfung von Monographien auf ihre Relevanz (nach: RÜCKRIEM et al. 1994: 48)

Bei der Literaturauswahl sollte auch darauf geachtet werden, dass die ausgewählten Materialien (Monographien, Zeitschriftenartikel, Aufsätze aus Sammelbänden, eigene Erhebungen etc.) in einem **harmonischen Verhältnis** zuei-
nander stehen. Die Anzahl der Quellen sollte eine ausgewogene Aufarbeitung
der Thematik widerspiegeln. Bereits in kleineren Seminararbeiten sind unterschiedliche wissenschaftliche Ansätze zu vergleichen und der **aktuelle Stand
der Forschung** wiederzugeben. Dies bedeutet, dass aktuelle Publikationen
unbedingt in die eigene Arbeit einzubeziehen sind (STICKEL-WOLF & Wolf
2009: 134). Weiterhin ist zu berücksigen, dass bestimmte wissenschaftliche Ansätze von einzelnen Personen besonders geprägt wurden. Diese haben
sogenannte Standard- oder Grundlagenwerke verfasst, die in die Arbeit einfließen sollten. **Fremdsprachige Literaturquellen** tragen darüber hinaus der
Gegebenheit Rechnung, dass die *Scientific Community* international ist und
Wissenschaftsaustausch heute in aller Regel global vonstatten geht.

Bei der Literaturrecherche sollte auch auf bestimmte **qualitative Kriterien**
geachtet werden, die die Auswahl von ‚guter‘ Literatur erleichtern. Unter ‚guter‘ Literatur sind im ‚Wissenschaftsbetrieb‘ Publikationen zu verstehen, die
zum einen nach wissenschaftlichen Standards verfasst wurden und zum anderen einer Begutachtung durch Zweite (Verlagsredaktionen, Gutachtergremien,
Rezensent*innen etc.) standgehalten haben. Bei wissenschaftlichen Fachzeitschriften wird das sogenannte *Peer-Review*-Verfahren angewandt. Dabei werden eingesandte Manuskripte ggf. sogar anonymisiert und dann wiederum
von Fachkolleg*innen anonym begutachtet (*Double Blind Peer Review*). Es darf
vermutet werden, dass eingesandte Manuskripte nie ‚ungeschoren‘ davonkom-
men und immer eine Überarbeitung notwendig wird. Sehr renommierte und
hoch im Kurs stehende Fachzeitschriften (z. B. Nature und Science) haben darüber hinaus mitunter eine Ablehnerquote von über 90 Prozent (GRAEVES et al.
2006: o. S.). Solch hohe Quoten mahnen aber auch zur Vorsicht, wenn etwa
deutlich wird, dass die Editor*innen einer Zeitschrift (ähnlich dem Zitierzirkel
beim Schneeballsystem) als ‚Diskurshüter*innen‘ bzw. als ‚Torwächter*innen‘
über die Inhalte fungieren und innovative oder unkonventionelle wissenschaftliche Ansätze durch die gerichtete ‚Begutachtung‘ faktisch ausschließen.

Indikatoren für die Güte von Publikationen (STICKEL-WOLF & WOLF 2009: 170 f.):
- „Die Schrift ist in einer renommierten, begutachteten Zeitschrift veröffentlicht worden.
- Die Schrift ist in einem renommierten, im jeweiligen Fachgebiet bekannten Verlag erschienen.
- Die Schrift ist in verschiedenen anderen Arbeiten zitiert worden.

- Die Schrift ist von einer Person verfasst worden, die im jeweiligen Fachgebiet gut bekannt und anerkannt ist.
- Die Schrift ist von einer Person verfasst worden, deren Veröffentlichungsthemen nicht zu heterogen sind, die also nicht glaubt, zu allerlei Themen etwas sagen zu können.
- Am Anfang der Schrift werden eine Untersuchungsfrage und eine Abschnittsgliederung spezifiziert, am Ende findet sich eine Zusammenfassung der wichtigsten Erkenntnisse.
- In der betreffenden Schrift wird auf Schriften anderer Personen zurückgegriffen. Dies ist ein Qualitätsindikator, weil es dann wahrscheinlich ist, dass in der betreffenden Schrift das bestehende Wissen berücksichtigt worden ist.
- Die Schrift weist einen gewissen Mindestumfang auf. Die heutigen wissenschaftlichen Themen sind in aller Regel komplex und können nicht auf zwei oder drei Seiten hinreichend behandelt werden. Diesen Indikator sollten Sie jedoch mit Vorsicht anwenden: Einstein hat seine zentralen Gedanken zur Relativitätstheorie in einem kurzen Aufsatz veröffentlicht."

Abschließend sei an dieser Stelle noch ein Wort zum **Kopiereifer** vieler Studierender angebracht. Bevor ein Text kopiert oder bei digitaler Verfügbarkeit ausgedruckt wird, ist es sinnvoll, sich die Frage zu stellen, ob dies auch tatsächlich notwendig ist. Es gibt nicht wenige, die im Laufe ihres Studiums ganze Aktenordner mit Kopien anhäufen. Dies belastet durch die aufwendige Kopier- und Ablagearbeit erstens das eigene Zeitbudget, zweitens das finanzielle Budget und drittens nicht zuletzt das ökologische Gleichgewicht. „Zudem verführt die Leichtigkeit des Kopierens dazu, die Bibliotheken nicht mehr als Stätten des Lesens (und des Notizenschreibens) zu gebrauchen, sondern als Jagdreviere, von denen man zufrieden über die reiche Beute heimkehrt. So zufrieden, dass man am Ende die erbeuteten Photokopien gar nicht mehr liest" (Eco 2002: 9). Daher sollte nur ausgewählte, qualitativ hochwertige Literatur kopiert werden, mit der man wirklich zu arbeiten gedenkt. Dann ist das Anfertigen von Kopien[1] tatsächlich zu empfehlen, da Unterstreichungen, Randnotizen etc. angebracht werden können (Kap. 3.3).

Mit der rein technischen Vervielfältigung ist es aber nicht getan – auch Kopieren will gelernt sein! Um sich unnötige Arbeit zu ersparen, die oft erst dann ersichtlich wird, wenn zum Beispiel im kopierten Dokument wesentliche Informationen fehlen, sollte der folgende Leitfaden beachtet werden.

---

[1] Ersetzen Sie im Text von Eco (2002) das Wort „kopieren" durch „herunterladen" und das Wort „Kopie" durch „PDF-Datei" und Sie können erkennen, dass durch den technischen Fortschritt nicht alle prinzipiellen Probleme gelöst werden.

Richtig Kopieren: Ein Merkblatt

Lesbarkeit

Der Text sollte für das Auge aus einem Meter Entfernung ohne Anstrengung lesbar sein. Das entspricht mindestens einer 10-Punkt-Schrift. Kleinere Formate (Taschenbücher usw.) auf mindestens 2 × Din A5 (= DIN A4) vergrößern.
Schwarze Ränder minimieren! Die sind nicht nur ökologisch bedenklich, sondern schaden auch der visuellen Aufnahmefähigkeit! Letzteres gilt auch für 'schräge' Kopien. Vorlage immer parallel zum Seitenrand anlegen! Kopierte Seiten auf abgeschnittene Ränder hin prüfen!

Anordnung

Beim 'einseitigen' Kopieren von zwei Einzelblättern auf Querformat DIN A4 auf die Seitenzählung achten (in der Kopie links nach rechts, auf dem Kopierer also das rechte Blatt links anordnen). Beim 'doppelseitigen' Kopieren (Ringbindung) bei Querformaten darauf achten, dass Leser*innen nicht die Leserichtung ändern bzw. die gebundene Kopie drehen müssen. Das heißt, die Seiten werden gegenläufig kopiert, was auf der Vorderseite unten ist, ist auf der Rückseite oben und vice versa.

Quellenangabe

Auf jede Kopie gehört auf das erste Blatt eine **vollständige Literaturangabe** der Quelle (s. Kap. 4.4). Schneller geht's oft, wenn man die ersten Seiten der Publikation mit den entsprechenden Angaben kopiert. Dann aber für jeden kopierten Beitrag einer Publikation (Sammelband) auch eine extra Titelkopie anfertigen, denn die Kopien werden gegebenenfalls nicht zusammen abgeheftet oder abgelegt (z. B. bei alphabetischer Ordnung nach Autorenname). Beim Scannen von Artikeln auf eine aussagekräftige Dateibenennung achten! Eine Möglichkeit ist die mit Bindestrich getrennte Reihung von Name, Jahr, Kurztitel und Zeitschriftenkürzel (z. B. Müller- 2013-Sozialraum-GZ.pdf).
Beim Kopieren von Artikeln, Textstellen oder Bildern aus Zeitungen zur Quellenangabe unbedingt das **Datum notieren!**

Seitenzahlen

Auf durchgängiges Kopieren der Seitenzahlen achten! Fehlende Seitenzahlen von Hand ergänzen.

Endnoten

Den Text auf Endnoten hin kontrollieren. Gibt es welche, diese unbedingt komplett mitkopieren und dem Text beifügen. Der Text ist sonst nicht vollständig!

Literaturverweise

Die Literaturangaben zu den Kurzbelegen im Text mitkopieren. Entweder finden sie sich in Fußnoten, Endnoten oder im Literaturverzeichnis. In jedem Fall unbedingt **alle zugehörigen Angaben vollständig kopieren!** In Fußnoten/Endnoten von Buchbeiträgen stehen oftmals nur Verweise auf das Gesamtliteraturverzeichnis. Dann also sowohl die Endnoten als auch das Literaturverzeichnis zusätzlich zu jedem einzelnen Beitrag kopieren!

Copyright

Bei allem Kopieren die Urheberrechtsbestimmungen beachten!

3.3   Alles lesen?

Lesetechniken und Texterschließung/Textanalyse

Studierende*r: „Das alles muss ich lesen?"
Dozent*in: „Wenn Sie die gestellte Aufgabe ausreichend bearbeiten wollen, ist dies wohl notwendig."
Studierende*r: „Das schaff' ich nie!"

Solche, oder ähnliche Gespräche zwischen Studierenden und Dozierenden kommen sehr häufig vor, insbesondere zu Beginn des Studiums. Dies hängt vor allem damit zusammen, dass mit der herkömmlichen Art zu lesen, die im Studium anfallende Menge an Fachliteratur in der Tat kaum zu bewältigen ist. Mit entsprechenden Lesetechniken ist es jedoch durchaus möglich, den Umfang der zu bearbeitenden Literatur zu meistern. Um Informationen zu einer wissenschaftlichen Thematik zu erhalten, ist es nämlich nicht immer nötig, eine Publikation von Anfang bis Ende zu lesen.

3.3.1   Lesetechniken

Anders als beim Lesen eines Romans ist es wenig sinnvoll, wissenschaftliche Texte ‚in einem Zug' zu lesen. Vielmehr ist es angebracht, in akademischen Texten zunächst zu ‚stöbern' oder – in Anlehnung an DE CERTEAU (1988: 27) – „zu wildern". Damit dies nicht ganz unstrukturiert vonstattengeht, gibt es verschiedene Lesetechniken, von denen die sogenannten SQ3R- (BECHER 1998: 97 f., ROST 2010: 182 ff.) und PQ4R- (EBSTER & STALZER 2008: 67) Methoden die bekanntesten sind. Das Akronym SQ3R steht dabei für *Survey, Question, Read, Recite, Review* (Überblicken, Fragenstellen, Lesen, Wiedergeben, Wiederholen) und das Kürzel PQ4R steht für *Preview, Question, Read, Reflect, Recite, Review* (Vorschau, Fragen, Lesen, Reflektieren, Wiedergeben, Wiederholen). Diese Methoden sind bereits sehr tiefgehend und entsprechen in etwa der Vorgehensweise des in Kapitel 3.3.1.5 skizzierten „Lernenden Lesens". Da jedoch beim wissenschaftlichen Arbeiten nicht immer angestrebt wird, einen Sachverhalt auch zu erlernen – vielleicht geht es ‚bloß' darum, etwa die dahinter liegende ‚Logik' zu verstehen – werden im Folgenden zunächst fünf unterschiedliche Lesetechniken skizziert, die beim Durcharbeiten wissenschaftlicher Literatur – je nach beabsichtigtem Ziel – angewendet werden können. Eine ausführliche Darstellung der verschiedenen Lesetechniken findet sich in STICKEL-WOLF & WOLF (2019).

3.3.1.1 Überfliegendes Lesen

Überfliegendes Lesen bedeutet ‚diagonales‘ bzw. ‚senkrechtes‘ Lesen, wobei der Schwerpunkt auf der Erkennung von Schlüsselwörtern, Thesen, Argumentationen und Zusammenhängen liegt. Fragen, die man sich stellen sollte, sind: Muss ich das lesen? Ist das relevant für meine Fragestellung? Interessiert mich das? Bei Monographien ist hier besondere Aufmerksamkeit auf Titel, Erscheinungsjahr, Auflage, Klappentext, Inhaltsverzeichnis, Literaturverzeichnis, Vorwort, Einleitung und Zusammenfassung zu legen. Bei Zeitschriftenartikeln, oder wenn mit einem CD-ROM-Katalog gearbeitet wird, sollte die Kurzzusammenfassung (*Abstract*) die Frage, ob der Beitrag von Interesse ist, beantworten können. Diese Lesetechnik wird in der Regel angewendet, um Literatur zu sichten und für die weitere Bearbeitung auszuwählen (ESSELBORN-KRUMBIEGEL 2008: 78) (s. a. Kap. 3.1).

3.3.1.2 Orientierendes Lesen

Durch orientierendes Lesen wird der Text mithilfe von im Vorfeld definierten Kriterien (beispielsweise Fragen nach von den Autor*innen zugrunde gelegten Annahmen, Zielen, Meinungen, Vermutungen, Argumentationen und Fakten) durchgearbeitet. Dabei sind folgende **Arbeitsschritte** zu unterscheiden:

- zügiges Lesen des Textes
- Text gliedern (Abschnitte markieren und annotieren)
- Fragestellung, Definitionen, Thesen, Hauptaussagen hervorheben oder herausschreiben

Für diese Arbeiten ist es sinnvoll, mit Unterstreichungen und Markierungen zu arbeiten. Gerade zu Beginn des Studiums besteht allerdings die Gefahr, ‚alles‘ für wichtig und unterstreichenswert zu halten. Es sollte daher darauf geachtet werden, lediglich die Kernaussagen und die für das Thema interessanten Textstellen zu markieren (ROST 2003: 83). Sehr hilfreich ist es, sich ein Randnotizensystem anzueignen und konsequent zu verwenden. Vorschläge für sinnvolle **Randnotizen** finden sich in Abb. 3-3.

!	wichtig	**Def.**	(wichtige) Definition
!!!	sehr wichtig, zentral	**Bsp.**	Beispiel
?	unklar, unplausibel	**Th.**	(zentrale) These
?!	unverständlich, aber wichtig (Klärungsbedarf)	**Z**	Zielsetzung
↯	fraglich, nicht unumstritten	**Zit.**	(wichtiges) Zitat, zu zitierende Stelle
⇒	daraus folgt	**Red.**	Redundanz, Wiederholung
↓	thematischer Abschnittsbeginn	**E, S**	(wichtiges) Ergebnis, Schlussfolgerung
↑	thematisches Abschnittsende	**A**	(wichtiges) Argument
☹	ärgerliche Stelle	**Zsf.**	Zusammenfassung
☺	amüsante Stelle	**1.2.3**	Gliederung

Abb. 3-3: Vorschläge für Randnotizen

Randnotizen, Anmerkungen und andere Strukturierungselemente können direkt in einem Artikel oder einem Buch angebracht werden. Dies ist aber tunlichst zu unterlassen, wenn einem das entsprechende Werk nicht selbst gehört. Immer wieder finden sich in Bibliotheksbüchern gedankliche Hinterlassenschaften von Vorgänger*innen. Das ist nicht nur ‚unschön‘, sondern verhindert auch, dass man sich den Text selbst erschließen kann – durch die Hervorhebungen Fremder wird der eigene Blick unwillkürlich ‚geleitet‘. Alle Studierenden sollten aber vor dem Hintergrund der eigenen Zielsetzungen und Interessen selbst entscheiden, was etwa ein ‚wichtiges Argument‘ oder eine ‚ärgerliche Stelle‘ ist.

Für das unbeschadete Lesen fremder (und eigener) Bücher hält die Büroartikelindustrie jede Menge erschwinglicher Hilfen bereit: Selbsthaftende kleine gelbe Zettel lassen sich gut beschriften und bieten auch genug Platz für Kommentare. Kunststoffetiketten z. B. der Marke Post-it®, zur Hälfte transparent, zur Hälfte eingefärbt, eignen sich besonders gut, wenn das volle Schriftbild erhalten werden soll. Die Notizen mit (wasserfestem) Folienstift auf dem farbigen Teil anbringen und dann den transparenten Teil ins Buch kleben! Auch in zugeklapptem Zustand lassen sich damit einzelne Passagen in einem dicken Wälzer schnell wiederfinden, und das wertvolle Gedankengut übersteht auch diverse Lese- und Transportwege. Die angehefteten Zettel und Etiketten lassen sich dann jederzeit ohne Rückstände wieder ablösen – allerdings sollte man vor Rückgabe des Buches auch daran denken, dies zu tun! Und wer sich vorher entschlossen haben sollte, doch noch eine Kopie anzufertigen, braucht nur noch umzukleben. Abbildung 3-4 illustriert einige Möglichkeiten der Anwendung von Randnotizensystemen.

Inzwischen lassen sich Bearbeitungen von Texten natürlich auch digital vornehmen und speichern. Dazu ist es von Vorteil, die Artikel oder Buchkapitel, so sie nicht ohnehin so vorliegen, in eine Datei im *Portable Document Format* (PDF) zu überführen und eine Texterkennung (*Optical Character Recognition*, OCR) darüber laufen zu lassen. In entsprechenden PDF-Betrachter- oder Textverarbeitungsprogrammen lassen sich dann Textpassagen markieren und Kommentare anfügen oder mit einem digitalen Stift handschriftliche Notizen anbringen.

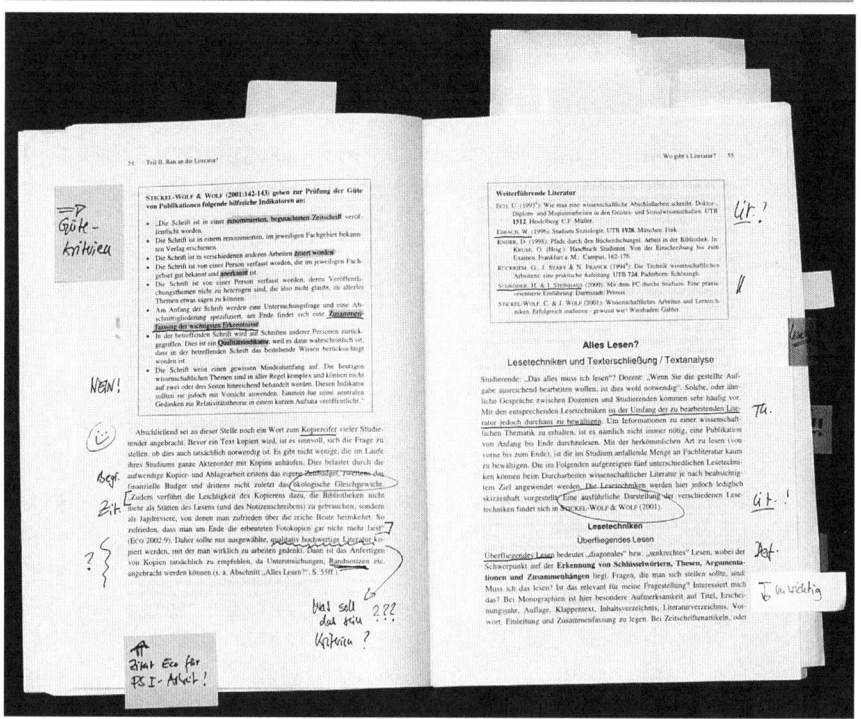

Abb. 3-4: Angewandte Randnotizen

3.3.1.3 Selektives Lesen

Das selektive Lesen dient der **Informationsauswahl**. Dabei sollte man sich bestimmte Fragen stellen: Welche Informationen, Daten, Aussagen im Text sind wichtig? Welche sind beim weiteren Verarbeiten vernachlässigbar? Was muss ich lernen? Es handelt sich hier also um einen zweiten Lesegang. Der Text wird nur noch in Hinblick auf die relevanten Stellen, daher selektiv, gelesen. Das Lesetempo wechselt demnach ständig zwischen Überfliegen des Textes und langsamem, genauem Lesen (HACKENBROCH-KRAFFT & PAREY 1998: 189).

Beim selektiven Lesen kann folgendermaßen vorgegangen werden:
1. Bereits markierten Text ein zweites Mal lesen!
2. Strukturieren!
3. Zusammenfassung schreiben!
4. Textstellen selektieren! Exzerpieren! (Kap. 3.4.1)

3.3.1.4 Vergleichendes Lesen

Das vergleichende Lesen dient dem gründlichen Studium unterschiedlicher Texte oder Textstellen (gegebenenfalls auch einzelner Kapitel), eines oder verschiedener Werke, die sich mit der gleichen Thematik beschäftigen. Hierbei geht es darum, verschiedene oder ähnliche Gesichtspunkte und Argumentationen, wissenschaftliche Entwicklungslinien und Konzepte sowie entsprechende Konklusionen im Detail zu erfassen.

3.3.1.5 Lernendes Lesen

Dieser Lesetechnik gehen die vier zuvor genannten Formen des Lesens voraus. Mit lernendem Lesen ist nicht gemeint, den Text auswendig zu lernen. Es ist vielmehr gefordert, die Textinhalte zu erfassen und diese Inhalte zu einem späteren Zeitpunkt wiedergeben zu können. Visualisierungen, etwa in Form von *Mind-Maps* (Kap. 3.4.1), können hier hilfreich sein. Für ein lernendes Lesen bieten sich insbesondere die Methoden SQ3R und PQ4R an (BECHER 1998: 97 f.; ROST 2010: 182 ff.; EBSTER & STALZER 2008: 67).

3.3.2 Texterschließung und Textanalyse

Nachdem die verschiedenen Arten vorgestellt wurden, nach denen ein Text gelesen werden kann, wird nun anhand von Fragen dargelegt, auf welchen Aspekten beim Lesen wissenschaftlicher Texte der Fokus liegen sollte. Wer frühzeitig damit beginnt, Texte in dieser Form zu erschließen bzw. zu analysieren, und dies schriftlich (eventuell sogar in einer Datenbank) fixiert, erspart sich später Arbeit und Kosten. Die Erfahrung zeigt nämlich, dass bereits gelesene Texte oft ein zweites Mal gelesen werden, ohne dass dies anfänglich bewusst wird (bei manchen Kolleg*innen soll es auch schon vorgekommen sein, dass sie ein Buch erwarben, welches bereits im heimischen Bücherschrank ein staubiges Dasein fristete und auch – die handschriftlichen Randnotizen verrieten es – von ihnen schon einmal bearbeitet wurde).

Durch die Texterschließung/-analyse sollten folgende Fragen beantwortet werden:
- Wovon gehen die Autor*innen aus, was ist ihr Ansatz?
- Was ist der Gegenstand des Textes?
- Welche Fragestellung verfolgen die Autor*innen?
- Welches Ziel verfolgen die Autor*innen, was wollen sie mit dem Text sagen?
- Welches sind die zentralen Begriffe und Themen? Was bedeuten resp. beinhalten diese? Wie werden sie definiert?
- Was sind die zentralen Thesen der Autor*innen?
- Welche zentralen Textstellen gibt es?
- Welche Vermutungen liegen der Argumentation zugrunde?
- Welche Meinungen (Ansichten) werden geäußert und vertreten?
- Wie verläuft die Argumentation (logisch stringent, in sich geschlossen, konsistent)?
- Welche Fakten/Daten legen die Autor*innen vor?
- Sind ihre Informationsquellen ausgewogen?
- Gibt es andere, verdeckte Gründe, auf denen die Argumentation aufbaut (z. B. persönliche Betroffenheit, politische Einstellung, Eigeninteresse der Verfasser*innen)?
- Welches Fazit wird gezogen?

3.3.3   Leitfaden Literaturarbeit

Die skizzierten Lesetechniken und aufgezeigte Fragen zur Texterschließung können zu einem Leitfaden der Literaturarbeit kombiniert werden:

1.   Lesen (überfliegendes und orientierendes Lesen)
Nachvollziehen und notieren (mindestens):
- zentrale Fragestellung
- Zielsetzung der Autor*innen
- Gegenstand der Auseinandersetzung
- Argumentationslinie
- Hauptthesen
- Schlüsselbegriffe

2.   Kontext recherchieren:
- ‚Werk‘ der Autor*innen, wissenschaftliche Einordnung (Bibliothek, Internet etc.)
- theoretische Einbettung
- Schlüsselbegriffe (Lexika, Nachschlagewerke, Lehrbücher, Sekundärliteratur)

3.   Zweites (kritisches) Lesen (selektives Lesen)
Notieren:
- Unklarheiten
- Widersprüche
- offene Fragen

3.4   Kaum gelesen – schon vergessen?

Speichern und Verwalten von Literatur

Stellen wir uns vor, dass wir einen Artikel lesen, der für die Bearbeitung unseres Themas zentral ist. Wir lesen und lesen und lesen, plötzlich, nach ein paar Seiten fragen wir uns: „Worum ging's hier jetzt? Was stand da noch mal? Wie war das im Mittelteil?" Und schon fangen wir an, dieselben Seiten noch einmal zu lesen und eventuell ein drittes Mal. Tritt dieses Problem schon direkt beim Lesen auf, so stellt es sich umso drastischer, je länger die Lesung zeitlich zurückliegt. Die meisten Personen können dem nicht entrinnen. Mit den vorher aufgezeigten Lesetechniken (Randnotizen etc.) und den im Folgenden vorgestellten Speichermöglichkeiten von Textinhalten kann das Ausmaß dieses Problems jedoch reduziert werden.

Als erste Hilfestellung kann vorab festgehalten werden, dass es wenig sinnvoll ist, zu viel auf einmal zu lesen. Nach dem Lesen von zehn bis zwanzig Seiten (Artikellänge) sollte versucht werden, den Text rückblickend zu erfassen (Beantworten der Fragen zur Texterschließung). In einem zweiten Schritt ist es empfehlenswert, über den Text zu reflektieren, also den Zusammenhang und/ oder die Beziehungen zwischen Einzelaussagen und dem Gesamtwerk beziehungsweise zwischen verschiedenen Werken herzustellen und Kritik zu formulieren. Schließlich ist es ratsam, den Text durch das Anfertigen von Exzerpten zu „verdichten", um ihn komprimiert zu erfassen (Kernaussagen) und sich bei einem späteren Gebrauch die Inhalte wieder in Erinnerung rufen zu können (STICKEL-WOLF & WOLF 2009: 35–40).

3.4.1 Exzerpieren

Unter Exzerpieren wird das **Herausfiltern und Aufbewahren von relevanten Informationen** verstanden. Mit anderen Worten, es werden Informationen derart aufbereitet, dass sie im Referat und/oder in der Arbeit sowie für spätere Zwecke verwendet werden können. In der Regel wird für das Anfertigen eines Exzerptes ein DIN-A4-Blatt oder eine entsprechende digitale Vorlage verwendet. Zweckmäßig ist es auch, sich ein **standardisiertes Datenblatt** zu erstellen

Tab. 3-6: Vorlage für ein Exzerptdatenblatt (verändert nach STICKEL-WOLF & WOLF 2009: 30)

Exzerpt:		Datum:	
Quelle:		Standort: (Bibliothek, Signatur oder Internetquelle)	
Seite	Schlagwörter	Inhalt/Zusammenfassung	Kommentar

(ROST 2003: 90 f.). Dieses sollte in der Kopfzeile das Anfertigungsdatum, die genaue Quellenangabe, den Standort und die Standortsignatur oder Internetadresse enthalten. Weiterhin ist es dienlich, sich eine Tabelle einzurichten, die folgende Spalten enthält: Seite, Schlagwort, Inhalt, Kommentar (Tab. 3-6).

Darüber hinaus zeigen Erkenntnisse aus der Lernpsychologie, dass es nützlich ist, komplexe Sachverhalte zu **visualisieren** und damit die Informationen des Textes weiter zu verdichten (ROST 2010: 203 ff.) oder – je nach Intention der Autor*innen – einfach zu veranschaulichen. Bilder bleiben länger in Erinnerung als Geschriebenes. Werden Bild und Text zusammengebracht, spricht dies außerdem beide Gehirnhälften gleichzeitig an, wodurch das Erinnerungsvermögen zusätzlich gesteigert werden kann. Die graphische Umsetzung von Texten bricht zudem lineare Denkstrukturen. Dies ermöglicht die Darstellung von komplexen Sachverhalten auf einer Seite und die Erfassung dieser Sachverhalte (fast) ‚auf einen Blick‘.

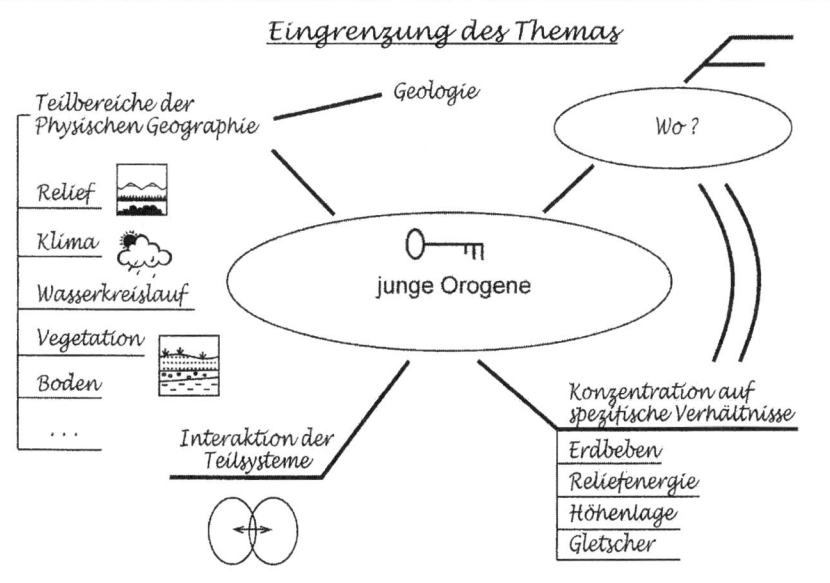

Abb. 3-5: Beispiel einer *Mind-Map* zum Thema Junge Orogene

Die Technik des **Mind-Mappings** (KIRCKHOFF 1997; MATTES 2002: 116 f.; KLIPPERT 2008: 215; BUZAN 2018) kann hier empfohlen werden. Diese Technik bietet sich weiterhin an, um Arbeitskonzepte zu entwerfen. Sie ist jedoch nicht zu verwechseln mit der geographischen Darstellungsmethode der kognitiven Karten (*Mental Maps*). Abbildung 3-5 ist ein Beispiel für eine Mind-Map zum Thema ‚Junge Orogene‘ oder ‚Junge Faltengebirge‘. Sie macht deutlich, dass im Rahmen einer Arbeit der Schwerpunkt der Betrachtung z. B. auf der Frage nach der globalen Verbreitung (Wo?) liegen kann. Ebenso können aber auch die Wechselwirkungen mit den Teilsystemen oder spezifische Aspekte der jungen Orogene thematisiert werden.

Grundlegende Gestaltungseigenschaften von Mind-Maps
- Der Gegenstand der Aufmerksamkeit kristallisiert sich in einem Zentralbild.
- Die Hauptthemen des Gegenstands ‚strahlen‘ vom Zentralbild wie Äste aus.
- Die Äste enthalten Schlüsselbilder oder Schlüsselwörter, die auf eine mit dem Zentralbild verbundene Linie geschrieben werden. Themen von untergeordneter Bedeutung werden als Zweige, die mit Ästen höheren Niveaus verbunden sind, dargestellt. Eventuell sollten Hierarchien, etwa durch eine numerische Ordnung, hergestellt werden.
- Die Äste bilden ein Gefüge miteinander verbundener Knotenpunkte.
- Assoziationen sollten durch Verbindungslinien (Pfeile) hergestellt werden. Dies darf jedoch nicht ‚ausufern‘. Das Gesamtbild muss auf ‚einen Blick‘ erkennbar bleiben.
- Es sollten Zwischenräume (für ‚Neues‘ oder Vergessenes) frei bleiben.
- Die Bildaufteilung sollte ausgewogen sein.
- Der Einsatz unterschiedlicher Farben ist sinnvoll.

Die einfachste und schnellste Möglichkeit, ein Exzerpt anzufertigen, ist, das Inhaltsverzeichnis einer Publikation zu kopieren und zu den einzelnen Kapiteln eigene Notizen zu machen. Schon aus Platzgründen dürfte klar werden, dass so nur sehr rudimentäre Anmerkungen oder Ergänzungen zum Gegenstand der Dokumente abgelegt werden können. Allerdings lässt sich mit diesem Ansatz effizient ein guter Überblick über umfangreichere Literaturbestände, z. B. den Stand der Forschung, herstellen.

Wenn es darum geht, sich intensiver mit einem Text auseinanderzusetzen sowie relevante Inhalte und Argumentationsstrukturen herauszuarbeiten, eignet sich ein Strukturexzerpt. Diese Form des Exzerpts verbindet die Ideen des Datenblatts mit denjenigen des Mind-Mappings. Wichtige Gedanken und Aussagen aus dem Text werden auf einem (großen) Blatt niedergeschrieben. Mit Pfeilen und Verbindungslinien werden die Beziehungen dieser Elemente untereinander dargestellt. Solch ein Strukturexzerpt empfiehlt sich auch für Arbeiten in einer Gruppe (u. U. mit Pinnwand oder Tafel, die am Ende der Arbeit zur Sicherung des Ergebnisses photographiert werden kann).

3.4.2 Karteikarte

Das Anlegen von Karteien ist empfehlenswert für die Weiterverwendung von Informationen in einem Referat, einer Arbeit oder für die Vorbereitung einer Prüfung. Informationen werden auf Karteikarten festgehalten und nach Schlagwörtern systematisch geordnet. Auch hier ist zu beachten, dass alle Informationen über die Quelle dokumentiert werden! Mögliche Kategorien auf einer Karteikarte sind: Schlagwort (Thema, Sachgebiet), Verfasser*in oder Herausgeber*in, Jahr, Titel, Seiten, Reihe, Zeitschrift, Sammelband, Erscheinungsort, Verlag, Bibliothek oder Standort, Zusammenfassung oder Zitat. Abbildung 3-6 liefert ein Beispiel für die Gestaltung einer textbasierten Karteikarte. Die in dieser Abbildung dargestellten Informationen lassen sich natürlich auch digital, also z. B. in einem Literaturverwaltungsprogramm (Kap. 3.4.3) abspeichern.

Kultur
Giddens, A. (1993²): Sociology. Cambridge.

Bibliothek: J 24: GE200-98
S. 29–58 (insb. S. 31, 32; 56–58)

Der Begriff „Kultur" ist – zusammen mit dem Begriff „Gesellschaft" – eines der wichtigsten Konzepte in der Sozialwissenschaft. Im Alltag verstehen wir unter „Kultur" oft „künstlerische" Leistungen (Literatur, Musik, Malerei etc.). Im sozialwissenschaftlichen Verständnis gehören solche Dinge auch zur Kultur, der Kulturbegriff ist aber allgemeiner, das heißt, er umfasst noch mehr. Kultur besteht aus den Werten, welche die Mitglieder einer sozialen Gruppe aufrechterhalten, den Normen, denen sie folgen, und den materiellen Dingen, die sie herstellen. Werte sind abstrakte Ideale (was ist gut, was ist schlecht?), Normen sind definierte Prinzipien oder Regeln, die von den Menschen eingehalten werden „müssen". Man kann „Kultur" von Gesellschaft unterscheiden, es gibt aber keine Gesellschaft ohne Kultur und keine Kultur ohne Gesellschaft.

Definition: *„Culture consists of the values held by a given group, the norms they follow and the material goods they create"* (S. 57).

Begriffe: Werte, Normen, kulturelle Unterschiede, kulturelle Identität, Ethnozentrismus, kulturelle Universalien.

Bezüge: Evolution, Zivilisation, Sozialisation, Sprache, Gesellschaftstypen, prämoderne/moderne Gesellschaften

Abb. 3-6: Beispiel für eine textdominierte Karteikarte

Karteikarten können auch für ein bestimmtes Themenfeld angelegt werden. Das Beispiel unten (Abb. 3-7) zeigt die Rückseite einer visuell und textlich angelegten Karteikarte zum Thema „Landschaftsgürtel der Erde" und bezieht sich auf eine gängige Systematik (MÜLLER-HOHENSTEIN 1981), die im Beispiel oben links wiedergegeben wird. Die Vorderseite der Karte (nicht abgebildet) enthält dann idealerweise eine laufende Nummer im eigenen System (im Beispiel „LS 37"), die Quelle(n) der zusammengetragenen Information sowie Stichpunkte oder Fragen, die beim Lernen verwendet werden können (etwa: ‚Welche Bodenart ist in der Taiga vorherrschend?').

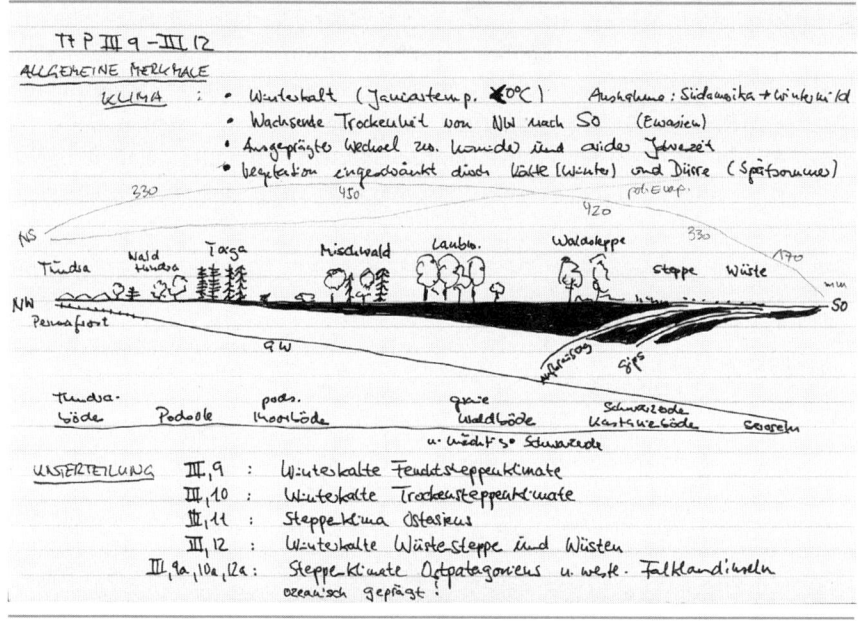

Abb. 3-7: Beispiel für eine Karteikarte mit Visualisierung

3.4.3 Literaturverwaltungsprogramme

Literatur lässt sich auch hervorragend mit dem Computer verwalten. Dabei empfiehlt es sich, schon frühzeitig mit dem Aufbau einer eigenen Literaturverwaltung und -datenbank zu beginnen. Dazu gibt es mehr oder weniger komfortable Verwaltungsprogramme, wie z. B. Bibliographix, Bibsonomy, Citavi, Endnote, JabRef, Mendeley, Papers, Microsoft Word Literaturverwaltung oder Zotero (LEMKE 2020). In der Regel stellen die Universitäten das eine oder andere Programm für Studierende kostenfrei zur Verfügung. Mit guten Programmen lassen sich die Quellenangaben nebst Schlagwörtern und Kurzfassung aus externen Literaturdatenbanken (Kap. 3.2.1.3) feldgenau importieren und externe oder interne Verknüpfungen zum Volltextdokument erstellen, so letzteres frei verfügbar oder von der eigenen Bibliothek lizensiert ist. Zudem können die eigenen Anmerkungen und Exzerpte abgelegt werden, sodass später einzelne Textbausteine oder wörtliche Zitate direkt in den zu erstellenden Text kopiert werden können. Damit erübrigt sich das nochmalige Abschreiben von Karteikarten oder losen Datenblättern. Darüber hinaus lassen sich mit den Programmen Verknüpfungen zu den Quellen an der Stelle im Text erstellen, an der ein Kurzbeleg (s. Kap. 4.4.2) notwendig oder gewünscht ist. Diese Kurzbelege können dann bei der abschließenden Formatierung des Textes, ebenso wie die Literaturliste, automatisch formatiert werden. Je nach Umfang der Arbeit, die angefertigt wird, lassen sich so durchaus einige Stunden bis wenige Tage Handarbeit ersparen. Dies wird insbesondere kurz vor einem Abgabetermin bedeutsam. Weiterhin bieten diese Programme Suchfunktionen. Dies wird dann relevant, wenn die Sammlung über die Jahre angewachsen ist und die Erstellung des Datensatzes schon längere Zeit zurückliegt. Eine Recherche kann dann auch zu Hause gezielt beginnen und nicht mit der Überlegung: „Da hab' ich doch schon mal was zu gelesen, wo stand das noch gleich …"

Weiterführende Literatur

BORSDORF, A. (2007²): Geographisch denken und wissenschaftlich arbeiten. Berlin: Springer.

BRAUNER, D. J. & H.-U. VOLLMER (2008³): Erfolgreiches wissenschaftliches Arbeiten. Seminararbeit – Bachelor-/Masterarbeit (Diplomarbeit) – Doktorarbeit. Sternenfels: Verlag Wissenschaft und Praxis.

EBSTER, C. & L. STALZER (2017⁵): Wissenschaftliches Arbeiten für Wirtschafts- und Sozialwissenschaftler. UTB **2471**. Wien: WUV Facultas.

ECO, U. (2020¹⁴): Wie man eine wissenschaftliche Abschlussarbeit schreibt. Doktor-, Diplom- und Magisterarbeiten in den Geistes- und Sozialwissenschaften. UTB **1512**. Wien: WUV Facultas.

ESSELBORN-KRUMBIEGEL, H. (2017⁵): Von der Idee zum Text. Eine Anleitung zum wissenschaftlichen Schreiben. UTB **2334**. Paderborn: Schöningh.

FRANCK, N. & J. STARY (Hrsg.) (2013¹⁷): Die Technik wissenschaftlichen Arbeitens. Eine praktische Anleitung. UTB **0724**. Paderborn: Schöningh.

FRANKE, F., H. KEMPE, A. KLEIN, L. RUMPF & A. SCHÜLLER-ZWIERLEIN (2014): Schlüsselkompetenzen: Literatur recherchieren in Bibliotheken und Internet. Stuttgart: Metzler.

HACKENBROCH-KRAFT, I. & E. PAREY (1998): „Was, das muss ich auch noch lesen?" In: KRUSE, O. (Hrsg.): Handbuch Studieren. Von der Einschreibung bis zum Examen. Frankfurt a. M.: Campus, 177–192.

KLEIN, A. (2020²): Wissenschaftliche Arbeiten schreiben. Praktischer Leitfaden mit über 100 Software-Tipps. Frechen: MITP.

KNORR, D. (1998): Pfade durch den Bücherdschungel. Arbeit in der Bibliothek. In: KRUSE, O. (Hrsg.): Handbuch Studieren. Von der Einschreibung bis zum Examen. Frankfurt a. M.: Campus, 162–176.

KORNMEIER, M. (2018⁸): Wissenschaftlich schreiben leicht gemacht: Für Bachelor, Master und Dissertationen. UTB **3154**. Bern: Haupt.

KRAJEWSKI, M. (2013¹⁷): Elektronische Literaturverwaltung. Kleiner Katalog von Merkmalen und Möglichkeiten. In: FRANCK, N. & J. STARY (Hrsg.): Die Technik wissenschaftlichen Arbeitens. Eine praktische Anleitung. UTB **0724**. Paderborn: Schöningh, 91–110.

KRUSE, O. (2018³): Lesen und Schreiben. Der richtige Umgang mit Texten im Studium. UTB **3355**. Konstanz: UVK.

MATTHES, W. (2011): Methoden für den Unterricht. Kompakte Übersichten für Lehrende und Lernende. Paderborn: Schöningh.

ROST, F. (2018⁸): Lern- und Arbeitstechniken für das Studium. Wiesbaden: Springer VS.

STICKEL-WOLF, C. & J. WOLF (2019⁹): Wissenschaftliches Arbeiten und Lerntechniken. Erfolgreich studieren – gewusst wie! Wiesbaden: Springer Gabler.

WEILER, Y. (2017): #SchreibenKannIch. Eine wissenschaftliche Arbeit in 30 Stunden. UTB **8722**. Wien: Facultas.

WERDER, L. VON (1994): Wissenschaftliche Texte kreativ lesen. Kreative Methoden für das Lernen an Hochschulen und Universitäten. Berlin: Schibri.

4 Wissenschaftlich schreiben

‚Nach dem Lesen kommt das Schreiben', heißt es. Das gilt auch für ein Studium, das auf wissenschaftliches Arbeiten vorbereitet. Denn in der Regel werden wissenschaftliche Erkenntnisse noch immer durch schriftliche Publikationen verbreitet und damit zur Diskussion und einem größeren Publikum zur Verfügung gestellt. Das Schreiben stellt somit eine der wissenschaftlichen Hauptbeschäftigungen dar, selbst wenn ausreichende Kompetenzen vorhanden sind, um mit dem Diktaphon zu arbeiten und dann Assistent*innen das Schreiben übernehmen. Bevor aber eine solche Position erreicht wird, ist meist ein langer Weg des Selberschreibens zurückzulegen, und dieser Weg ist gepflastert mit Regeln und Konventionen. So manche strukturelle und textliche Hürde will genommen werden. Nun mag manche*r davon ausgehen, dass das Schreiben seit Schulzeiten ‚aus dem Effeff' beherrscht wird. Reicht es nicht, die Regeln der Orthographie und Grammatik zu kennen, um einen wissenschaftlichen Text zu verfassen? Dies sind sicher die Grundvoraussetzungen, aber die wenigsten haben in der Schule Texte geschrieben, die formal und inhaltlich wissenschaftlichen Ansprüchen genügen würden. Damit die schriftlichen Hürden nicht zu tiefen Wassergräben oder hohen Mauern werden (Stichwort: Schreibblockade) und der Spaß am wissenschaftlichen Arbeiten nicht verloren geht, bietet dieser Teil eine Hilfestellung zum Schreiben wissenschaftlicher Texte.

Jeder wissenschaftlichen Abhandlung gehen inhaltliche und strukturelle Überlegungen voraus, die meist in Form eines Exposés festgehalten werden. Was ein Exposé ist und welche Inhalte dort fixiert werden, ist Gegenstand des Kapitels „Was kommt zuerst?". Anschließend wird auf den Aufbau und die Struktur von schriftlichen Studienarbeiten eingegangen und aufgezeigt, wie ein Text „griffig" wird. Im Kapitel „Wie wird's schön?" wird zunächst die äußere Struktur und Gestaltung von Studienarbeiten diskutiert, bevor es im Kapitel „Wie wird's sauber?" um die detaillierten textlich-formalen Richtlinien für wissenschaftliche Texte geht. Schließlich werden im Kapitel „Wie kommt's an?" die Kriterien erläutert, nach denen Studienarbeiten im Allgemeinen bewertet werden.

Anzumerken bleibt noch Folgendes: Der Satz ‚nach dem Lesen kommt das Schreiben' gibt nur die halbe Wahrheit wieder. Denn das Schreiben wird im wissenschaftlichen Alltag begleitet durch kontinuierliches Lesen und Nochmalllesen sowie Überprüfen des Geschriebenen und wiederholtes Lesen, Lesen, Lesen …

… aber nun erst einmal ‚ran' ans wissenschaftliche Schreiben!

4.1   Was kommt zuerst?

Vorüberlegungen zum Schreiben und Erstellen eines Exposés

Ähnlich wie für den Forschungsprozess (s. Kap. 2.3.2) gilt auch bei der Erstellung einer Studienarbeit, dass es sich in den seltensten Fällen um einen linearen Prozess handelt. Insbesondere in der Anfangsphase wird die Vorbereitung einer schriftlichen Studienarbeit oder eines mündlichen Vortrags charakterisiert sein durch eine sukzessive Überprüfung und optimierende Überarbeitung des ursprünglichen Konzepts für die Arbeit. Ein Zwischenschritt in diesem Prozess ist das Exposé (franz. für Darstellung, Übersicht, auch Rechenschaftsbericht). Entsprechend der Wortbedeutung (KLUGE 2002: 267) handelt es sich bei einem Exposé um eine schriftlich fixierte Darlegung zu einem (wissenschaftlichen) Vorhaben – in unserem Fall eine wissenschaftliche Hausarbeit, eine Examensarbeit, ein Referat oder eine moderierte Fachsitzung –, wobei gewisse formale Anforderungen beachtet werden müssen. Das Exposé dient als Arbeits- und Diskussionsgrundlage, z. B. auch mit den Betreuenden / Lehrenden, mit der die weitere Strategie festlegt wird. Dabei kann ein gutes Exposé ohne größere Schwierigkeiten zur endgültigen Studienarbeit ausgebaut werden. Damit das Exposé seinen Funktionen entsprechen kann, werden dort der Themenbereich eines Vorhabens dargestellt, Kernbegriffe definiert, die Fragestellung und Zielsetzung umrissen und gegebenenfalls Thesen formuliert. Was das bedeutet und was dabei zu beachten ist, soll im Folgenden erläutert werden. An einem Beispiel wird abschließend gezeigt, wie ein Exposé gestaltet werden kann.

4.1.1   Themenbereich

Der Themenbereich stellt den übergreifenden Gegenstand der Arbeit dar und wird im Rahmen des Studiums in der Regel über das in einer Lehrveranstaltung zu behandelnde oder von den Betreuenden gestellte Thema vorgegeben. Dabei ist zu beachten, dass mit dem Thema einer Hausarbeit nur ein Rahmen abgesteckt wird, den die Studierenden selbstständig ausfüllen müssen. Innerhalb dieses Rahmens besteht Gestaltungsfreiheit, solange die grundlegenden

Anforderungen an eine wissenschaftliche Arbeit erfüllt sind (Kap. 2.1) und der über das Thema abgesteckte Rahmen eingehalten und ausgefüllt wird. Daraus folgt, dass es im Detail zahlreiche Möglichkeiten gibt, eine Arbeit mit Inhalt zu füllen, also ein Thema ‚richtig' zu behandeln. Die einleitende Beschreibung des Themenbereichs hat die Funktion, den Leser*innen zu verdeutlichen, wie das Thema behandelt wird. Es soll gezeigt werden, wo die inhaltlichen Schwerpunkte und Grenzen gezogen werden und mit welchen Inhalten das Thema ausgefüllt wird. Da das Kapitel ‚Einleitung' im Rahmen einer Hausarbeit auch diese Funktion erfüllen muss, stellt die Darlegung des Themenbereichs im Exposé eine Vorarbeit für den Entwurf der Einleitung zu einer Studienarbeit dar. Auch wenn die Darstellung des Themenbereichs den ersten Gliederungspunkt in einem Exposé repräsentiert, so wird dieser Punkt in der Regel erst konzipiert und formuliert, nachdem über die Definition der Kernbegriffe das Thema abgegrenzt, mit Inhalt gefüllt und anhand der Überlegungen zur Fragestellung und Zielsetzung strukturiert wurde. Im Sinne von WAGNER (1992: 76) steht ein Exposé damit am Übergang vom „schöpferischen, chaotischen und personenzentrierten Entstehungsprozess [zum] nachgeschalteten, streng logischen, systematischen und distanzierten Rechtfertigungsprozess" von Wissenschaft.

	Darstellung des Themenbereichs im Exposé
Aufgabe	In der einleitenden Darstellung des Themenbereichs ist ausgehend von den Kernbegriffen der übergreifende Gegenstand (Themenbereich) der Arbeit einerseits abzugrenzen und andererseits inhaltlich zu skizzieren. Dabei soll ggf. auch auf gesellschaftliche, politische, ökologische und andere Probleme, die in diesen Themenbereich fallen, eingegangen werden.

4.1.2 Definition der Kernbegriffe

Für eine erfolgreiche Bearbeitung eines Themas ist es notwendig, die Kernbegriffe bzw. Schlüsselwörter zu definieren. Dabei hat ‚Kernbegriffe definieren' zwei Bedeutungen: Einerseits meint es, die Kernbegriffe herauszuarbeiten, andererseits, sich der Bedeutung der Kernbegriffe bewusst zu werden, um sie präzise und stimmig verwenden zu können.

Sofern es um die Herausarbeitung der Kernbegriffe eines Themas geht, muss zunächst das gestellte Thema analysiert und müssen die **Schlüsselwörter** identifiziert werden. Diese Schlüsselwörter, insbesondere die Substantive im gestellten Thema, stecken den Rahmen ab, den es auszufüllen gilt, und stellen damit Kernbegriffe zum Thema dar. Die implizite Arbeitsanweisung bei der Vergabe eines Themas lautet: Erstellen Sie eine Hausarbeit, die den über die

Kernbegriffe abgesteckten Themenbereich in seiner gesamten Breite abdeckt. Das bedeutet, dass mindestens diese Kernbegriffe später in der Hausarbeit und somit auch im Rahmen des Exposés behandelt werden müssen. Bei der weiteren Beschäftigung mit dem Thema wird es in der Regel dazu kommen, dass weitere zentrale Sachverhalte aufgedeckt werden, die durch zusätzliche Kernbegriffe auf den Punkt gebracht werden können. Von daher wird dieser Abschnitt des Exposés mehr enthalten als nur die trockene Definition der Kernbegriffe im Thema der Arbeit.

In der Regel handelt es sich bei den Kernbegriffen um **Fachbegriffe**, die, auch wenn sie eine landläufige Bedeutung haben, immer eine fachspezifische Bedeutung aufweisen, die mehr oder weniger vom alltäglichen Gebrauch abweichen kann. Daher wird eine der ersten Aufgaben bei der Abgrenzung bzw. inhaltlichen Füllung des Rahmens darin bestehen, sich der fachspezifischen Bedeutung der Kernbegriffe zu versichern. Dazu ist es notwendig, basierend auf und mit Bezug zur Fachliteratur, insbesondere auch zu Fachlexika, die Kernbegriffe inhaltlich zu definieren. Vor allem in den Sozialwissenschaften zeigt sich dabei häufig, dass bestimmte Kernbegriffe nur mit Bezug zu den dahinter liegenden theoretischen Konzepten definiert werden können und ein und derselbe Begriff durchaus unterschiedliche Bedeutung haben kann. Der Begriff ‚Kapital‘ wird etwa je nach wissenschaftstheoretischer Perspektive (z. B. (neo-)liberal, marxistisch, soziologisch) anders verwendet und theoretisch (gerne auch ideologisch und damit unwissenschaftlich) aufgeladen. Deshalb ist die Definition der Kernbegriffe auch wichtig, um Thesen und Forschungsergebnisse nachvollziehen und diskutieren zu können.

Auch wenn in den Naturwissenschaften und der Physischen Geographie die Gefahr einer ideologischen Aufladung – zumindest bisher – noch nicht so hoch ist, ist es auch hier wichtig, sich der Bedeutung und Verwendung von Begriffen durch einzelne Autor*innen oder Gruppen von Autor*innen (sog. Schulen) zu vergewissern. Das Ergebnis dieser Klärung wird dadurch zum Ausdruck gebracht, dass Kernbegriffe in der Diskussion immer mit Bezug zu den entsprechenden Autor*innen verwendet werden. Das kann auch dazu führen, dass bestimmte Begriffe als der wissenschaftlichen Diskussion nicht mehr angemessen entlarvt und entsprechend kritisch betrachtet bzw. problematisiert werden müssen, wie das folgende Beispiel deutlich macht.

Beispiel: Definition (Herausarbeitung) der Kernbegriffe

Thema	Die Prozesse der Abflussbildung in kleinen Einzugsgebieten der nördlichen Kalkalpen bei unterschiedlichen Niederschlägen
Kernbegriffe	Hydrologie, kleine Einzugsgebiete, Abflussbildung, Tracermethoden
Erläuterung	Die hier herausgearbeiteten Kernbegriffe dienen einerseits dazu, das Thema in den größeren Rahmen zu stellen, und andererseits dazu, spezifische Kernpunkte hervorzuheben, die dem Thema nicht zu entnehmen wären. Thema und Kernbegriffe stammen aus Wetzel (2001).

Beispiel: Inhaltliche Bestimmung und kritische Verhandlung von Kernbegriffen

Thema	Polarisationstheorie – Wachstumspole als Entwicklungsmotor in der Dritten Welt
Kernbegriffe	Polarisation, Polarisationstheorie, Wachstumspole, Entwicklung, Dritte Welt

Problemstellung:

1. Hinter diesen Begriffen liegen ganze Gedankengebäude in einem spezifischen historischen Kontext, die weitere zu definierende Begriffe beinhalten und nach sich ziehen, z. B. ,Zentrum–Peripherie', ,globale–lokale Fragmentierung', ,Entwicklung versus Unterentwicklung', ,Dritte Welt versus Eine Welt / Länder des globalen Südens' etc.
2. Ein Blick in die Literatur zeigt, dass sozialwissenschaftliche Begriffe je nach Autor*in und/ oder Lehrbuch unterschiedlich aufgefasst und dargestellt werden (können).
3. Manche scheinbar gängigen Begriffe (Beispiel „Dritte Welt") sind im wissenschaftlichen Diskurs inzwischen stark kritisiert worden. Eine unkritische Verwendung führt zu einer Reproduktion der mit dem Begriff verbundenen problematischen Perspektiven und Assoziationen.

Begriffliche Vielfalt am Beispiel „Polarisation"

Der Begriff wird im wirtschaftsgeographischen Kontext unterschiedlich aufgefasst und verwendet, z. B.:

1. nach Wagner (1994: 85): (…)
2. nach Reichart (1999:174 f.): (…)
3. nach Bathelt & Glückner (2002: 69-74): (…)
4. nach Schätzl & Liefner (2017:90 ff.): (…)

Problematische Begrifflichkeit am Beispiel „Dritte Welt"

„Dritte Welt, umstrittene Bezeichnung für Staaten Afrikas, Asiens und Lateinamerikas, die im Ggs. zu den Industrieländern (Erste und Zweite Welt) bei im Einzelnen unterschiedlicher innerer Struktur durch wirtschaftlichen und sozialen Entwicklungsrückstand charakterisiert sind." Brunotte et al. 2001: 275). Heute wird alternativ vielfach der Begriff ,globaler Süden' verwendet.

Aufgabe	Es besteht die Anforderung, die unterschiedlichen Bedeutungen und Konzepte der zentralen Begriffe von verschiedenen Autor*innen herauszuarbeiten, miteinander in Beziehung zu setzen und kritisch zu verhandeln! Basierend auf intersubjektiv nachvollziehbaren Argumenten ist es im Fall von vorliegender Begriffsvielfalt und -problematik notwendig, sich einer Auffassung anzuschließen (begründen!) oder eine eigene Definition zu entwickeln (begründen!).

4.1.3 Fragestellung und Zielsetzung

Über die Kernbegriffe wird der Inhalt einer Arbeit bestimmt. Die Definition des Inhalts sagt aber noch nichts darüber aus, wie der Inhalt strukturiert und präsentiert wird. Die Strukturierung eines Themas ergibt sich erst aus Fragestellung und Zielsetzung der Arbeit, die in der Regel nicht explizit vorgegeben sind. Die Fragestellung bezeichnet einen Teil des Themenbereichs, zu dem es ‚Wissen zu schaffen' gilt. Die Zielsetzung bezieht sich darauf, welchen Erkenntnisgewinn die Arbeit bringen soll, was also mit der Arbeit beabsichtigt wird. In der Regel sind Fragestellung und Zielsetzung so eng miteinander verknüpft, dass man sie als die sprichwörtlichen zwei Seiten einer Medaille bezeichnen könnte.

> **Fragestellung und Zielsetzung:**
> Aufgaben
> Zusammenstellung der wichtigsten Forschungsfragen aus dem jeweiligen Themenbereich. Die Fragen herausstellen, die in der Arbeit behandelt werden sollen (begründen!). Möglichst präzise Formulierung der Zielsetzung der Arbeit.
>
> Beispiele für Fragestellungen (allgemein formuliert)
> Wie hat sich ein Modell oder eine Theorie entwickelt, und wie wird dies heute bewertet?
> Welche Faktoren beeinflussen einen Sachverhalt? Gibt es dominierende Einflussfaktoren?
> Beispiel einer konkretisierten Fragestellung
> Wie wirken sich staatliche Maßnahmen zur Kontrolle des Bevölkerungswachstums aus?
>
> Beispiele für Zielsetzungen (allgemein)
> Einen Beitrag zum Verständnis von ... leisten; Kenntnisse über ... vermehren; etwas Neues bekannt machen; etwas Vergessenes in die Diskussion einbringen; eine (umstrittene) Behauptung überprüfen; Theorien, Positionen vergleichen; Theorien, Positionen begründen; ein Problem lösen.
>
> Beispiel für eine konkretisierte Zielsetzung
> Ziel der Arbeit ist es, zu analysieren, ob und inwiefern das Bevölkerungswachstum ein Problem für Nationalstaaten darstellt. Hierbei sollen insbesondere regionale Unterschiede bezüglich des Bevölkerungswachstums und die entsprechenden Implikationen herausgearbeitet werden. Dies erfolgt beispielhaft anhand eines Vergleichs zwischen Indien und Deutschland. Schließlich sollen die entsprechenden staatlichen Maßnahmen zur Kontrolle und Lenkung des Bevölkerungswachstums aufgezeigt und einer kritischen Bewertung unterzogen werden.

Insbesondere in den ersten Semestern, in denen es vorwiegend darum geht, weitgehend unumstrittenes Grundlagenwissen aufzuarbeiten, mag das Herausarbeiten von Fragestellung und Zielsetzung als eine unlösbare Herausforderung erscheinen. Etwas Neues herauszuarbeiten wird anfangs kaum gelingen. Um einen eigenen Beitrag zum Verständnis eines Themas zu leisten oder Kritik am Grundlagenwissen respektive am Stand der Forschung zu üben, fehlt oftmals die Erfahrung. Häufig wird es deshalb anfänglich darum gehen, geographierelevante Sachverhalte schlicht und einfach darzustellen. Aber selbst wenn es keine oder keine offensichtlich unterschiedlichen Auffassungen zu einem Sachverhalt gibt, kann ein Sachverhalt immer unter verschiedenen Perspektiven oder Fragestellungen dargestellt werden. Es wird z. B. immer die Möglichkeit bestehen, ein Thema wissenschaftsgeschichtlich, funktional bzw. systemisch oder unter regionalen Aspekten zu beleuchten, zu analysieren und zu reflektieren. Der Titel oder das Thema der Veranstaltung kann im Zweifelsfall einen Hinweis auf die spezifische Perspektive geben.

4.1.4 Thesen

Thesen sind Behauptungen und Annahmen (Hypothesen) über die Wirklichkeit (s. Kap. 2.1.2). Thesen sind in der Wissenschaft die gebräuchlichste Form, Position zu beziehen und zu argumentieren.

> Wissenschaftliche Arbeit besteht im Wesentlichen darin, Thesen zu diskutieren und zu prüfen.

Aus den bereits genannten Gründen stellt die Formulierung von Thesen, ähnlich wie die Herausarbeitung von Fragestellung und Zielsetzung, eine große Herausforderung dar. Unter Beachtung der Regeln zur Redlichkeit in der Wissenschaft (Kap. 2.1.3 und 4.2.6) ist es jedoch legitim, sich an Thesen anderer zu orientieren und gegebenenfalls Thesen aus der Literatur zum Gegenstand der eigenen Arbeit zu machen. Es sollte aber frühzeitig geübt werden, eigene Thesen zu entwickeln und zu formulieren.

Thesen	
Aufgabe	Thesen formulieren, die der Bearbeitung des Themas zugrunde gelegt werden sollen.
Beispiel 1	Globalisierung, *Klimawandel und Gesundheit*: Durch die stetige Zunahme des internationalen Personen- und Warenverkehrs im Zuge der Globalisierung wird der Klimawandel forciert und die Gefahr von pandemischen Ereignissen nimmt zu.
Beispiel 2	Klimawandel und Digitalisierung: Eine bisher vernachlässigte Größe bezüglich des anthropogen verursachten Klimawandels ist die rasante Zunahme digitaler Prozesse und der diesbezüglich notwendige Energiebedarf.

4.1.5   Beispiel für ein Exposé

Unter Berücksichtigung des oben Gesagten könnte ein Exposé wie folgt (Abb. 4-1) aussehen.

Maxi Musterfrau, E-Mail: muma@uni-jena.de
Modul GEO 144

Exposé einer Hausarbeit zum Thema
Stufen wirtschaftlicher Entwicklung von Regionen
Das Modell von W. W. Rostow

Themenbereich

Gesetzmäßigkeiten von historischen Abläufen in der Wirtschaftsentwicklung von Räumen haben stets die wissenschaftliche Forschung angeregt. Verschiedene Autoren haben dabei die Abfolge einzelner Wirtschaftsstufen im Sinne einer evolutionären Entwicklung dargestellt. 1960 entwickelte der amerikanische Nationalökonom Walt Whitman Rostow in seinem Werk „*The Stages of Economic Growth*" (Rostow 1960) eine Entwicklungstheorie, welche die wirtschaftliche und soziale Entwicklung eines Staates in einer regelhaften zeitlichen Abfolge (fünf Phasen) modellhaft wiedergeben soll. Dabei werden neben wirtschaftlichen Faktoren (Handel, Kapitalentwicklung etc.) auch Siedlungs- und Bevölkerungsstrukturen betrachtet. Somit weist das Modell von Rostow auch einen engen Bezug zu Modellen räumlicher Organisationsformen wie z. B. dem Zentrum-Peripherie-Modell von Friedmann (1972) auf.

Definition der Kernbegriffe

Nationalökonomie   (…)*
Wirtschaftsräume   (…)*
Raumstrukturen   (…)*
Entwicklungstheorie   (…)*
„Take-off-Phase"   (…)*
Globalisierung   (…)*

*   Die Klammern sind mit entsprechenden Begriffsbestimmungen auszufüllen und mit Quellenkurzbelegen zu untermauern. Dabei ist auf begriffliche Vielfalt und eine korrekte Begriffsverwendung zu achten (Kap. 4.1.2)!

– 1

Abb. 4-1: Beispiel für die Gestaltung eines Exposés (Teil 1/2)

Fragestellung und Zielsetzung

Die Beschäftigung mit der Thematik führt zunächst zu folgenden Fragestellungen:

1 Welche Entwicklungsstufen durchlaufen Nationalökonomien vom Beginn traditioneller Landwirtschaft bis zur Phase des Massenkonsums im Sinne des Modells von Rostow?

2 Wie vollzieht sich nach Rostow dieser Wandel? Welche Faktoren spielen bei der Entwicklung eine zentrale Rolle? Sind die maßgeblichen Faktoren ausschließlich wirtschaftlicher Art?

3 Lässt sich die Entwicklung in einer Regelhaftigkeit darstellen? Lassen sich die Phasen wirtschaftlicher Entwicklung eines Landes mit räumlichen Organisationsmustern verbinden?

4 Gilt dieses Modell für alle Länder gleichermaßen?

5 Welchen geographischen Bezug hat das Modell?

6 Ist das Modell von Rostow heute noch relevant, bzw. besitzt es (weiterhin) Gültigkeit?

Das Modell wurde bereits in den sechziger Jahren des 20. Jahrhunderts entwickelt, in einer Zeit, in der nicht zuletzt in der BRD die wirtschaftliche Entwicklung einen verheißungsvollen Aufschwung nahm und – in der allgemeinen Euphorie – dieses Modell durchaus plausibel erscheinen ließ. Da sich heute aber grundsätzlich andere Entwicklungstendenzen – insbesondere unter dem Aspekt der Globalisierung – abzeichnen, soll in der Arbeit insbesondere die Frage nach der aktuellen Relevanz und Gültigkeit des Modells von Rostow im Zentrum stehen. Ziel der Untersuchung ist, anhand des Beispiels Südkorea zu zeigen, ob und wie das Modell von Rostow auf die wirtschaftliche Entwicklung des Landes jemals zugetroffen hat und welchen Erklärungsgehalt es heute besitzt.

Thesen

Die Entwicklung von verschiedenen Wirtschaftsstufen eines Staates unterliegt in zeitlicher Abfolge einer gewissen Regelmäßigkeit. Das Modell von Rostow bietet einen schlüssigen Erklärungsansatz für diese Regelmäßigkeit.

Zur Zeit seiner Formulierung (um 1960) konnten alle Nationalökonomien durch das Modell von Rostow eingeordnet und erklärt werden.

Unter Berücksichtigung der Entwicklungsprozesse insbesondere in den 1990er-Jahren (u. a. Auflösung der nationalstaatlichen Grenzen der Wirtschaftsmächte) ist das Modell von Rostow heute nicht mehr als Erklärungsansatz tauglich.

Literatur

(Hier folgt eine vollständige Liste der im Exposé zitierten Literatur)

– 2 –

Abb. 4-1: Beispiel für die Gestaltung eines Exposés (Teil 2/2)

4.2   Wie wird's griffig?

Argumentation und Inhalte von Studienarbeiten

Eine wissenschaftliche Arbeit sollte in sich schlüssig sein und erkennen lassen, dass die einzelnen Abschnitte und Kapitel der Arbeit logisch aufeinander aufbauen, sich nicht widersprechen und nicht bloß willkürlich aneinandergereiht sind. Die Gliederung einer wissenschaftlichen Arbeit ist nicht nur eine Serviceleistung den Leser*innen gegenüber. Sie ist eine wichtige Strukturierungsleistung, die schon frühzeitig erbracht werden muss, um selbst einen Überblick über das behandelte Thema zu bekommen und zu behalten. Nur dann werden Lücken erkennbar, die es durch weitere Literaturarbeit oder theoretische Ausarbeitung zu füllen gilt, um die Argumentation ,rund' und ,wasserdicht' zu machen. Die Gliederung ist meistens auch der Ausgangspunkt der eigentlichen Schreibtätigkeit. Sie bildet das Gerüst der Arbeit und weist somit eine gewisse Stabilität auf, die jedoch nicht so verfestigt sein darf, dass eventuelle Anbauten (oder der Abriss) zusätzlicher Räume oder gar ganzer Stockwerke unmöglich werden. Die Gliederung und die Bearbeitung des Themas bedingen sich somit gegenseitig. In diesem Kapitel wird die inhaltliche Struktur einer wissenschaftlichen Arbeit erläutert. Die formalen Anforderungen und Richtlinien werden anschließend in separaten Kapiteln dargestellt. Einzelne Überschneidungen sind jedoch nicht zu vermeiden, da das Formale durchaus dazu dient, die Inhalte zu transportieren.

4.2.1   Das Gebot der Stringenz

Fragestellung und Zielsetzung einer Arbeit bilden den „Aufhänger" für Informationen, die, dem „Lot der Stringenz" folgend, in die „Vase des Wissens" einfließen (LAZAR 2001: 9; Abb. 4-2). Diese Informationen (alle Formen von Daten, Referenzen, Zeichen, Symbolen etc.) müssen im Verlauf der Arbeit ,aufbereitet' und ,verarbeitet' werden, um schließlich ,Wissen' zu generieren und adäquat darstellen zu können. Diesbezüglich sind eine übergeordnete Fragestellung und eine Zielsetzung (ein Globalziel) zu formulieren, die zunächst einen größeren Bereich (die Wasseroberfläche in der Vase) abdecken. Ist dies erfolgt, werden die Fragestellung und die Zielsetzung operationalisiert, das heißt, es werden untergeordnete Fragen und Ziele formuliert (und eventuell die Arbeitsmethoden verfeinert). Damit wird sozusagen in die Vase des Wissens eingetaucht. Ehemals ,unbekannte' Welten werden erschlossen, um schließlich die Problematik, die bearbeitet werden soll, verstehen beziehungsweise erklären zu können. Die Vase verengt sich dabei nach unten, was sinnbildlich dafür steht, dass sich die Argu-

mentation stringent (also dem Lot entlang) durch die Arbeit zieht, wobei die ab-
gearbeiteten Fragen (und Thesen) als nicht mehr benötigter ‚Ballast‘ über Bord
geworfen werden und am Ende lediglich die relevanten Teile, die zum Verstehen
der Problematik nötig sind, übrig bleiben. Dies bedeutet, dass nicht einfach alle
Informationen, die zu einer Fragestellung erhältlich sind, in einen großen Topf
(bei Studienarbeiten die Textdatei) geworfen werden dürfen, in der Hoffnung,
am Ende komme schon ein zauberhaftes Gericht heraus. Wie beim Kochen gelingt die Rezeptur nur dann, wenn die Zutaten in einer bestimmten Reihenfolge
und unter Beachtung bestimmter Regeln beigegeben werden. Wird dies miss-
achtet, hilft auch viel rühren nichts. Das Gericht mag vielleicht nicht anbrennen,
aber in der Regel kommt doch nur ein schaler Eintopf oder ein ungenießbarer
Brei heraus. Informationen dürfen daher nicht wahllos und wirr aneinandergereiht werden oder unsystematisch an irgendeiner Stelle in einer Studienarbeit
auftauchen. Vielmehr gilt es, die Argumentation so aufzubauen und ‚auszulo-
ten‘, dass jederzeit nachvollziehbar ist, was die Absicht der Autor*innen ist, also
worum es eigentlich gehen soll.

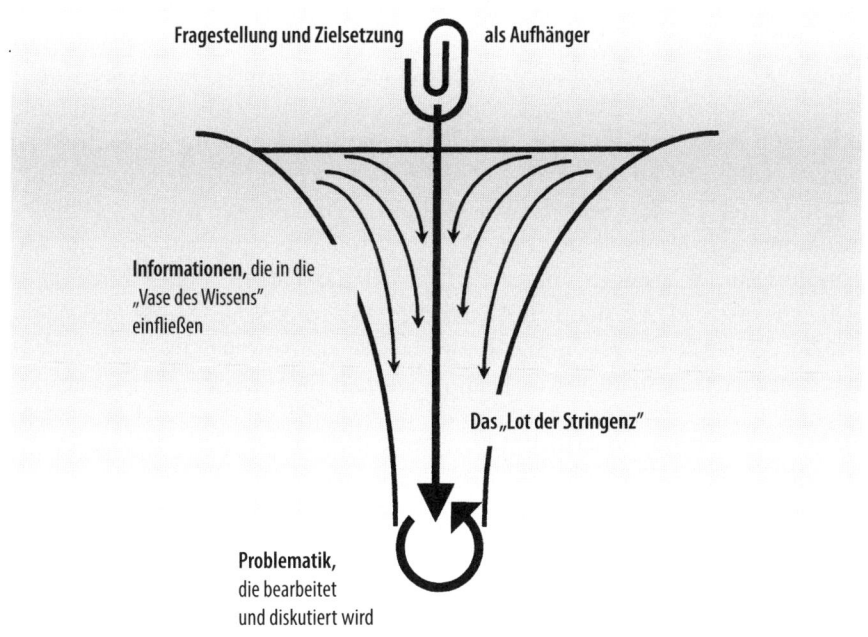

Abb. 4-2: Die „Vase des Wissens" und das „Lot der Stringenz" (verändert nach Lazar 2001: 9)

Je nach Umfang der Studienarbeit ist dabei eine Abgrenzung (Schwerpunktsetzung) des Gegenstandes (des Themenbereichs) oder der Fragestellung notwendig, da sonst die Gefahr der Oberflächlichkeit oder des Ausuferns besteht. Eine solche Abgrenzung sollte intersubjektiv nachvollziehbaren Kriterien folgen, wobei in der Geographie neben der thematischen und chronologischen Abgrenzung eine regionale Schwerpunktsetzung immer legitim ist. Das folgende Beispiel zeigt, wie ein Thema mit dem Titel „Ursachen von Nahrungskrisen" entsprechend eingegrenzt werden könnte.

Beispiel für eine Schwerpunktsetzung: „Ursachen von Nahrungskrisen"
- regionale Abgrenzung: „Ursachen von Nahrungskrisen im Sahel"
- thematische Abgrenzung: „Ökonomische Ursachen von Nahrungskrisen"
- chronologische Abgrenzung: „Gründe für Nahrungskrisen im 19. Jahrhundert"
- kombinierte Abgrenzung: „Politische Gründe von Nahrungskrisen im Sahel"

4.2.2 Aufbau und Inhalt schriftlicher Arbeiten

Der Aufbau einer schriftlichen Arbeit wird insbesondere bestimmt vom Kontext, der Zielsetzung und der anvisierten Zielgruppe. Das Thema selbst spielt beim Aufbau einer Arbeit eine untergeordnete Rolle. Dagegen ist es ein Unterschied, ob die Arbeit innerhalb einer literaturbasierten Seminarveranstaltung oder im Rahmen von Gelände- oder Laborveranstaltungen als Studienleistung verfasst wird oder ob die Arbeit in einer Fachzeitschrift publiziert werden soll. Denn je nach Kontext und erwartbarer Leserschaft bestehen jeweils spezifische Anforderungen und es muss den Verfasser*innen bewusst sein, dass die Abhandlungen auch jeweils unterschiedlich gelesen werden. Hier gibt es deutliche Unterschiede hinsichtlich Ausführlichkeit, stilistischer Mittel und struktureller Bestandteile. Bestimmte Teile wie z. B. ein Abstract, also eine – meist der Arbeit vorangestellte – Kurzfassung, ist zwar für einen Zeitschriftenartikel wichtig, bei einer Studienarbeit wird darauf in der Regel aber verzichtet. Dennoch sind im Aufbau schriftlicher Arbeiten prinzipielle Grundregeln zu beachten, und gewisse Teile sind auf jeden Fall unverzichtbar. Dabei unterstützt der Aufbau immer auch die argumentative Stringenz.

Bestandteile einer Studienarbeit:
- **Titelblatt**
- Kurzfassung (Abstract)
- Inhaltsübersicht
- **Inhaltsverzeichnis**
- Abbildungsverzeichnis
- Tabellenverzeichnis
- Abkürzungsverzeichnis
- Vorwort (gegebenenfalls inkl. Danksagung oder mit separater Danksagung)
- **Komplex aus Einleitung, Hauptteil und Schluss**
- **Literaturverzeichnis**
- Stichwortregister
- Anhang

Zunächst ist festzuhalten, dass schriftliche Arbeiten formal in die oben angegebenen Elemente untergliedert werden können. Dabei kommen die im grauen Kasten **fett** hervorgehobenen Elemente in allen Arbeiten vor, während die nicht ausgezeichneten Elemente je nach Bedarf, Umfang und Art der Arbeit Verwendung finden (dazu Kap. 4.3.2). Da sich Kapitel 4.3 ausführlich dem formalen Aufbau und der Gestaltung der einzelnen Abschnitte einer schriftlichen Arbeit widmet, wird hier anschließend lediglich der Komplex aus Einleitung, Hauptteil und Schluss hinsichtlich der inhaltlichen Aufbereitung besprochen.

4.2.3   Einleitung

Die Einleitung dient der Heranführung an das Thema und der Orientierung der Leser*innen hinsichtlich des Gegenstands, der Zielsetzung und des Aufbaus einer Arbeit. Sie beinhaltet daher:

1. Eine Einordnung der Arbeit vor dem Hintergrund der aktuellen fachspezifischen oder öffentlichen Diskussion
2. zentrale Fragestellung und übergreifende Zielsetzung der Arbeit
3. Aufbau, Gliederungsübersicht

In der Einleitung wird zunächst der Themenbereich der Arbeit mit Bezug zur aktuellen fachspezifischen oder öffentlichen Diskussion vorgestellt und der zu bearbeitende Gegenstand ein- und abgegrenzt. Diese Abgrenzung ist schlüssig und objektiviert zu begründen! Selbst wenn ursprünglich, wie zu hoffen ist,

ein starkes persönliches Interesse hinter der Beschäftigung mit einem Thema
stand, so wird in der Einleitung die allgemeine wissenschaftliche oder öffentliche Bedeutung des Themas hervorgehoben (s. erstes Beispiel unten). Daher
finden sich in vielen Einleitungen inzwischen floskelhaft wirkende Formulierungen, wie: „Das Problem der […] wird seit langem/jüngst intensiv in der
Öffentlichkeit und Wissenschaft diskutiert." Auch die Begründungen der
Abgrenzung und Schwerpunktsetzung innerhalb des Themas sollten – selbst
wenn diese ursprünglich vielleicht mehr mit persönlichen Neigungen oder
den Anforderungen der Lehrveranstaltung zu tun hatten – weitgehend auf
nachvollziehbare, objektivierbare Kriterien stützen. Dies gilt selbstverständlich
auch für die Ausarbeitung der zentralen Fragestellung und die Darlegung des
Ziels, das mit der Abhandlung verfolgt wird (Kap. 4.1.3). In diesem Zusammenhang erfolgt in der Einleitung immer eine kurze Darstellung der Gliederung einer Arbeit, die den Leser*innen den groben roten Faden des Aufbaus
und der Argumentation vorstellt. Bei umfangreicheren Studienarbeiten kann
hier der aktuelle Stand der Forschung kurz skizziert werden, wie das zweite
Beispiel nachfolgend zeigt. Die eigentliche und umfassende Diskussion des
Stands der Forschung wird aber im Hauptteil geführt.

Die Einleitung steht zwar am Anfang einer wissenschaftlichen Arbeit, da
sie aber den Leser*innen einen Überblick darüber gibt, was auf den folgenden
Seiten dargestellt wird, kommt es in der Regel dazu, dass sie erst dann fertig
gestellt wird, wenn die Struktur der Arbeit endgültig fixiert ist und die Kapitel
und Seiten nummeriert sind, also zum Schluss.

Beispiel eines Einstiegs in die Einleitung zu einer Abschlussarbeit
In den letzten Jahren sind durch ausführliche Berichte in den Medien verstärkt die anthropogenen Modifikationen des Klimas ins Licht der Öffentlichkeit gerückt worden. Das Schlagwort ‚Treibhauseffekt' hat die
Auswirkungen der Modifikation thermischer Bedingungen, aber auch deren komplexe Zusammenhänge
deutlich werden lassen. […] Gegenstand der vorliegenden Arbeit ist, im Sinne einer Bestandsaufnahme, die
Erfassung der räumlichen Variation der Wärmeinsel von Heidelberg unter Berücksichtigung der komplexen
topographischen Gegebenheiten. Dabei sollen folgende Fragen beantwortet werden: […]

**Beispiel einer Kapitelübersicht im Rahmen der Einleitung zu einer umfangreichen Studienarbeit
(„Industrialisierung, Urbanisierung und Global Cities")**
Die folgende Arbeit gliedert sich in sechs Teile. Im ersten Kapitel werden, angelehnt an Saunders (1987),
Theorien zur Stadtentwicklung skizziert, und es wird der Aufstieg der Städte in Europa während der letzten
zweihundert Jahre kurz beschrieben. Im zweiten Kapitel liegt der Fokus auf einer hypothetisch angenommenen Interdependenz von Industrialisierungs- und Urbanisierungsprozess, was bereits bei Engels (1919),

SOMBART (1969) und MUMFORD (1984) anklingt. Dabei beschränkt sich die Betrachtung regional auf Deutschland und Großbritannien. Anhand statistischen Materials wird in Kapitel drei die Entwicklung der Städte bis zur Gegenwart beleuchtet. Anschließend soll in Kapitel vier der Versuch unternommen werden, Prozesse der Globalisierung analytisch zu erfassen und die diesbezüglichen Theorieansätze von WALLERSTEIN (1974, 1984), ROBERTSPN (1987, 1995), HARVEY (1989, 1997) und GIDDENS (1990, 1997) kritisch zu beleuchten. Aus einer Makroperspektive soll schließlich in Kapitel fünf der „Global City"-Ansatz nach SASSEN (1994) betrachtet werden. Als Fallbeispiel soll diesbezüglich, wie auch im darauf folgenden Kapitel, London herangezogen werden. Aus einer Mikroperspektive heraus widmet sich Kapitel sechs der gegenwärtigen, im Kontext von Globalisierungsprozessen transformierten, städtischen Lebenswelt. In Kapitel sieben wird abschließend die Makroperspektive mit der Mikroperspektive verknüpft, um, basierend auf historisch angelegten Industrialisierungs- und Urbanisierungsprozessen, ein umfassenderes Verständnis von aktuellen Prozessen der Globalisierung im städtischen Kontext zu erlangen.

4.2.4 Hauptteil

Der Hauptteil einer wissenschaftlichen Arbeit dient der argumentativen Aufbereitung und Abhandlung der Fragestellung anhand von Thesen und (Forschungs-)Ergebnissen. Er beinhaltet:

1. die Erklärung grundlegender Begrifflichkeiten, Definitionen;
2. die nähere Bestimmung der Fragestellung;
3. die Formulierung von Thesen;
4. die Diskussion der Thesen, wobei unterschiedliche Positionen, Daten und Ergebnisse herbeigezogen werden;
5. die Formulierung der Ergebnisse.

Im Hauptteil einer Arbeit wird das behandelte Thema, also das wissenschaftliche Problem, das untersucht wird, ausführlich dargestellt und diskutiert. Das Thema wird entsprechend der einleitend formulierten Fragestellung inhaltlich weiter vertieft. Dazu ist es notwendig, die Fragestellung zu präzisieren und zu operationalisieren. In der Wissenschaft besteht der gängigste Weg, dies zu tun, darin, untergeordnete Fragen und Ziele zu formulieren und dementsprechend eine oder mehrere Thesen/Hypothesen aufzustellen und zu diskutieren. Es gilt hier also, sich differenziert, reflektiert und kritisch mit der Thematik auseinanderzusetzen. Dabei muss darauf geachtet werden, dass die Argumentation mit den Zielsetzungen übereinstimmt und – wie oben erläutert – logisch aufgebaut ist (entlang dem ‚Lot der Stringenz')! Dies muss bereits durch eine Einteilung des Hauptteils in Unterkapitel und durch die entsprechende

Formulierung der Kapitelüberschriften deutlich werden. Weiterhin sind im Hauptteil grundlegende Begriffe zu definieren. Es ist jedoch nicht notwendig, dem ein separates Kapitel zu widmen. Die von Studierenden gern verwendete Kapitelüberschrift ‚Begriffsdefinitionen' ist inhaltsleer und langweilig. Kapitelüberschriften sollten inhaltlich aussagekräftig, sinnstiftend und Interesse weckend sein. Grundlegende Begriffe werden am sinnvollsten an den Stellen, wo sie zum Einsatz kommen, definiert. Schließlich gehört auch die Formulierung und Präsentation der Ergebnisse in den Hauptteil der Arbeit. Dabei sollte immer wieder auch auf die zugrunde gelegten Theorien und Konzepte Bezug genommen werden. Wo herrscht Stimmigkeit, wo treten Widersprüche auf?

4.2.5 Schluss

Der Schluss dient der Zusammenfassung der Ergebnisse, wobei auf die Fragestellung Bezug genommen wird, sowie einer zusammenfassenden kritischen Einordnung und Bewertung der Befunde und Erkenntnisse. Er beinhaltet:

1. Zusammenfassung der Ergebnisse;
2. Darstellung des Erkenntnisgewinns;
3. Geltungsbereich der Ergebnisse, Widersprüche, offene Fragen;
4. kritische Bewertung.

Im Schlussteil einer Arbeit sollen primär die Ergebnisse zusammenfassend präsentiert und – unter Bezugnahme auf die Fragestellung, die in der Einleitung formuliert wurde – der erzielte Erkenntnisgewinn demonstriert werden. Weiterhin können besonders bedeutsame kritische Anmerkungen zu Theorie und Methodik angesprochen werden (die zuvor bereits im Hauptteil erläutert wurden). Darüber hinaus bietet der Schlussteil einen Rahmen, um konkrete ungelöste Fragen und Forschungslücken aufzuzeigen oder einen Ausblick auf zukünftige Entwicklungen zu geben. Neue, im Hauptteil einer Arbeit nicht angesprochene Aspekte, haben jedoch im Schluss ‚nichts zu suchen'! Die Zusammenfassung sollte somit unter keinen Umständen dem von Reinhard Mey 1971 formulierten Motto „Was ich noch zu sagen hätte, dauert eine Zigarette und ein letztes Glas im Steh'n" (MEY 2016: 368) folgen. Und bedenken Sie, dass wir empfohlen haben, die Zusammenfassung eines Textes relativ früh zu lesen. Somit ist auch die Zusammenfassung ein Aushängeschild einer Arbeit.

Auf keinen Fall sollen im abschließenden Teil einer Arbeit neue Themen abgehandelt werden!

4.2.6 Qualitätskriterien und Redlichkeit

Jede wissenschaftliche Arbeit unterliegt gewissen Gütekriterien und ist nach dem Primat der Redlichkeit (Kap. 2.1.3) anzufertigen. Dazu liefern die folgenden zwei Kästchen wichtige Informationen, die zu beachten sind. Dass Nachlässigkeit auf diesem Gebiet (insbesondere bei der Anfertigung von Dissertationen) auch noch nach Jahren thematisiert werden und schwerwiegende Folgen haben kann, zeigen entsprechende Schlagzeilen über Skandale um Betrug und Täuschung in den Wissenschaften und die damit einhergehenden Rücktritte insbesondere von Politiker*innen. Die darin zum Ausdruck kommenden hohen ethischen Maßstäbe lassen sich dadurch erklären, dass „Forschung im idealisierten Sinne […] Suche nach Wahrheit" ist, die durch „Unredlichkeit […] nicht nur in Frage gestellt", sondern „zerstört" wird (DFG 1998: 27).

Drei ‚Gütekriterien', denen eine wissenschaftliche Arbeit genügen muss:

Stringente Argumentation: Aussagen müssen begründet sein, sie dürfen nicht widersprüchlich oder logisch unzulässig sein, und sie sollen klar von Meinungen und Vermutungen getrennt werden!

Transparenz und Nachvollziehbarkeit: Es muss intersubjektiv nachvollziehbar dargelegt werden, wie und unter welchen Umständen die präsentierten Ergebnisse und Aussagen abgeleitet wurden. Dabei ist insbesondere „strikte Ehrlichkeit im Hinblick auf die Beiträge von Partnern, Konkurrenten und Vorgängern zu wahren" (DFG 1998: 7).

Gültigkeit: Die Argumentation muss das darstellen, was sie vorgibt! Das heißt, sie sollte die gewählte Fragestellung beantworten und nicht davon abweichen!

Allgemeine Bemerkung zur Redlichkeit

Zur wissenschaftlichen Redlichkeit gehört, Arbeiten eigenständig zu verfassen und anzugeben, welche Hilfeleistungen in Anspruch genommen wurden (Kap. 4.4). Sich helfen zu lassen ist natürlich erlaubt und häufig sogar notwendig. Dazu gehört z. B., den Gegenstand der Arbeit mit anderen Personen zu diskutieren, graphische Entwürfe umzusetzen und die Arbeit Korrekturlesen zu lassen (wobei dies in der Danksagung genannt werden sollte). Es ist aber unstatthaft, sich mit fremden Federn zu schmücken, also die Arbeit von einer anderen Person verfassen zu lassen.

Ein Verstoß gegen die Prinzipien der wissenschaftlichen Redlichkeit kann schon bei Studienarbeiten jeder Art – in Seminaren, Geländeübungen, Prüfungen, Abschlussarbeiten aller Art etc. – schwerwiegende Konsequenzen haben, wie z. B. ein Nichtbestehen. Bei Abschlussarbeiten ist mit weiteren Konsequenzen zu rechnen, die bis zum Ausschluss vom Prüfungsverfahren und zur nachträglichen Aberkennung des Abschlusses reichen.

4.2.7 Stil

Zwar ist häufig zu lesen, dass die Bedeutung der Fähigkeit sich auszudrücken, in den Naturwissenschaften geringer sei als in den Gesellschaftswissenschaften (GIDDENS 1992: 339). Da jedoch die Darstellung von Formeln Exaktheit auf anderer Ebene erfordert als die genaue Beobachtung, Beschreibung und das Verstehen eines Ausschnitts der gesellschaftlichen Wirklichkeit, ist die Entwicklung eines entsprechenden Schreibstils für die beiden großen Bereiche der Geographie von immenser Bedeutung. Denn jede wissenschaftliche Arbeit sollte den interessierten Kreisen zugänglich und verständlich sein und die Leser*innen sicher und möglichst unmissverständlich durch die Argumentation leiten. Alle Autor*innen schaffen mit ihren Texten eine eigene Wirklichkeit, nur sind die vorgenommenen Selektionen und Reduktionen in Wortwahl und Grammatik selten transparent. Daher ist es gemäß dem Anspruch der Wissenschaftlichkeit wichtig, so wenig wie möglich sprachliche Verschleierung zu betreiben. Eine gute Strukturierung, einfache Sprache und die Vermeidung verschachtelter Sätze im Thomas-Mann-Stil sind ebenso wichtig wie grammatikalische und orthographische Korrektheit (ECO 2010: 186). Vorsicht ist auch bei der Verwendung von Wörtern wie „wohl, fast, irgendwie, an und für sich, gewissermaßen" (THEISEN 2009: 136) geboten, mit denen man sich schön davor drücken kann, klare Aussagen zu treffen. Auch nicht zu unterschätzen ist die Bemerkung von THEISEN (2009: 135), wer unscharf schreibe, setze sich leicht dem Verdacht aus, auch unklar gedacht zu haben. Von daher trainieren präzise Formulierungen in möglichst geradlinigen und kurzen Sätzen auch die klare Strukturierung der Gedanken der Autor*innen.

Obwohl wissenschaftliche Texte von der Verwendung von Fachausdrücken leben, sollte auf alle Fälle auf „stilistisches Imponiergehabe und Jargon" (STANDOP & MEYER 2008: 245) verzichtet werden. Denn weder hochtrabende Formulierungen noch die Aneinanderreihung von Fachausdrücken machen Freude beim Lesen. Sie sind auch nicht – wie manch eine*r vielleicht anzunehmen geneigt ist – der Glaubwürdigkeit der Autor*innen zuträglich, sondern entlarven eher diejenigen, die es offenbar nötig haben zu blenden. Statt also an dieser Stelle noch anzumerken, dass es adäquat ist, den Usus heterogener Termini kontextuell zu vermeiden, raten wir daher lieber auf unnötige Fremdwörter zu verzichten!

Darüber hinaus sollten aber auch umgangssprachliche oder vulgäre Ausdrücke vermieden werden, weil sie meist eine bestimmte ideologische oder moralische Färbung aufweisen. Wissenschaftlich sollte ein möglichst neutraler Standpunkt eingenommen werden (VAN DIJK 2010: o. S.), auch wenn es sich um allgemein anerkannte Wertvorstellungen handelt. Wenn etwa vom ‚Nazismus' die Rede ist, wird mit dem Wort eine Abwertung verbunden. Die ist zwar allgemein anerkannt, doch wissenschaftlich bietet es sich an, vom Nationalsozialismus zu sprechen und sich damit zunächst jeder Wertung zu enthalten – sonst wird das analytische gegen ein rhetorisches Instrumentarium getauscht. Allerdings kann es gerade in gesellschaftswissenschaftlichen Arbeiten angemessen sein, Stellung zu beziehen – dies sollte dann aber explizit kenntlich gemacht werden und nicht subtil durch eine bestimmte Wortwahl oder Polemik erfolgen. Hier die richtige Balance zu finden ist im Rahmen des Studiums eine nicht zu unterschätzende Aufgabe, die nur dadurch bewältigt werden kann, dass Studierende von den Lehrkräften entsprechende Rückmeldungen einfordern. Diese Rückmeldungen müssen aber auch ernst genommen und nicht nur mit dem Verweis, dass Stilfragen einfach nur Geschmackssache seien, beiseitegeschoben werden. Darüber hinaus steht zum Themenkomplex Wissenschaftssprache umfangreiche Literatur zur Verfügung (u. a. THEISEN 2009; KORNMEIER 2018).

4.3 Wie wird's schön?

Gestaltung und Layout einer schriftlichen Arbeit

Eine gute Gestaltung und ein gelungenes äußeres Erscheinungsbild sind bei einer schriftlichen Arbeit nicht unerheblich, weil dadurch ein professioneller Eindruck vermittelt werden kann. Zwar wird ein gutes Layout niemals die Inhalte ersetzen, aber auch Inhalte wollen gekonnt transportiert werden, damit sie ihre Empfänger*innen tatsächlich erreichen. Jedenfalls ist darauf zu achten, dass weder nach dem Motto ‚außen hui – innen pfui' verfahren wird, noch dass die Professionalität und Seriosität einer Arbeit durch ein unordentliches oder überladenes Äußeres und allerlei unnötigen graphischen Schnickschnack in Frage gestellt wird. Beim Lesen und Bearbeiten wirkt das Erscheinungsbild mehr oder weniger unterschwellig auf die Leser*innen. Mit deutlichen Worten macht SEDLACEK (1990: 4) auf mögliche negative Wirkungen aufmerksam: „Wer formal nachlässig verfährt, setzt sich zumindest dem Verdacht aus, dass er inhaltlich ebenso gearbeitet hat."

Bei Begriffen wie Layout und Erscheinungsbild und angesichts der Kapitelüberschrift „Wie wird's schön?" mag so mancher einwenden, dass das doch wohl eine Frage des Geschmacks sei, und Geschmäcker ja bekanntlich durchaus verschieden seien. Bevor jedoch Geschmacksfragen im Zusammenhang mit wissenschaftlichen Arbeiten zu unnötigen Reibungsverlusten führen, sollte bedacht werden, dass nicht das Äußere, sondern der Inhalt Gegenstand des wissenschaftlichen Austausches sein sollte. Um solche Reibungsverluste zu minimieren, haben sich gewisse Konventionen zur formalen Gestaltung wissenschaftlicher Arbeiten herausgebildet und bewährt. Ein diesen Konventionen folgendes Layout zu verwenden, zeugt auch vom Bestreben, die Zusammenarbeit zu erleichtern und zu fördern (DIN 1422-1:1). Dieser Gedanke wird im Vorwort zur DIN 5008:2020 nochmals betont, indem dort darauf hingewiesen wird, dass die Schreib- und Gestaltungsregeln dazu dienen, dass „Texte und Informationen [...] unter Berücksichtigung der Lese- und Nutzungsgewohnheiten der Anwender [...] schnell erfasst werden können" (ebd.: 9).

Im vorangehenden Absatz wurde bei dem Wort Konvention sehr bewusst der Plural gewählt, denn auch für die Gestaltung von wissenschaftlichen Arbeiten gibt es von verschiedenen Autor*innen, Verlagen und Institutionen zahlreiche Vorschläge, die in einzelnen Punkten voneinander abweichen. Selbst wenn jeweils ‚gute Gründe‘ vorgebracht werden, um die eine oder andere Konvention zu legitimieren (z. B. Platzersparnis, bessere Nachvollziehbarkeit etc.), haben die unterschiedlichen Konventionen doch auch etwas mit Geschmack zu tun. Sie haben daher alle die gleiche Gültigkeit. Anders ausgedrückt, es gibt keine ‚falsche‘ oder ‚richtige‘ Konvention bzw. Vorgabe, sondern nur mehr oder weniger zweckmäßige.

Obwohl bei der Gestaltung von schriftlichen Arbeiten gewisse Freiheiten bestehen, sind einige wichtige Punkte zu beachten. Oft werden die Format- und Layoutvorgaben für schriftliche Arbeiten in der jeweiligen Veranstaltung, in dem die Arbeit geschrieben wird, bekannt gegeben. An diese Vorgaben sollten sich alle Beteiligten halten! Gerade wenn eine digitale Fassung gefordert ist und z. B. ein gemeinsamer Reader zum Seminar digital erstellt werden soll, ist die Zusammenführung der einzelnen Beiträge nur bei identischer Formatierung und gleichem Layout mit angemessenem Aufwand möglich.

Im Folgenden wird eine Konvention zur formalen Gestaltung wissenschaftlicher Arbeiten vorgestellt, die die allgemein anerkannten, qualitativen Anforderungen an wissenschaftliche Arbeiten erfüllt und gleichzeitig einfach zu handhaben ist. Unser Vorschlag lehnt sich dabei eng an die Vorgaben der DIN 1421, DIN 1422 und DIN 5008:2020 sowie an HORATCHEK & SCHUBERT (1998) an. Er ist aber auch kompatibel mit internationalen Vorgaben wie jenen der American Psychological Association (APA 2020), auch wenn er in Details der Interpunktion und Formatierung von diesen abweicht.

4.3.1 Die äußere Form

Schriftliche Arbeiten werden auf DIN-A4-Papier verfasst und einseitig ausgedruckt. Auch wenn ökologisches Bewusstsein für einen beidseitigen Druck spricht, so sollte doch nicht vergessen werden, dass alle Arbeiten begutachtet werden und die Gutachter*innen schließlich auch Platz für gegebenenfalls etwas umfangreichere Anmerkungen benötigen.

Hinsichtlich der Gestaltung einer Arbeit ergeben sich im Zeitalter der digitalen Textverarbeitungssysteme fast unbegrenzte Möglichkeiten. Das führt hin und wieder dazu, dass vermeintlich „wahre Kunstwerke" entstehen, indem mit unterschiedlichen Schrifttypen, Schriftgrößen und Formatierungen hantiert wird, bis den Leser*innen schwindelig vor Augen wird (KRÄMER 1999: 227 f.). Hier gilt: weniger ist mehr. Weniger Ablenkung durch Schriftvariationen bedeutet nämlich mehr Konzentration der Leser*innen auf den Inhalt. Diese Konzentration wird durch eine den allgemeinen Lesegewohnheiten angepasste Gestaltung der Arbeit gefördert. Insbesondere ist auf einen angemessenen **Satzspiegel** und gut lesbare, ansprechende **Schriftart und -größe** und ein adäquates **Verhältnis von Schriftgröße und Zeilenabstand** zu achten (Tab. 4-1). Wie bereits angedeutet, werden im Rahmen von Studienarbeiten und für Abschlussarbeiten diese Parameter in der Regel entweder von den Seminarleitenden, den Betreuenden oder auf der Grundlage sonstiger interner Regelungen vorgegeben. Bei der Vorgabe von Satzspiegel, Schriftart, Schriftgröße und Zeilenabstand mag es sich augenscheinlich um rein formale Vorgaben handeln. Häufig aber versteckt sich dahinter ein zusätzlicher Arbeitsauftrag, nämlich, das Thema (erschöpfend) innerhalb des so definierten Umfangs zu bearbeiten.

Sollten keine Vorgaben existieren, empfehlen wir die in Tabelle 4-1 zusammengestellten Vorgaben, die in der angegebenen Kombination ungefähr 2 600 Anschläge pro Seite ergeben. Hinsichtlich des Seitenrands sei angemerkt, dass der Randbereich, abgesehen von Seitenzahl und allfälligen Kopfzeilen (Kolumnentitel), freizuhalten ist. Insbesondere sollten Tabellen und Abbildungen nicht über den Satzspiegel hinausragen. Der Zeilenabstand sollte 1,5 Zeilen betragen. Ein alternativer Richtwert für den Zeilenabstand ist 130 Prozent der Schriftgröße (bei einer 10-Punkt-Schrift also 13 Punkt).

Tab. 4-1: Formatvorgaben für Studienarbeiten

Seitenrand	oben:	2 cm
(minimal)	unten:	2 cm
	links:	4 cm
	rechts:	2 cm
Zeilenabstand	1,5-zeilig (Format/Absatz/Genau)	
Schrifttyp	Standard-Serifenschrift, z. B. Times New Roman	
Schriftgröße	12	

Dieser Text wurde in einer Serifenschrift verfasst
(Schrifttyp: Times New Roman, Schriftgröße: 10).

Dieser Text wurde in einer Serifenschrift verfasst
(Schrifttyp: Times New Roman, Schriftgröße: 12).

Dieser Text wurde in einer Serifenschrift verfasst
(Schrifttyp: Times New Roman, Schriftgröße: 14).

Dieser Text wurde in einer serifenlosen Schrift verfasst
(Schrifttyp: Arial, Schriftgröße: 10).

Dieser Text wurde in einer serifenlosen Schrift verfasst
(Schrifttyp: Univers condensed, Schriftgröße: 12).

Dieser Text wurde in einer serifenlosen Schrift verfasst (Schrifttyp: Univers bold, Schriftgröße: 14).

Abb. 4-3: Vergleich unterschiedlicher Schriftarten und -größen

Bei der Schriftart ist auf die Verwendung einer augenschonenden (KRÄMER 1999: 228) Standard-Serifenschrift (also einer Schrift mit ‚Füßchen', sogenannten Serifen oder Schraffen) zu achten. Sans-Serif- oder Grotesk-Schriften (also Schriften ohne ‚Füßchen'), sind eher für Titel und Zwischentitel und kurze Texte (wenige Zeilen) geeignet. Für den fortlaufenden Text empfiehlt es sich, eine 12-Punkt-Schrift zu wählen. Diese Grundgröße macht es möglich, bestimmte Teile (z. B. Tabellen, längere Zitate) auch typographisch, also zum Beispiel durch eine kleinere Schrift (10 Punkt), abzusetzen und gleichzeitig die Lesbarkeit dieser Bereiche zu erhalten. Abbildung 4-3 bietet einen Vergleich einer gängigen Serifenschrift (Times New Roman) mit ausgewählten serifenlosen Schriften, wobei zusätzlich die Schriftgröße variiert wurde.

Längere Texte (mehr als eine Seite) sind im Zeitalter der EDV-gestützten Textverarbeitung im Blocksatz zu schreiben. Der sogenannte ‚Flattersatz' aus der Zeit mechanischer Schreibmaschinen wirkt heute nur noch irritierend. Dabei ist jedoch auf einen durchgängigen **Zeilenausgleich** zu achten. Mit anderen Worten: Die Abstände zwischen den Wörtern sollten einigermaßen gleichmäßig – und dabei nicht zu groß – sein. Dazu ist es notwendig, nach Fertigstellung der Arbeit eine (manuelle) Silbentrennung durchzuführen. Es sollten jedoch nicht mehr als drei Zeilen nacheinander mit einem Trennungsstrich enden. Bei der automatischen Silbentrennung ist Vorsicht geboten, da diese zuweilen recht seltsame Ergebnisse zeitigt.

4.3.2 Formaler Aufbau

Wurde in Kapitel 4.2 besprochen, mit welchen Inhalten die einzelnen Elemente einer wissenschaftlichen Arbeit zu füllen sind, so werden im Folgenden die formalen Richtlinien und gestalterische Vorgaben bzw. Möglichkeiten beschrieben. In terminologischer Anlehnung an die DIN 1422-1 besteht eine wissenschaftliche Arbeit aus den folgenden obligatorischen (fett ausgezeichneten) und optionalen (nicht ausgezeichneten) Teilen:

- **Titelblatt**
- Kurzfassung (Abstract)
- Inhaltsübersicht
- **Inhaltsverzeichnis**
- Abbildungsverzeichnis
- Tabellenverzeichnis
- Abkürzungsverzeichnis
- Vorwort (gegebenenfalls inkl. Danksagung oder mit separater Danksagung)
- **Komplex aus Einleitung, Hauptteil und Zusammenfassung**
- **Literaturverzeichnis**
- Stichwortregister
- Anhang

Inwiefern die optionalen Teile zum Tragen kommen, hängt im Wesentlichen vom Gesamtumfang der Arbeit und dem Gegenstand bzw. den Grundlagen einer Arbeit ab. So dürfte ohne Weiteres nachvollziehbar sein, dass eine einseitige Inhaltsübersicht wenig Sinn macht, wenn auch das Inhaltsverzeichnis nur eine Seite umfasst (THEISEN 2009; FRANCK & STARY 2009). Genauso wenig sinnvoll sind Abbildungs- und Tabellenverzeichnisse bei einer kurzen Arbeit mit nur wenigen Abbildungen oder Tabellen.

Unter Berücksichtigung von Gesamtumfang und Kontext können folgende Richtlinien an die unterschiedlichen Typen von Studienarbeiten angelegt werden, wobei die mit Spiegelstrich gekennzeichneten Teile jeweils auf einer neuen Seite beginnen:

1. Eine **klassische Studienarbeit** (weniger als 20 Seiten) besteht aus:
   • Titelblatt
   • Inhaltsverzeichnis
   • Komplex aus Einleitung, Hauptteil und Zusammenfassung
   • Literaturverzeichnis

2. Eine **umfangreichere Studienarbeit** (mehr als 20 Seiten) besteht aus:
   • Titelblatt
   • Inhaltsverzeichnis
   • Verzeichnis der Abbildungen und Tabellen (gegebenenfalls auf einer Seite)
   • Komplex aus Einleitung, Hauptteil und Zusammenfassung
   • Literaturverzeichnis

3. Eine **Studienarbeit**, in der **eigene Daten** verarbeitet werden (z. B. Geländebericht, Laborbericht, Bericht zum Studienprojekt) besteht aus:
   • Titelblatt
   • Inhaltsverzeichnis
   • Verzeichnis der Abbildungen und Tabellen (gegebenenfalls auf einer Seite)
   • Komplex aus Einleitung, Hauptteil und Zusammenfassung
   • Literaturverzeichnis
   • Datenanhang mit Rohdaten (gegebenenfalls auf digitalen Medien)

4. Eine **Abschlussarbeit** (KRÄMER 1999: 101) besteht aus:
   • Titelblatt
   • Inhaltsverzeichnis
   • Verzeichnisse der Abbildungen, Tabellen und Abkürzungen
   • Vorwort oder Danksagung
   • Einleitung
   • Hauptteil
   • Zusammenfassung
   • Literaturverzeichnis
   • Stichwortregister (falls gewünscht)
   • Datenanhang (falls eigene Daten verwendet wurden)
   • Selbstständigkeitserklärung gemäß Prüfungsordnung
   • Lebenslauf (falls durch Prüfungsordnung gefordert)

Im Folgenden werden alle eingangs genannten Teile einer wissenschaftlichen Arbeit, mit Ausnahme der Selbstständigkeitserklärung und des Lebenslaufs, kurz vorgestellt. Dabei werden im Rahmen der Erläuterungen zum Inhaltsverzeichnis auch gewisse Problemfelder wie die Nummerierung von Kapiteln und die Seitenzählung (Paginierung) ausführlich dargelegt.

4.3.2.1 Gestaltung Titelblatt

Das Titelblatt einer Arbeit ist die Eintrittskarte in die Arena der wissenschaftlichen Begutachtung. Hier wird das Thema genannt, die eigene Person vorgestellt und die Arbeit institutionell und organisatorisch zugeordnet. Zu den obligatorischen Angaben auf dem Titelblatt zählen (THEISEN 2008: 180):

• Name der Universität, des Instituts und des Seminars oder Moduls
• Angabe des Semesters, in dem die Arbeit vorgelegt wird
• Art und Funktion der Arbeit (Seminararbeit, Hausarbeit, Laborbericht usw.)
• Titel der Arbeit
• Namensangabe der Leitung der Veranstaltung mit akademischen Titeln
• Name und Vorname des Verfassers oder der Verfasserin
• Adresse und Kontaktmöglichkeiten (E-Mail oder Telefon)
• Matrikelnummer
• Aktuelle Fachrichtung mit Angabe des angestrebten Abschlusses sowie aktuelle **Fachsemesterzahl**
• Datum der Abgabe

Abbildung 4-4 präsentiert eine mögliche Gestaltung des Titelblattes mit allen erforderlichen Angaben. Selbstverständlich ist hier zumindest im Rahmen von Studienarbeiten ein Gestaltungsspielraum gegeben. Dagegen ist die Gestaltung des Titelblatts von Abschlussarbeiten häufig explizit in den Prüfungsordnungen geregelt. In diesem Zusammenhang sei darauf hingewiesen, dass ausschließlich Mitarbeiter einer Universität berechtigt sind, das jeweilige

---

Friedrich-Schiller-Universität Jena   WiSe 2020/21
Institut für Geographie

Proseminar I: „Einführung in das Geographiestudium"

Leitung:
PD Dr. J. Baade, H. Gertel (M.A.), Dr. A. Schlottmann

Das Modell des demographischen Übergangs

Seminararbeit

vorgelegt von:

Maxi Musterfrau
Studiengang: Geographie/Germanistik (LA)
Semester: 1/1
Matr. Nr.: 12345
Tal der Hoffnung 7
1111 Musterstadt
E-Mail: mamu@muster.de

Abgabedatum: 15.01.2021

Abb. 4-4: Muster eines Titelblattes

Siegel bzw. **Wappen** der Universität zu verwenden. Auf dem Titelblatt einer Studien- oder Abschlussarbeit hat das Siegel oder Wappen einer Universität in der Regel nichts zu suchen!

4.3.2.2 Inhaltsverzeichnis und Inhaltsübersicht

Das Inhaltsverzeichnis präsentiert den Inhalt einer Arbeit und dient, ähnlich wie die Einleitung, der Orientierung der Leser*innen. Es „ist der wichtigste Schlüssel zu einer Arbeit" und „enthüllt die logische Grobstruktur des eigentlichen Textes" (KRÄMER 1999: 103). Daher muss das Inhaltsverzeichnis vollständig und gleichzeitig übersichtlich sein. Im Inhaltsverzeichnis wird die Gliederung der Arbeit genauso wiedergegeben, wie sie in der Arbeit vorhanden ist. Dies gilt insbesondere für alle Kapitelüberschriften und natürlich die Kapitelnummerierung. Auch daher sollten die Überschriften möglichst kurz und aussagekräftig sein. Zudem sollte die Zahl der Hierarchieebenen (Anzahl der Unterkapitel) beschränkt werden. Die DIN 1421 empfiehlt maximal drei Gliederungsebenen. Bevor weitere Unterkapitel eingefügt werden, sollte eingehend die Relevanz einer zusätzlichen Untergliederung geprüft werden. Oftmals ist es sinnvoller, gewisse Unterkapitel unter einer Überschrift zusammenzufassen, und schließlich gibt es ja auch noch die Möglichkeit, die eigenen Ausführungen durch Absätze sinnvoll zu gliedern. Das Inhaltsverzeichnis, das in der Regel unmittelbar auf das Titelblatt folgt, trägt die Überschrift „Inhalt" (DIN 1421: 3) oder „Inhaltsverzeichnis" (DIN 5008:2020: 48). Wenn sowohl ein vollständiges Inhaltsverzeichnis als auch eine Inhaltsübersicht – in der nur die Kapitelüberschriften erster Ordnung aufgeführt werden – notwendig sind, lauten die Überschriften wie im hier vorliegenden Buch „Inhaltsübersicht" und „Inhaltsverzeichnis". Dabei steht die Inhaltsübersicht zwischen Titelblatt und Inhaltsverzeichnis.

Das Inhaltsverzeichnis offenbart das **Ordnungssystem der Kapitel**. Dabei sind prinzipiell zwei Systeme möglich, nämlich das numerische (1.1) und das alphanumerische (A.1) Ordnungssystem (THEISEN 2009: 104; BÜNTING et al. 2006: 131 ff.). Da das **numerische System** nicht nur in den Naturwissenschaften absolut dominant ist, sondern „auch zunehmend in den Geisteswissenschaften Verbreitung [findet]" (THEISEN 2000: 102), beschränken wir uns hier auf seine Darstellung. Dabei erfolgt bei dem in der DIN 1421 und in zahlreichen anderen Quellen vorgeschlagenen System die Nummerierung der Abschnitte ausschließlich mit arabischen Zählnummern (Abb. 4-5). Die Kapitel erster Ordnung werden mit fortlaufenden Zählnummern versehen, wobei die Zählung mit „1" für die Einleitung beginnt. Die vor der Einleitung stehenden Teile der Arbeit werden nicht benummert. Dies gilt übrigens auch für das Literaturverzeichnis und gegebenenfalls vorhandene Anhänge, auf die aber im Inhaltsverzeichnis hinzuweisen ist. Bei den Unterabschnitten zweiter und dritter Ordnung wird jeweils bei „1" begonnen (also „1.1", „1.2" oder „2.1", „2.2"). Dabei ist zu beachten, dass in einem Abschnitt immer mehr als ein Unterabschnitt der gleichen Ordnung vorhanden sein muss, um die zusätzliche Gliederungsebene zu rechtfertigen (KRÄMER 1999: 110). Nach DIN 1421 wird nur zwischen den **Abschnittsnummern** unterschiedlicher Stufen ein Punkt gesetzt. Also „steht am Ende einer Abschnittsnummer k e i n Punkt" (DIN 1421: 1). Die Nummerierung erfolgt daher mit „1", „1.1" oder „1.1.1", **und nicht** mit „1.", „1.1." oder „1.1.1.". Da in einigen Textverarbeitungsprogrammen für die Nummerierung von Listen die Abfolge 1., 2., 3. etc. (also Erstens, Zweitens, Drittens etc.), als Standard eingestellt ist, ist hier für eine korrekte Nummerierung ein manuelles Eingreifen erforderlich.

Ein weiterer bedeutender Aspekt, der das Erscheinungsbild des Inhaltsverzeichnisses beeinflusst, ist die Wahl der **Seitennummerierung (Paginierung)**. Hier sind auch wieder zwei Systeme gebräuchlich. Beiden Systemen gemeinsam ist, dass **jede Seite** innerhalb des Einbands (wichtig für die Abschlussarbeit) gezählt wird. Das gilt auch für leere Seiten zwischen dem Buchdeckel und der Titelseite, wobei sich hier bei Publikationen häufig eine sogenannte Schmutztitelseite (mit Kurztitel) befindet. Einzige Ausnahmen bilden das sogenannte Vorsatz bei gebundenen Büchern, das mit dem Buchdeckel verklebt ist, und die gegebenenfalls vorhandenen leeren, oder bei Publikationen häufig mit Werbung gefüllten letzten Seiten. Diese Seiten werden nicht gezählt. Dass eine Seite gezählt wird, bedeutet jedoch noch nicht, dass sich auf der Seite auch eine Seitenzahl befindet. Bei Monographien beginnt beispielsweise ein neues Kapitel der obersten Hierarchieebene in der Regel auf einer rechten Seite. Die Seitenzahl (üblicherweise eine ungerade Zahl) wird auf dieser Seite nicht gedruckt. Gleichwohl wird sie im Inhaltsverzeichnis angegeben. Auch bei leeren linken Seiten (sogenannten Vakatseiten) vor Kapitelanfängen wird in Publikationen auf die Paginierung verzichtet.

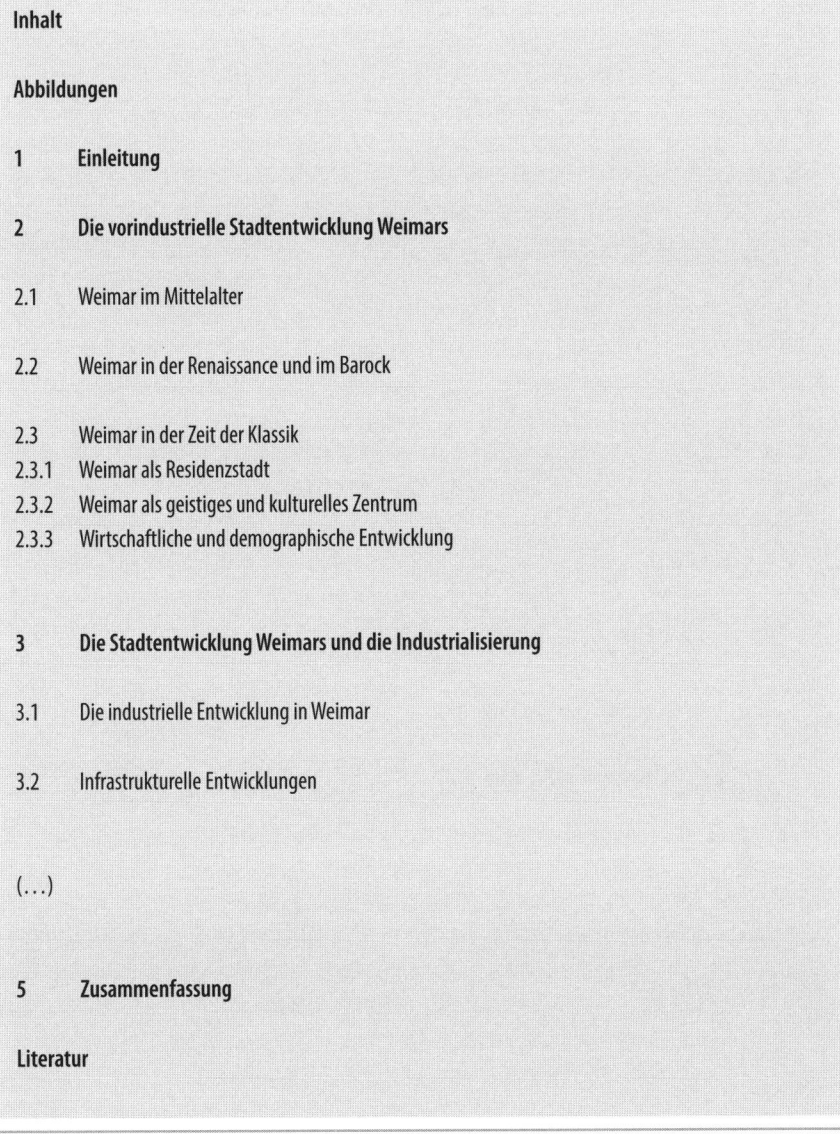

Abb. 4-5: Beispiel für die Kapitelnummerierung im Inhaltsverzeichnis (ohne Seitennummerierung)

Inhalt

Abb. 4-6: Beispiel für ein Inhaltsverzeichnis mit Seitennummerierung und Kapitelhierarchie in Layout und Typographie

2 Die vorindustrielle Stadtentwicklung Weimars 3

2.1 Weimar im Mittelalter 3

2.2 Weimar in der Renaissance und im Barock 4

2.3 Weimar in der Zeit der Klassik 6
2.3.1 Weimar als Residenzstadt 6
2.3.2 Weimar als geistiges und kulturelles Zentrum 7
2.3.3 Wirtschaftliche und demographische Entwicklung von Weimar 8

Abb. 4-7: Negativbeispiel für ein Inhaltsverzeichnis bezüglich des Layouts (Fehler: eindeutig zu viele vertikale Fluchtlinien)

Doch zurück zu den beiden üblicherweise verwendeten **Seitenzählsystemen**: Das eine System verwendet ausschließlich **arabische Ziffern** für die Seitenzählung. Hier beginnt die Zählung mit arabisch 1 auf der ersten Seite nach dem Einband (diese ist beim westlichen Standard rechtsseitig), selbst wenn es sich dabei um eine leere Seite handelt. Dieses System findet u. a. in Standop (1981, vgl. Standop & Meyer 2008), Krämer (1999) und Franck & Stary (2009) Anwendung. Beim alternativen System beginnt die Zählung der Seiten mit arabisch 1 auf der ersten Seite des Komplexes Einleitung, Hauptteil, Zusammenfassung, also mit dem eigentlichen Text. Alle davor liegenden Seiten werden mit **römischen Ziffern** gezählt. Nach Theisen (2000: 179) „erleichtert [dieses System] die abschließende Erstellung der Titelblätter und schafft Spielraum für ein Geleit- bzw. Vorwort" und die weiteren Verzeichnisse, die auch nach eigener Erfahrung häufig in letzter Minute erstellt werden. Aus dieser praktischen Einsicht heraus empfehlen wir die Verwendung des gemischten Systems (Abb. 4-6).

Was die **Formatierung** des Inhaltsverzeichnisses anbelangt, so sieht die DIN 1421:3 (auch DIN 5008:2020) vor, alle Abschnittsnummern entlang der Fluchtlinie des linken Seitenrands und alle Abschnittsüberschriften eingerückt an einer zweiten Fluchtlinie beginnen zu lassen. Nicht nummerierte Abschnitte (Inhalt, Literatur, Anhang) beginnen an der Fluchtlinie der Abschnittsnummern. Zudem werden die Seitenzahlen rechtsbündig an einer weiteren vertikalen Fluchtlinie ausgerichtet. Zur visuellen Unterstützung der Gliederung empfehlen mehrere Autor*innen eine typographische Betonung der Hauptüberschriften (im Allgemeinen durch halbfette Schrift, vgl. Abb. 4-5). Ob dabei ein zusätzliches Einrücken der Unterkapitel entlang einer weiteren Fluchtlinie sinnvoll ist (Abb. 4-6), mögen Sie selbst entscheiden. Oft wird es jedoch sehr unübersichtlich, wenn jede Gliederungsebene durch Einrücken kenntlich gemacht wird (Abb. 4-7). Zudem verringert sich dabei auch der Platz, der in einer Zeile für die Überschrift der Unterkapitel zur Verfügung steht (Abb. 4-7).

4.3.2.3 Abbildungs- und Tabellenverzeichnisse

Dem Inhaltsverzeichnis folgen, soweit notwendig, die Verzeichnisse der Abbildungen und Tabellen. Die Überschriften lauten dabei, analog der Regelung für das Inhaltsverzeichnis, **Abbildungen** oder **Tabellen** (zulässig ist auch: Abbildungsverzeichnis und Tabellenverzeichnis). Soweit vorhanden, sind diese Verzeichnisse auch im Inhaltsverzeichnis aufzuführen. Bei umfangreicheren Arbeiten, insbesondere bei Abschlussarbeiten, und soweit genügend Masse vorhanden ist, beginnt jedes dieser Verzeichnisse auf einer eigenen Seite. Falls das Abbildungsverzeichnis und das Tabellenverzeichnis inklusive Überschriften jedoch jeweils nur eine halbe Seite in Anspruch nehmen, sollten beide Verzeichnisse auf einer Seite untergebracht werden.

Im Abbildungs- oder Tabellenverzeichnis werden, um die Übersicht zu wahren, die Abbildungsunter- oder Tabellenüberschriften gekürzt wiedergegeben. Sowohl auf die Angabe der Quelle wie auch auf die Wiedergabe erläuternder Teile der Abbildungsunter- oder Tabellenüberschrift wird verzichtet. Als Beispiel sei hier auf die Abbildungsunterschrift zu Abbildung 4-2 und deren Wiedergabe im Abbildungsverzeichnis verwiesen. Hinsichtlich der **Nummerierung** der Abbildungen und Tabellen kann bei kürzeren Arbeiten (weniger als etwa 20 Seiten) verlangt werden, dass die Tabellen und Abbildungen jeweils fortlaufend durchgezählt werden. Bei umfangreicheren Arbeiten empfiehlt sich jedoch, ähnlich wie im vorliegenden Buch, ein System, das sich an den Hauptkapiteln orientiert. Das lässt, wie das hier empfohlene System der Paginierung, Spielraum für den nachträglichen Einbau von Abbildungen oder Tabellen in vorangehende Kapitel, ohne dass alle Abbildungen oder Tabellen inklusive der Verweise im Text neu nummeriert werden müssen. Hier mag der Einwand kommen, dass diverse Textverarbeitungssysteme doch über automatische Funktionen zum Nummerieren von Abbildungen und Tabellen sowie zur Erstellung von Verzeichnissen verfügen. Dies setzt aber voraus, dass entweder die gesamte Arbeit in einer Datei vorliegt oder mit einem sogenannten Zentraldokument gearbeitet wird. Doch je umfangreicher eine Datei wird, desto störanfälliger wird sie. Wer umfangreichere Arbeiten inklusive Abbildungen bereits zuvor erfolgreich in dieser Weise bearbeitet hat, der sollte das auch weiterhin tun. Es sei aber davor gewarnt, ausgerechnet die Abschlussarbeit zum Anlass zu nehmen, eines dieser Systeme auszuprobieren. Nicht von ungefähr besagt eine Erweiterung von *Murphy's Law*: *„If anything can go wrong, it will at the most inopportune time"* (zit. n. AVIDOR 2003).

4.3.2.4 Abkürzungs- und Symbolverzeichnisse

Dem Abbildungs- und Tabellenverzeichnis folgen ein **Abkürzungsverzeichnis** und getrennt davon ein **Symbolverzeichnis**, in dem alle verwendeten, nicht alltäglichen bzw. nicht eindeutigen Abkürzungen und Kürzelnamen (Akronyme) bzw. Symbole (KRÄMER 1999: 176–182) aufgeführt und definiert sind. Zudem werden die verwendeten Abkürzungen und Symbole bei ihrer ersten Einführung im Text kurz erläutert, was jedoch ein Abkürzungsverzeichnis nicht überflüssig macht. Beispielsweise denken Geowissenschaftler*innen oder physische Geograph*innen im Kontext wissenschaftlichen Arbeitens bei der Abkürzung „BP" mit hoher Sicherheit sofort an die zeitliche Einordnung *Before Present*. KRÄMER (1999: 181), der einen wirtschafts- und sozialstatistischen Hintergrund hat, recherchierte für eine ganze Reihe von Abkürzungen die möglichen sinnvollen Verwendungen und führt für „BP" immerhin sechs verschiedene Bedeutungen auf: British Petroleum, Bundespost, Bundespatent, Baupolizei, Bayernpartei, Boîte Postale (franz. für „Postfach"). Die für Geowissenschaftler*innen naheliegende Bedeutung ist nicht dabei!

> Abkürzungen und Symbole aus der Perspektive eines professionellen Lesers (KRÄMER 1999: 172):
> „Wenn ich zusammenrechne, wie viele Stunden ich schon mit dem Entziffern von Hieroglyphen in wissenschaftlichen Texten nutzlos vergeudet habe, nur weil der Autor es als selbstverständlich unterstellt, dass jeder Leser auch noch nach hundert Seiten jedes einmal eingeführte Kürzel kennt, kann ich nicht oft genug betonen, wie wichtig ein solches Symbolverzeichnis für die Lesbarkeit einer formalen Arbeit ist."

Ein Abkürzungs- bzw. Symbolverzeichnis ist also eine Dienstleistung den Leser*innen gegenüber. Bei umfangreichen Arbeiten erleichtern diese Verzeichnisse denjenigen die Arbeit, die gezielt über das Inhaltsverzeichnis oder das Schlagwortregister in bestimmte Kapitel der Arbeit einsteigen. Nicht in das Abkürzungsverzeichnis aufgenommen werden dagegen Abkürzungen (Siglen), die nur im Rahmen der Quellenverweise oder ausschließlich im Literaturverzeichnis verwendet werden (Kap. 4.4.9).

THEISEN (2009: 183 f.) setzt hinsichtlich der Notwendigkeit eines Abkürzungsverzeichnisses engere Grenzen, indem er fordert, dass verwendete „themen- bzw. fachspezifisch übliche Abkürzungen, die nicht im DUDEN verzeichnet sind […] **ausnahmslos** [eigene Hervorhebung] […] in einem dem Text […] vorangestellten **Abkürzungsverzeichnis** erklärt werden" müssen!

4.3.2.5 Vorwort und Danksagung

Das Vorwort gibt Gelegenheit, die eigene Motivationslage für eine Arbeit und den Kontext, in dem die Arbeit entstanden ist, zu umreißen. Darüber hinaus enthält das Vorwort häufig die Danksagung an die Menschen, welche die Arbeit ermöglicht oder die bei der Anfertigung der Arbeit moralische und sonstige Unterstützung geleistet haben. Da sich in der wissenschaftlichen Literatur zahlreiche Beispiele für die inhaltliche Gestaltung eines Vorwortes finden, erübrigen sich umfangreichere Ausführungen. Es sei jedoch eine kurze, etwas spitze abschließende Bemerkung erlaubt: Das Vorwort einer wissenschaftlichen Arbeit ist das „Refugium" für das Ich der Autorin oder des Autors (BÜNTING et al. 2006: 95). In allen anderen Teilen einer Arbeit, abgesehen von der formalen Selbständigkeitserklärung am Ende einer Abschlussarbeit, ist im deutschsprachigen Kontext die Verwendung des Personalpronomens „ich" nicht üblich (vgl. FRANCK 2009: 136 ff.).

4.3.2.6 Komplex aus Einleitung, Hauptteil und Schluss

Der eigentliche Text einer Arbeit wird in drei Teile gegliedert:
• die Einleitung
• den Hauptteil, der in weitere Kapitel untergliedert wird
• den Schluss (Zusammenfassung, Fazit, Ausblick)

Die **Einleitung**, die in der Regel die Überschrift „Einleitung" trägt, soll bei den Leser*innen das Interesse an der Arbeit wecken, den Gegenstand der Arbeit einordnen und den Aufbau der Arbeit vorstellen. Diese drei Funktionen einer Einleitung kommen bei Studienarbeiten formal häufig durch eine Gliederung in drei Absätze zum Ausdruck. Bei Abschlussarbeiten kann es unter besonderen Umständen mitunter sinnvoll sein, die Einleitung in Unterkapitel zu gliedern. Da die Bedeutung einer Arbeit nicht über die eigene Motivationslage (diese ist Gegenstand des Vorwortes), sondern über die Geltung der Problemstellung und des wissenschaftlichen Gegenstandes für die Allgemeinheit oder die Wissenschaft begründet wird, sollte bereits in der Einleitung Bezug auf entsprechende, wichtige Quellen genommen werden – und diese sind selbstverständlich anzugeben.

Der **Hauptteil**, der ,niemals' die Überschrift „Hauptteil" trägt, aber immer in mehrere Kapitel und Unterkapitel gegliedert ist, bildet das Kernstück der Arbeit. Die Gliederung des Hauptteils wird stark von der Funktion und dem Kontext einer Arbeit bestimmt.

Bei einer ,klassischen' Studienarbeit, in der es in der Regel um die Wiedergabe eines Themenkomplexes auf der Basis der einschlägigen Literatur geht, letztendlich also um die Wiedergabe des Stands der Forschung, wird der Hauptteil sachlich zweckmäßig in Kapitel gegliedert (Abb. 4-5).

Bei Arbeiten, in denen die Aufarbeitung von Daten präsentiert wird, umfasst der Hauptteil neben der (i) Diskussion des Stands der Forschung, einen Abschnitt mit (ii) der Beschreibung des Untersuchungsgebiets, des Untersuchungszeitraums oder der Zielgruppe (je nach Kontext der Arbeit), mit (iii) der Methodik der Datenerhebung und -aufarbeitung (inkl. einer Fehlerdiskussion), (iv) die Präsentation der eigenen Ergebnisse sowie (v) die Diskussion der Ergebnisse auf der Grundlage der einschlägigen Literatur. Diese Abschnitte stellen innerhalb der Arbeit eigenständige Kapitel dar und können, je nach Bedarf, weiter untergliedert werden (Abb. 4-5).

Der **Schluss**, der selten „Schluss" heißt, umfasst je nach Umfang und Anspruch der Arbeit die Teile Zusammenfassung, Fazit und Ausblick. Kürzere Studienarbeiten werden in der Regel mit einer Zusammenfassung abgeschlossen, die dann auch die Überschrift „Zusammenfassung" trägt. Hier werden die wichtigsten Aspekte der Arbeit in eigenen Worten knapp und strukturiert wiedergegeben. Darüber hinaus kann auf wichtige offene Fragen aufmerksam gemacht werden. Neue Aspekte aber gehören nicht in die Zusammenfassung. Damit erübrigt sich in der Regel auch ein Bezug zu Quellen. Äußerlich kennzeichnet sich eine Zusammenfassung dadurch, dass sie zwar in Absätze gegliedert sein sollte, in Unterkapitel jedoch nur nach Kontext und eingehender, kritischer Prüfung der Zweckmäßigkeit.

Ein Fazit wird in höherstufigen Seminaren häufig gefordert – und ist auch wichtig, denn das Fazit beinhaltet die Synthese der Ergebnisse im Hinblick auf die einleitend formulierte Fragestellung und deren theoretische Rahmung sowie die Hypothesen. Auch die Probleme oder Defizite der eigenen Forschungsarbeit können hier noch einmal benannt werden. Ein darauf folgender „Ausblick" leitet auf dieser Grundlage nötige weitergehende Forschungen und Entwicklungen ab.

4.3.2.7 Literatur- und Quellenverzeichnis

Das Literatur- und Quellenverzeichnis, das die Überschrift „Literatur" trägt, schließt unmittelbar an die Zusammenfassung an. Hier werden alle in der vorgelegten Arbeit zitierten Quellen (aber **nur** diese) ausschließlich in alphabetischer Reihenfolge aufgelistet. Dabei ist es unerheblich, ob es sich um gedruckte Publikationen, Dokumente aus dem Internet, Karten oder Datenquellen handelt.

Im Literaturverzeichnis werden die vollständigen Quellenangaben einheitlich aufgeführt, und zwar so, dass diese über die Angaben im Kurzbeleg eindeutig zu identifizieren sind (Kap. 4.4.9). Zu jedem Kurzbeleg im Text muss es also eine eindeutige Entsprechung im Literaturverzeichnis geben – und umgekehrt. In der Mengenlehre wird eine solche umkehrbar eindeutige Beziehung auch bijektiv genannt.

Um die Übersichtlichkeit zu wahren, werden alle Einträge, die mehr als eine Zeile umfassen, ab der zweiten Zeile eingerückt. Zudem bietet es sich bei umfangreicheren Literaturlisten (mehr als drei Seiten) an, am Beginn eines neuen Buchstabens eine Leerzeile einzufügen (Beispiel: Literaturverzeichnis dieser Publikation S. 223 ff.). Bei kürzeren Arbeiten, also den klassischen Studienarbeiten, bei denen die Literaturlisten nur wenige Seiten umfassen, ist dies überflüssig.

4.3.2.8 Stichwortregister

Bei umfangreichen Arbeiten erleichtert ein Register den gezielten Zugang zu einer Arbeit. Dabei können auch separate Personen-, Orts- oder Stichwortregister erstellt werden je nachdem, was angesichts des Gegenstands der Arbeit zweckmäßig erscheint. In der Regel enthalten Abschlussarbeiten aber keine Register.

4.3.2.9 Anhang

Der Anhang zu einer wissenschaftlichen Arbeit dient zur **Dokumentation** der selbst geschaffenen Arbeitsgrundlagen. Dazu können zählen: verwendete Interviewbögen nebst einer Auflistung der so erhobenen Daten, Tabellen mit Einzelergebnissen von Laboranalysen, Kartierungsergebnissen oder z. B. Listen mit den grundlegenden Definitionen für Polygone. Dabei sollten diese

Datensätze nicht ausgedruckt, sondern auf Datenträgern als Anhang beigelegt werden.

Ein Anhang dient jedoch nicht dazu, vorgegebene Beschränkungen bezüglich des Umfangs einer Arbeit zu umgehen. Von daher haben Informationen, Abbildungen oder Tabellen, die im Text direkt angesprochen und entscheidend für den Fortgang der Argumentation sind, nichts im Anhang zu suchen. Klassische Studienarbeiten haben daher in der Regel keinen Anhang.

4.3.2.10 Abbildungen, Tabellen und Karten

Zur Unterstützung der Argumentation und zur Veranschaulichung des Geschriebenen empfiehlt es sich, Abbildungen (Graphiken und Photos), Karten und Tabellen in den Text einzubauen. Dabei ist darauf zu achten, dass diese Elemente leserlich und übersichtlich gestaltet sind (dazu Kap. 5.4.1.2 ff. sowie z. B. Krämer 1999: 117–139). Zudem sollte ein Sachverhalt entweder durch eine Abbildung, eine Karte oder eine Tabelle, aber nicht durch eine Abbildung und eine Karte oder Tabelle verdeutlicht werden (Höge 1994: 56). Ansonsten verfehlen diese Mittel der Visualisierung ihre Funktion und sind Platzverschwendung.

Diverse Computerprogramme bieten hier eine große Vielfalt an Gestaltungsmöglichkeiten. Ähnlich wie bei den Schrifttypen gilt es aber auch hier, Spielereien zu vermeiden. Wenn auch das Thema Gestaltung von Diagrammen und Kartogrammen (Hake et al. 2002; Hierhold 2005) hier nicht vertieft werden kann, muss auf alle Fälle vor der Verwendung sogenannter 3D-Diagramme gewarnt werden (auch APA 2020: 228). Sie mögen zunächst schick aussehen, ein quantitativer Vergleich der mit Raumeffekt hintereinandergestellten Linien oder Säulen ist aber wegen der angelegten Perspektive kaum möglich. Solche Abbildungen zeigen dann nämlich keineswegs, wie häufig behauptet, den deutlichen Unterschied zwischen A und B. Zudem sollten die Graphiken nicht in Farbe entworfen werden, wenn anschließend ein Schwarz-Weiß-Ausdruck erstellt wird. Da kann es leicht passieren, dass das, was am Bildschirm noch gut differenziert war, in Grautönen nicht mehr auseinanderzuhalten ist.

Abbildungen und Tabellen ergänzen die Argumentation, sie ersetzen sie nicht. Daher ist im Text immer auf die Abbildungen oder Tabellen Bezug zu nehmen, indem an geeigneter Stelle ein Verweis gesetzt wird. Damit dieser Verweis eindeutig ist, müssen Abbildungen und Tabellen nummeriert werden. Während bei kürzeren Arbeiten eine durchgängig fortlaufende Nummerierung erwartet werden kann, empfehlen wir bei umfangreicheren Arbeiten ein Nummerierungssystem, das die jeweilige Hauptkapitelnummer einbezieht. Der Verweis auf die Abbildung oder Tabelle erfolgt, analog zum Umgang mit Quellenverweisen, entweder im laufenden Text („Abbildung 4-5 zeigt …"; „Tabelle 2-1 fasst …") oder über eine an geeigneter Stelle gesetzte Klammer (Abb. 4-5, Tab. 2-1). Dieser Klammerausdruck ist der Verweis auf die Abbildung (oder Tabelle) mit der impliziten Aufforderung an die Leser*innen, diese zu betrachten. Daher ist eine Wiederholung dieser Aufforderung durch ein „siehe", wie z. B. bei („s. Abb. 4-5") überflüssig. Wir empfehlen, das Wort „Abbildung" oder „Tabelle" im fortlaufenden Text einheitlich auszuschreiben (HORATSCHEK & SCHUBERT 1998) und nur in der Klammer einheitlich abzukürzen („Abb." oder „Tab."). Allerdings finden sich auch zahlreiche Publikationen, in denen auch im fortlaufenden Text einheitlich abgekürzt wird (ECK 1983; KRÄMER 1999) sowie solche Publikationen, in denen die Worte einheitlich und durchgängig ausgeschrieben werden (z. B. APA 2020).

> **Keine Tabelle und keine Abbildung darf unkommentiert bleiben!**
> **Zu jeder Abbildung gehört eine Erläuterung im Text!**

Eine Abbildung oder Tabelle wird mit einer Legende (HÖGE 1994: 56) versehen. Damit ist hier jedoch nicht das gemeint, was in der Kartographie als Legende bezeichnet wird. Die Abbildungs- oder Tabellenlegende besteht aus der Abbildungs- oder Tabellennummer, dem Titel, der den Inhalt in kurzer Form wiedergibt, der Quellenangabe und gegebenenfalls weiteren Kommentaren. Die Quellenangabe kann entfallen, wenn die Abbildung oder Tabelle vollständig das Kind eigener geistiger Leistung ist. Obwohl nach den Zitierregeln davon auszugehen ist, dass alles, was nicht als Übernahme gekennzeichnet ist, ein eigenständiges Produkt darstellt, kann diese Tatsache dadurch betont werden, dass eine Abbildung mit dem Zusatz „eigener Entwurf" und eine Tabelle mit dem Zusatz „eigene Erhebung" gekennzeichnet wird. In den Fällen, in denen die Abbildung oder Tabelle zwar selber gestaltet wurde, aber auf fremden Daten beruht, wird der Quellenverweis mit dem Zusatz „(Datenquelle: AUTOR*INNEN Jahr: Seite)" versehen (weitere Varianten s. Kap. 5.4.1.3). Aus dem Primat der wissenschaftlichen Redlichkeit leitet sich ab, dass die Datenquellen auch dann anzugeben sind, wenn es sich um Daten handelt, die als Allgemeingut (*Public Domain*) eingestuft sind. Bei Material aus dem Internet ist besonders kritisch zu prüfen, welchen urheberrechtlichen Status das Material hat (Kap. 2.1.3). Allein aus der Tatsache, dass etwas ohne größeren Aufwand und kostenfrei heruntergeladen werden kann, kann nicht geschlossen werden, dass es sich um Allgemeingut oder urheberfreies Material handelt. Berücksichtigen Sie auch, dass bei Material, insbesondere auch bei Photos, die im Netz unter der Maßgabe der Creative Commons (CC) Lizenz (Kap. 2.1.3) kostenfrei angeboten werden, die Namensnennung der Urheber*innen (Attribution) sowie die Verlinkung auf die Lizenzbedingungen und -versionen zwingend erforderlich sind. Die Süddeutsche Zeitung (Giesen & Wirnshofer 2020) berichtete jüngst von einem Fall, in dem jemand, der unzählige Photos ins Netz stellt, anschließend systematisch und automatisiert nach fehlerhafter Umsetzung der Vorgaben sucht und kostenpflichtige Abmahnungen versendet.

Bei Abbildungen steht die Legende immer unter der Abbildung und bildet damit die **Abbildungsunterschrift** (z. B. Abb. 4-1). Bei Tabellen steht die Legende hingegen immer über der Tabelle und bildet somit die **Tabellenüberschrift** (z. B. Tab. 4-1) (DIN 5008:2020). Diese Tabellenüberschrift oder Abbildungsunterschrift wird vom laufenden Text abgesetzt, indem über der Tabellenüberschrift oder unter der Abbildungsunterschrift zwei Zeilen frei bleiben. Unter der Tabelle oder über der Abbildung muss mindestens eine Zeile Abstand zum Text bleiben. Daraus ergibt sich, dass Tabellen am effektivsten am oberen Rand einer Seite und Abbildungen am unteren Rand einer Seite platziert werden. Aus ästhetischen Gründen sollten Abbildungen oder Tabellen nicht unmittelbar vor und insbesondere nicht nach einer Kapitelüberschrift platziert werden. Eine weitere Möglichkeit, Freizeilen einzusparen, besteht darin, mehrere Abbildungen oder Tabellen auf einer Seite anzuordnen.

4.3.2.11 Formeln

In quantitativen und empirischen Arbeiten ist es in der Regel notwendig, mathematische Zusammenhänge zu vermitteln. Solange sich diese Zusammenhänge allgemeinsprachlich vermitteln lassen, sollte dies auch so erfolgen. Bei komplexeren Zusammenhängen sind dagegen Formeln angebracht. Diese können, wenn sich dadurch nicht der Zeilenabstand verändert, durchaus in den laufenden Text eingebaut werden (s. Beispiel: Formel im laufenden Text, S. 142). Sobald die Formeln einen größeren Umfang haben oder über den normalen Zeilenabstand hinausgehen, werden sie, ähnlich wie Abbildungen oder Tabellen, freigestellt, also durch jeweils eine Freizeile über und unter der Formel und durch Einrücken gegenüber dem normalen Satzspiegel hervorgehoben (Beispiel: Freigestellte Formel, S. 142). Eine fortlaufende Nummerierung der Formeln ist die Voraussetzung für spätere eindeutige Bezüge auf die jeweiligen Formeln. Zudem sind in unmittelbarem Zusammenhang mit der Formel die in der Formel verwendeten Symbole oder Abkürzungen, soweit sie nicht allgemein gültigen Charakter haben, zu erläutern. Dabei ist auf die Verwendung der im *Système International* (*d'unités*) (SI) definierten Basisgrößen, die in diesem System definierten Vorsätze für dezimale Teile und Vielfache (Tab. 4-3) und die korrekte Schreibweise und Auszeichnung verwendeter Symbole (Tab. 4-2) zu achten. Zudem sind für die in den Formeln angesprochenen Größen die im jeweiligen Fachgebiet allgemein gebräuchlichen Formelzeichen (z. B. ZMARSLY et al. 2007:156 ff.) zu verwenden.

Beispiel: Formel im laufenden Text

Für die Berechnung des Umfangs ($U\varphi$) des Breitenkreises φ wird in die Formel zur Berechnung des Kreisumfangs $U = 2\,\pi\,r$ für r der Radius ($r\varphi$) des Breitenkreises φ eingesetzt.

Beispiel: Freigestellte Formel

dabei wird der Rückhaltefaktor (R) nach BAADE (1994: 158) wie folgt berechnet:

$$R = \frac{m_{S(VI)} - m_{S(VO)}}{m_{S(VI)}} \cdot 100 \qquad (1)$$

mit: $m_{S(VI)}$ = die Schwebstofffracht am Einlass

$m_{S(VO)}$ = die Schwebstofffracht am Auslass

Tab. 4-2: Das griechische Alphabet in Normal- und Kursivdruck

Name	Schreibweise			
	klein	*klein*	groß	*groß*
Alpha	α	α	A	A
Beta	β	β	B	B
Gamma	γ	γ	Γ	Γ
Delta	δ	δ	Δ	Δ
Epsilon	ε	ε	E	E
Zeta	ζ	ζ	Z	Z
Eta	η	η	H	H
Theta	φ	φ	ϑ	ϑ
Jota	ι	ι	I	I
Kappa	κ	κ	K	K
Lambda	λ	λ	Λ	Λ
Mü	μ	μ	M	M
Nü	ν	ν	N	N
Ksi	ξ	ξ	Ξ	Ξ
Omikron	o	o	0	0
Pi	π	π	Π	Π
Rho	ρ	ρ	P	P
Sigma	σ	σ	Σ	Σ
Tau	τ	τ	T	T
Ypsilon	ν	ν	N	N
Phi	ϕ	ϕ	Φ	Φ
Chi	χ	χ	X	X
Psi	ψ	ψ	Ψ	Ψ
Omega	ω	ω	Ω	Ω

Tab. 4-3: SI-Vorsätze für dezimale Teile und Vielfache

Vorsatz	Kurzzeichen	Bedeutung	Vorsatz	Kurzzeichen	Bedeutung
Peta	P	10^{15}	Dezi	d	10^{-1}
Tera	T	10^{12}	Zenti	c	10^{-2}
Giga	G	10^{9}	Milli	m	10^{-3}
Mega	M	10^{6}	Mikro	µ	10^{-6}
Kilo	k	10^{3}	Nano	n	10^{-9}
Hekto	h	10^{2}	Piko	p	10^{-12}
Deka	da	10^{1}	Femto	f	10^{-15}

Formeln werden hinsichtlich der Quellenangaben behandelt wie Zahlen, indem zwar die genaue Fundstelle angegeben, aber auf Anführungsstriche verzichtet wird. Allgemeingut, wie z. B. die Formel für die Berechnung des Kreisumfangs, muss dagegen nicht mit einer Quellenangabe belegt werden.

4.3.3 Paginierung

Die alternativen Systeme der Seitenzählung wurden bereits vorgestellt und diskutiert (Kap. 4.3.2.2). Dabei wurde darauf hingewiesen, dass zwar jede Seite gezählt, aber nicht jede Seite auch mit einer Seitennummer versehen wird. Generell lässt sich sagen, dass jeweils die erste Seite eines Abschnitts, der auf einer neuen Seite beginnt, nicht nummeriert wird. Alle folgenden Seiten dagegen werden immer nummeriert. Je nach Gesamtumfang der Arbeit variieren die Abschnitte, die auf einer neuen Seite beginnen.

Bei den klassischen **Studienarbeiten** beginnen nur die folgenden Abschnitte auf einer neuen Seite: das Titelblatt, das Inhaltsverzeichnis, der Komplex aus Einleitung, Hauptteil und Zusammenfassung mit unmittelbar folgendem Literaturverzeichnis.

Bei umfangreicheren Studienarbeiten beginnen die folgenden Abschnitte auf einer neuen Seite: das Titelblatt, das Inhaltsverzeichnis, das Abbildungsverzeichnis gemeinsam mit dem Tabellenverzeichnis, der Komplex aus Einleitung, Hauptteil und Zusammenfassung, das Literaturverzeichnis, der Anhang.

Für die **Abschlussarbeiten** gelten die gleichen Regeln wie für die umfangreicheren Studienarbeiten. Hier ist es aber zusätzlich möglich, innerhalb des Komplexes aus Einleitung, Hauptteil und Zusammenfassung jedes Hauptkapitel auf einer neuen Seite beginnen zu lassen. Das bringt den Vorteil, dass jedes Hauptkapitel in einer eigenen Datei abgelegt, bearbeitet und abgeschlossen werden kann. Dieses System erhöht nicht nur die Datensicherheit. Es ermöglicht zudem selbst in einer relativ späten Phase der Arbeit Änderungen an relativ weit vorne gelegenen Teilen der Arbeit, ohne dass sich diese Änderungen auf das gesamte Dokument auswirken. Da erfahrungsgemäß Abschlussarbeiten nicht stringent von der ersten bis zur letzten Seite durchgeschrieben, sondern häufig der Hauptteil vor der Einleitung fertiggestellt wird, dürfte dieses System bei den meisten Nutzer*innen zur Anwendung kommen.

4.4 Wie wird's sauber?

Quellen zitieren und belegen

Originäre, also ureigene Gedanken zu produzieren, ist das erklärte Ziel wissenschaftlichen Arbeitens. Am Ende des Studiums wird aber im Rahmen einer Abschlussarbeit vom Prüfling zunächst nur verlangt, dass dieser „innerhalb einer vorgegebenen Frist ein Problem aus dem jeweiligen Fach selbständig nach wissenschaftlichen Methoden" bearbeiten kann (KMK 2010: 3). Es geht also darum, mit den während des Studiums erlernten methodischen Fertigkeiten (dem ‚Werkzeug' des Faches) eine geographische Problemstellung und gleichzeitig den diesbezüglichen aktuellen Stand der Forschung aufzuarbeiten. Selbstständig meint vor diesem Hintergrund die weitestgehend in eigene Worte gefasste Darstellung, Reflexion und Diskussion des Forschungsstandes. Die Auseinandersetzung mit dem Bekannten wird explizit gefordert. Lediglich in Ausnahmefällen werden daher in Abschlussarbeiten (auf der Stufe von Masterarbeiten) Fakten, Begriffe oder Konzepte neu erschlossen oder neues Wissen geschaffen. Dies wird erst bei Dissertationen verlangt. Das Verfassen einer Abschlussarbeit verlangt also einen peniblen und ‚sauberen' Umgang mit einer Vielzahl von Quellen. Ausgehend vom Gebot der wissenschaftlichen Redlichkeit (Kap. 2.1.3), gilt für jede wissenschaftliche Arbeit (darunter fallen auch studentische Arbeiten), insbesondere, wenn sie schriftlich vorgelegt wird, eine Grundregel:

> Wann immer Argumente, Erklärungen, Erläuterungen oder Standpunkte, Abbildungen, Daten oder andere Fakten übernommen werden, müssen die Quellen angegeben werden!

Dies gilt unabhängig davon, ob einzelne, prägnante Begriffe oder kürzere oder längere Passagen eines Textes wörtlich zitiert, Sachverhalte und Argumente sinngemäß wiedergegeben, also paraphrasiert, oder fremde Daten aufgearbeitet werden. Die Grundregel findet ihren Ausdruck in der inzwischen bei allen schriftlichen Hausarbeiten und Abschlussarbeiten obligatorischen Erklärung, dass die „Arbeit [...] selbständig [...] verfasst und **keine anderen als die angegebenen Quellen** und Hilfsmittel benutzt" wurden (KMK 2000: 21, eigene Hervorhebung).

Quellenarbeit ist ein Kernstück wissenschaftlichen Arbeitens. Sie erfordert die Kenntnis der Methodik und ein erhebliches Maß an Konzentration. Deshalb widmen wir der Quellenarbeit auch ein separates Kapitel. Im Folgenden wird zuerst eine den Kriterien der Wissenschaftlichkeit entsprechende Form für Quellenangaben vorgestellt. Dann wird auf das Problem von inhaltlichen und wörtlichen Übernahmen, das Zitieren an sich, eingegangen. Abschließend werden dann die Punkte erläutert, die bei der Erstellung der Literaturliste zu beachten sind.

4.4.1   Die Quellenangabe

Weder in der internationalen noch in der deutschsprachigen Literatur bestehen einheitliche Formatvorgaben für die Quellenangabe. Gründe für diese Vielfalt sind u. a. wissenschaftshistorische Entwicklungen, Traditionen und Effektivitätsüberlegungen. In vielen Geisteswissenschaften werden z. B. Fußnoten auch für die Quellenangaben verwendet, während diese Art der Quellenangabe in den Naturwissenschaften und in der Medizin mehrheitlich abgelehnt wird (Kap. 4.4.7). Von daher ist zunächst festzustellen, dass es die eine, richtige Form der Quellenangabe nicht gibt (Eco 2010: 198).

Daraus folgt zweierlei: Erstens sollte vor dem Verfassen einer wissenschaftlichen Arbeit im jeweiligen Seminar geklärt werden, ob diesbezüglich besondere Vorschriften bestehen. Zweitens erheben die Autor*innen dieses Leitfadens nur den Anspruch, im Folgenden **eine**, in der Geographie und den Geowissenschaften **gängige** und den Kriterien der Wissenschaftlichkeit entsprechende **Zitierweise** vorzustellen, die aber natürlich keinen Anspruch auf Allgemeingültigkeit erheben kann.

Trotz der Vielfalt der gebräuchlichen Quellenangaben lassen sich aber folgende Grundregeln für das Zitieren und die Quellenangaben formulieren:

- Die Quellenangaben müssen korrekt und vollständig sein.
- Anhand der Quellenangaben muss es möglich sein, die Quelle zu finden.
- Innerhalb einer Arbeit muss für die Quellenangaben ein einheitliches, in sich geschlossenes System verwendet werden.

Bei dem hier präsentierten System besteht die Quellenangabe aus zwei Teilen: dem **Kurzbeleg** im Text (häufig auch als Quellenverweis oder Quellenbeleg bezeichnet) und einem dazugehörigen Eintrag im **Literaturverzeichnis** (Kap. 4.4.9). Der Kurzbeleg, der im Text, in Klammern gesetzt, in unmittelbarem formalem und inhaltlichem Zusammenhang mit dem inhaltlichen oder wörtlichen Zitat steht, ist ein eindeutiger Verweis auf einen Titel im Literaturverzeichnis. Mit anderen Worten, im Literaturverzeichnis ist genau eine Quellenangabe zu jedem Kurzbeleg zu finden. Da das Literaturverzeichnis alphabetisch und chronologisch geordnet ist, werden im Kurzbeleg die Namen der Autor*innen und das Erscheinungsjahr angegeben. Im Literaturverzeichnis finden sich dann, geordnet nach Autor*innen und Jahr, die vollständigen bibliographischen Angaben zur Quelle (Titel, Art der Publikation, Erscheinungsort). Dieses System wird häufig auch als „Harvard-System" (KRÄMER 1999: 193; THEISEN 2009: 146) bezeichnet.

4.4.2 Der erweiterte Kurzbeleg

Sowohl bei wörtlichen Übernahmen (direktes Zitat nach THEISEN 2009: 148) als auch bei inhaltlichen Übernahmen (indirektes Zitat nach THEISEN 2009: 151, Paraphrasierung nach FRANKE et al. 2014: 96) ist die genaue Angabe der Fundstelle über Autor*innen, Jahr und Seitenangabe obligatorisch (HÖGE 1994: 61). Hier wird also der Kurzbeleg, der zunächst die Verbindung zur Literaturliste herstellt, um die genaue Angabe der Fundstelle (Seitenzahl) erweitert. Sollte keine Seitenangabe zu ermitteln sein, weil die Seiten in der verwendeten Quelle nicht nummeriert sind (z. B. Internetseiten, Broschüren), dann ist dies durch den Hinweis „o. S." für „ohne Seite" im erweiterten Kurzbeleg kenntlich zu machen.

Struktur eines erweiterten Kurzbelegs: (Autor*innen Jahr: Seite)

Wörtliche und vor allem gedankliche Übernahmen können sich auf Textstellen beziehen, die sich über mehrere Seiten erstrecken. Um den Bereich zu kennzeichnen, auf den sich ein Zitat bezieht, gibt es mehrere Möglichkeiten.

Bei der einen wird die erste Bezugsseite angegeben und mit dem Zusatz „f." (für eine folgende Seite) oder „ff." (für mehrere folgende Seiten) versehen. Aufgrund der Unbestimmtheit der Angabe „ff." setzt sich gegenwärtig durch, bei gedanklichen Übernahmen den genauen Seitenbereich (erste Seite, letzte Seite, verbunden mit einem Gedankenstrich, Beispiel: Autor*in 1992: 413–417) anzugeben (Horatschek & Schubert 1998: 14). Aber auch dabei sollten im Hinblick auf die intersubjektive Vergleichbarkeit größere Bereichsangaben vermieden werden. Einen Seitenbereich frei nach dem Motto „Da findet sich schon irgendwie etwas Passendes" anzugeben, ist nicht wissenschaftlich.

Auf die genaue Angabe der Fundstelle durch Seitenzahlen darf nur verzichtet werden, wenn sich die gedankliche Übernahme bzw. der Quellenverweis auf das gesamte Werk (z. B. einen Zeitschriftenartikel, eine Monographie) bezieht.[1]

Da der Kurzbeleg an sich einen Verweis darstellt, wird dabei auf Zusätze wie „vgl." für „vergleiche" oder „s." für „siehe" im Allgemeinen verzichtet. Die Zusätze „s." oder „vgl." werden in einem Kurzbeleg nur dann verwendet, wenn auf weiterführende Literatur zu einem Gedanken verwiesen oder die Leser*innen tatsächlich aufgefordert werden sollen, mit einer anderen Textstelle zu vergleichen, weil dort eine andere Meinung vertreten wird.

Die Angaben zu den Autor*innen in einem Kurzbeleg variieren in Abhängigkeit von deren Anzahl. Bei einer Person oder auch Institution wird der Name, gefolgt vom Jahr der Publikation und der Seitenzahl angegeben [Beispiel: (Musterfrau 2018: 15)]. Bei zwei Autor*innen werden beide Nachnamen im Kurzbeleg aufgeführt und mit einem „&" (Et-Zeichen) verknüpft [Beispiel: (Musterfrau & Mustermann 2012: 15)]. Dabei ergibt sich die Verwendung des „&" für die Verknüpfung von zwei Autoren aus dem hier vorgeschlagenen System für die Verknüpfung von zwei Autoren in der Literaturliste. Sind mehr als zwei Verfasser*innen vorhanden, wird dies im Kurzbeleg dadurch zum Ausdruck gebracht, dass nur die erste Person oder Institution genannt und durch den Zusatz „et al." (lat. *et alii*, und andere) auf die Koautor*innen aufmerksam gemacht wird [Beispiel: (Musterfrau et al. 2000: 14)]. Im Literaturverzeichnis werden hingegen immer alle Autor*innen namentlich aufgeführt! Insbesondere durch globale Projekte kann die Anzahl von Autor*innen von Publikationen

---

1   Dies ist z. B. bei unserer Begründung für die Hervorhebung der Autorennamen durch Kapitälchen der Fall. Weder in Bärtling et al. (1948) noch in Horatschek & Schubert (1998) findet sich eine Textstelle, in der explizit die Verwendung von Kapitälchen angesprochen wird. In beiden Publikationen werden aber durchgehend Kapitälchen verwendet. Somit ergibt sich ein Bezug zum gesamten Werk.

sehr hoch werden und mehrere Dutzend erreichen. APA (2020) schlägt für die Fälle, in denen die Anzahl der Autor*innen größer als 21 ist, vor, die ersten 19 Autor*innen namentlich aufzulisten, dann Auslassungspunkte zu setzen und schließlich den letzten Autor oder die letzte Autorin zu benennen. Auch wenn dieses Verfahren einem akzeptierten Standard entspricht, halten wir es doch für diskriminierend und unfair denjenigen Autor*innen gegenüber, die dann nicht mehr in Literaturlisten genannt werden und plädieren für die Auflistung aller Autor*innen im Literaturverzeichnis.

Sollte ein Kurzbeleg mit der Struktur „Autor*in Jahr" nicht eindeutig auf eine Quellenangabe verweisen, so gibt es zwei Möglichkeiten, den Kurzbeleg zu erweitern und Eindeutigkeit zu schaffen. Der häufigere Fall ist ein Zusatz zur Jahresangabe in Form von klein geschriebenen Buchstaben des Alphabets. Dieses Verfahren wird immer dann angewandt, wenn mehrere Werke einer Autorin oder eines Autors (oder von mehreren identischen Autor*innen) verwendet werden, die im selben Jahr erschienen sind. Dabei richtet sich die Vergabe der Buchstaben nach der Reihenfolge der Werke in der Literaturliste! In gewissen Fällen ist für die korrekte Zuordnung von Kurzbeleg und Quellenangabe aber auch eine Erweiterung beim Namen notwendig. Dieses Verfahren wird verwendet, wenn mehrere Autor*innen mit demselben Nachnamen in der Literaturliste geführt werden. Hier wird, gegebenenfalls unter Berücksichtigung von Namenszusätzen, zunächst der erste Buchstabe des Vornamens bzw. der Vornamen (dann weitere Buchstaben) in den Kurzbeleg übernommen, bis der Kurzbeleg eindeutig ist und der Kurzbeleg auf die richtige Position in der Literaturliste weist.

Beispiel: Zusatz zur Jahresangabe im Kurzbeleg

Einzelne Kurzbelege:
(Musterfrau 2015a) (Musterfrau 2015b) (Musterfrau 2015c)

Kombinierter Kurzbeleg:
(Musterfrau 2015a, 2015c) oder (Musterfrau 2015a, c)

Beispiel: Erweiterung der Autor*innennamen im Kurzbeleg

Einzelne Kurzbelege:
(Musterfrau, A. 2015a) (Musterfrau, R. 2008) (Musterfrau, A. et al. 2016) (Musterfrau, R. et al. 2009)

Kombinierter Kurzbeleg:
(Musterfrau, R. 2008, Musterfrau, A. 2015)

Achtung: Den beiden Gruppen von Beispielen kann nicht dieselbe Literaturliste zugrunde liegen!

Wird innerhalb eines Absatzes – direkt hintereinander – mehrmals auf dieselbe Quelle verwiesen, können die folgenden Quellenangaben mit „ebd." für „ebenda" oder „ibid." für „ibidem" (lat., ebenda) abgekürzt werden. Dies ist auch zulässig, wenn sich die Information auf einer anderen Seite innerhalb der Quelle befindet, was aber durch Angabe der Seite kenntlich gemacht werden muss: „ebd.: Seitenzahl", z. B. (ebd.: 7). In den Naturwissenschaften (so auch in der physischen Geographie) ist diese Form der Quellenabkürzung allerdings nicht gebräuchlich! Dies sollte bei der Anfertigung der Studienarbeiten beachtet werden! Zudem sollte immer geprüft werden, ob nicht durch eine geschickte sprachliche Verbindung von aufeinander folgenden Sätzen deutlich gemacht werden kann, dass sich die Ausführungen weiterhin auf die zuvor genannte Quelle beziehen, um so die mehrfache Nennung einer Quelle zu vermeiden[1].

Beziehen sich Übernahmen (in der Regel inhaltliche, seltener wörtliche) auf mehrere Werke von Autor*innen, dann werden die Quellenbelege in einem Kurzbeleg zusammengefasst. Redundante Angaben, z. B. beim Namen oder der Jahresangabe können dabei entfallen. Selbstverständlich sind aber auch hier die Seitenbereiche, soweit notwendig, anzugeben.

Beispiel: Kurzbeleg für mehrere Arbeiten

Das Problem der alltäglichen Regionalisierung (WERLEN 1995, 1997) ist seit einigen Jahren Gegenstand einer heftigen Diskussion in der deutschen Geographie.

Unter diesem Gesichtspunkt spricht sich ALBROW (1997a, 1997b) dafür aus, alte Vorstellungen der Sozialstruktur zu vernachlässigen, da „die Annahme, dass der Ort über die lokale Kultur mit Gemeinschaft verbunden" sei, nicht mehr zutrifft (ALBROW 1997a: 289).

Obwohl die typographische Betonung der Quellenangaben von HÖGE (1994: 54) als „alte […] Regel" eingestuft wird, empfehlen wir in der Tradition der Bonner Anweisungen (BÄRTLING et al. 1948) und in Übereinstimmung mit HORATSCHEK & SCHUBERT (1998), im Kurzbeleg die Namen in Kapitälchen zu formatieren. Der Zusatz „et al." wird dagegen nicht hervorgehoben. Die typographische Hervorhebung (Auszeichnung) der Quellenangaben hat sowohl für die Autor*innen (schnellerer Vergleich der verwendeten Kurzbelege mit dem Literaturverzeichnis) als auch die Leser*innen einer Arbeit (schnellere

---

1   Ein entsprechendes Beispiel finden Sie bei uns u. a. in Kapitel 2.1.3 (S. 28), wo wörtliche Übernahmen aus den Empfehlungen der DFG (1998: 7) auf zwei Sätze verteilt sind, die Quelle aber nur einmal eingangs genannt wird.

Erfassung der Literaturdiskussion) deutliche Vorteile gegenüber alternativen Systemen, in denen die Quellenangaben nicht typographisch hervorgehoben werden und damit im laufenden Text unterzugehen drohen.

4.4.3 Das Zitieren

Aus den einleitenden Ausführungen zu diesem Abschnitt ergibt sich, dass es beim Verfassen einer Hausarbeit in erster Linie darum geht, Sachverhalte, Konzepte und Theorien in eigenen Worten wiederzugeben und mit Bezug zur Literatur zu diskutieren. Dieser Bezug zur Literatur wird durch gedankliche und in eigenen Worten formulierte (paraphrasierte) oder wörtliche Übernahmen zum Ausdruck gebracht. Auch wenn wörtlich Zitate ihre Berechtigung haben, so ist doch den gedanklichen oder inhaltlichen Übernahmen eindeutig der Vorzug zu geben. Die in diesem Sinne ‚eigenständige' Formulierung und Diskussion eines Problems bzw. Themas muss demnach das Ziel der Bestrebungen sein. Diesen eigenen Stil zu entwickeln erfordert viel Zeit und ist ein individueller Lernprozess. Daher ist es schwierig, hier allgemeine Regeln zu dessen Entwicklung aufzustellen. Eine intensive Auseinandersetzung mit der Fachliteratur ist der Entwicklung stilistischer Kompetenzen sicherlich förderlich. Darüber hinaus finden sich zahlreiche Anregungen und Hilfestellungen in Werken, in denen es um das Schreiben selbst geht, wie Büntling et al. (2006), Eco (2010), Franck (2009), Krämer (1999), Stary & Kretschmer (1994), Weiler (2017) oder Kornmeier (2018).

Wie bereits mehrmals betont, gilt auch für die in eigenen Worten zusammengefasste, sinngemäße, gedankliche Übernahme (inhaltliches Zitat, Paraphrasierung), dass diese mit Quellenangaben versehen sein muss (s. u.), unabhängig davon, ob man sich auf einzelne Sätze, auf einzelne Abschnitte oder gar auf einen ganzen Text bezieht. Unterlassen Sie diese Quellenangabe, so begehen Sie nach van Dijk (2010: 65) ein „Ideenplagiat".

Die wichtigsten Zeichen beim Zitieren sind: „ "

Insbesondere in der Anfangsphase besteht bei inhaltlichen Übernahmen immer die Gefahr, die eigenen Formulierungen zu stark am Ursprungstext auszurichten und damit mehr oder weniger unabsichtlich eine nicht entsprechend gekennzeichnete wörtliche Übernahme, ein **Plagiat**, zu produzieren. Auch wenn „diese Form des Plagiats […] häufig" anzutreffen ist und „der Student […] dabei ein gutes Gewissen [hat], weil er an irgendeiner Stelle […] den Autor

nennt" (Eco 2010: 206), muss deutlich gesagt werden, dass dies einen Betrugs-
versuch darstellt. „Auch den ahnungslosen Plagiator erwartet kein Freispruch"
(Standop & Meyer 2008: 200). Satzteile aus dem Kontext zu lösen, einen Teil
eines Satzes umzuschreiben oder Sätze durch Auslassungen leicht zu verändern,
stellt keine hinreichende eigenständige Wiedergabe des Gelesenen dar.

Alles, was wort- oder buchstabengetreu einer Vorlage entnommen wird, muss als wörtliches Zitat gekennzeichnet werden!
Geschieht dies nicht, wie das untenstehende Beispiel aus einer studentischen Arbeit zeigt, dann handelt es sich um ein Plagiat.

Beispiele für gedankliche Übernahmen
Ein Vergleich der aktuellen Entwicklung beider Fächer zeigt, dass der Beitrag, den die Geographie zur Soziologie leisten kann, keineswegs geringer einzuschätzen ist als der Beitrag der Soziologie zur Geographie (Giddens 1992: 413–427).

Nach Werlen (1997: 277 ff.) kommt der Sozialgeographie aufgrund der globalisierten Lebensbedingungen heute eine gänzlich andere Aufgabe zu als noch zur Zeit ihrer Entstehung.

Beispiel für ein Plagiat
Original der Vorlage (Pletsch 1997: 10):
Das Zentralmassiv ist eine Pultscholle mit flachen westlichen und nördlichen Flanken, einem durch Gräben und Horste gegliederten Zentralteil (um 1000 m), dem die Auvergnevulkane (im Puy de Sancy bis 1886 m) aufgesetzt und die Kalktafeln der Causses eingelagert sind, und einem zerbrochenen Ostteil (1000–1700 m), der mit einer hohen Stufe zum Rhônegraben abfällt.

Als **Plagiat** zu bewertende Wiedergabe in einer Hausarbeit:
Das Zentralmassiv ist eine Pultscholle mit flachen westlichen und nördlichen Flanken. Der Zentralteil (um 1000 m) ist durch Gräben und Horste gegliedert, dem die Auvergnevulkane (bis 1886 m) aufgesetzt sind. Mit einer hohen Stufe zum Rhônegraben fällt der zerbrochene Ostteil (1000–1700 m) ab (Pletsch 1997).

Erläuterung: Die Wiedergabe in der Studienarbeit suggeriert eine gedankliche Übernahme, indem weder Anführungsstriche gesetzt wurden noch die genaue Fundstelle mittels Seitenzahl genannt wird. Tatsächlich aber handelt es sich beim ersten Satz der Wiedergabe um eine wortwörtliche Übernahme und im weiteren Verlauf um leicht umgestellte wortwörtliche Übernahmen, die entsprechend hätten gekennzeichnet werden müssen. Zudem wurde nicht beachtet, dass Zahlen wie wortwörtliche Übernahmen zu behandeln sind und schon deshalb im Kurzbeleg die Angabe des genauen Fundorts mit Seitenzahl notwendig gewesen wäre.

4.4.4 Wörtliches Zitat

Plagiate lassen sich durch entsprechend gewissenhaftes Arbeiten schon beim Exzerpieren der Literatur (ECO 2010: 206 ff.) und durch die explizite Kennzeichnung der wörtlich übernommenen Textstellen mittels Anführungszeichen am Beginn und Ende der wörtlich übernommenen Textstelle verhindern. Allerdings sollten wörtliche Übernahmen sparsam verwendet werden, da ein Übermaß an wörtlichen Übernahmen bei den Leser*innen den Eindruck vermitteln kann, „dass der Verfasser selber nur wenig zu sagen hat" (STANDOP 1981: 41; STANDOP & MEYER 2008: 35). Zudem dienen Zitate nicht als Versatzstücke und sollen auch nicht als Ausweg bei eigenen Formulierungsproblemen eingesetzt werden!

Sollte ein längeres Zitat, ein „*Langzitat* (40 bis maximal 200 Wörter)" (ROST & STARY 2009: 180), aus quellenkritischen Gründen nicht zu vermeiden sein, sollte eine spezifische Zitatformatierung verwendet werden. Dabei wird das Zitat durch Freizeilen und beidseitiges Einrücken mindestens freigestellt und gegebenenfalls durch eine kleinere Schrift und geringeren Zeilenabstand zusätzlich vom eigenen Text abgehoben. In diesem Fall darf auf die Anführungszeichen am Beginn und Ende des Zitats verzichtet werden. Alle anderen Regeln der wörtlichen Übernahme (s. u.) gelten aber auch in diesem Fall.

Für wörtliche Zitate gilt, dass die in Anführungsstriche gesetzten Textstellen originalgetreu, also **wort- und zeichengetreu** zu übernehmen sind. Zeichentreue meint hier, dass nicht nur die Schreibweise im Zitat exakt mit der Schreibweise im Original übereinstimmen muss, sondern dass zusätzlich auch typographische Hervorhebungen zu übernehmen sind. Hinsichtlich der Korrektur veralteter Rechtschreibung gehen die Meinungen auseinander. Einerseits wird eine Anpassung kategorisch abgelehnt (THEISEN 2009: 149; STANDOP & MEYER 2008: 61), anderseits erlaubt der Duden (DUDENREDAKTION 2001b: 966) die Anpassung, solange die Schreibung inhaltlich nicht von Belang ist. Sollen Korrekturen aus Gründen historischer Kontextualisierung vermieden werden, dann ist bei der Verwendung der automatischen Rechtschreibkorrektur von Textverarbeitungsprogrammen bei wörtlichen Zitaten besondere Vorsicht geboten! Sollten Sie einen offensichtlichen Schreibfehler (nicht veraltete Rechtschreibung) im wörtlichen Zitat übernehmen müssen und darauf hinweisen wollen, dann fügen Sie unmittelbar hinter das fehlerhafte Wort „[sic]" für „so" ein. Üblich ist auch die Verstärkung durch ein Ausrufezeichen. „[sic!]" steht dann für „so lautet die Quelle".

Das Zitat kann an jeder beliebigen Stelle des Originals beginnen und enden. Es besteht also in keinem Fall die Verpflichtung, den gesamten Satz, Gedanken oder die gesamte Argumentation zu übernehmen. Auf die Tatsache, dass Teile vor oder nach dem Zitat weggelassen wurden, wird nicht gesondert hingewiesen. Das heißt, dass ein Zitat weder mit Auslassungszeichen beginnt noch endet.

Solange der Sinn nicht entstellt wird, dürfen zudem:
- einzelne Worte oder ganze Satzteile und Sätze ausgelassen werden,
- Umstellungen erfolgen, um das Zitat besser dem eigenen Satzbau anzupassen,
- Ergänzungen (einzelne Worte, eigene typographische Hervorhebungen) vorgenommen werden.

Beispiel: Wörtliche Übernahme eines fehlerhaften Satzes
„Rechtschreibung ist schwiriger [sic] als man denkt." (Quelle des Beispiels: Krämer 1999: 189)

Beispiel: Ungekürzte wörtliche Übernahmen
Wir können davon ausgehen, „dass das Werk der Geographen heutzutage ebenso viel zur Soziologie beizutragen hat, wie umgekehrt die Soziologen der Geographie anzubieten haben" (GIDDENS 1992: 423). Gemäß WERLEN (1997: 16) bildet das „alltägliche Geographie-Machen" sozialer Akteure heute immer mehr den Kernpunkt der sozialgeographischen Forschung.

Alle diese Veränderungen sind jedoch explizit kenntlich zu machen. Hier wird empfohlen, alle Auslassungen einheitlich durch Auslassungspunkte (DIN 5008:2020: 17) in eckiger Klammer „[…]" zu kennzeichnen (BÜNTING et al. 2006: 74; ROST & STARY 2009: 181). Nach THEISEN (2009: 148) und KRÄMER (1999: 190) wäre es aber ebenso möglich, die Auslassung eines Wortes durch zwei Punkte „.." und die Auslassung mehrerer Wörter bis hin zu ganzen Sätzen durch drei Punkte „…" jeweils ohne Klammer zu kennzeichnen. Alle weiteren Veränderungen (Umstellungen, grammatikalischen Änderungen) werden durch eckige Klammern, die den abgeänderten Bereich einschließen, markiert. Ergänzungen durch die Bearbeitenden sind durch entsprechende Zusätze explizit zu kennzeichnen. Eine Ausnahme bildet die Anpassung der Groß- und Kleinschreibung am Anfang eines Zitats. Diese darf ohne eine eckige Klammer zu setzen, dem Satzbau der eigenen Arbeit angepasst werden (THEISEN 2009: 149; STANDOP & MEYER 2008: 62).

Beispiele für formal korrekte wörtliche Übernahmen:

Beispiel 1: Vollständiges Zitat
„Denn sinnhafte, immaterielle Gegebenheiten weisen, wie bereits betont, keine subjektunabhängige, unmittelbare erdräumliche Existenz auf" (WERLEN 1997: 60).

Beispiel 2: Anpassung an eigenen Satzbau und Auslassungen
Jeder Versuch einer photographischen Dokumentation muss scheitern, „denn sinnhafte, immaterielle Gegebenheiten weisen [...] keine [...] erdräumliche Existenz auf" (WERLEN 1997: 60).

Beispiel 3: Eigene Hervorhebung und grammatikalische Anpassung
Schon WERLEN (1997: 60) hat deutlich gemacht, dass selbst „**sinnhafte** [eigene Hervorhebung], immaterielle Gegebenheiten [...] keine subjektunabhängige, unmittelbare erdräumliche Existenz [aufweisen]".

Beispiel 4: Eigene Hervorhebung und Anpassung an eigenen Satzbau
Jeder Versuch einer photographischen Dokumentation muss scheitern, „denn sinnhafte, immaterielle Gegebenheiten weisen [...] **keine** [...] **erdräumliche Existenz** auf" (WERLEN 1997: 60; eigene Hervorhebung).

Beispiel 5: Ergänzte wörtliche Übernahme (Ergänzung aus der Quelle)
„Sie [die Strukturen] konstituieren nicht, was wir tun, wohl aber begrenzen und ermöglichen sie das, was wir tun können" (WERLEN 1997: 183).

Beispiel 6: Ergänzte wörtliche Übernahme (eigene Ergänzung durch Autorin A. S.)
„Sie [die Strukturen, A. S.] konstituieren nicht, was wir tun, wohl aber begrenzen und ermöglichen sie das, was wir tun können" (WERLEN 1997: 183).

Beispiel 7: Quellenangaben im Text (wörtlich aus: WERLEN 1998: 86)
Das Hauptziel raumwissenschaftlich orientierter Geographen besteht bekanntlich in der Aufdeckung von sogenannten „Raumgesetzen" mittels der choristisch-chorologischen Methodik. BARTELS übernimmt dieses Programm und erweitert es für die Sozialgeographie in zweifacher Hinsicht. Unter Berufung auf K. R. Popper u. a. fordert BARTELS (1968: 45, 1970: 37), dass die entdeckten Gesetze zu einer chorologischen Theorie systematisiert werden.

4.4.5 Sekundärzitate

Für alle Übernahmen, ob wörtlich oder inhaltlich, gilt, dass diese Übernahmen sich auf die Originalliteratur bzw. auf die Primärquelle beziehen müssen. Während es in den ersten Semestern sicher noch akzeptabel ist, wenn die

Informationen allgemeinen Lehrbüchern entnommen werden, die über weite
Bereiche eine Diskussion des Stands der Forschung durch einzelne Autor*innen darstellen, sollte die Literaturliste einer Abschlussarbeit überwiegend
Originalliteratur ausweisen. Wissenschaftlich arbeiten heißt auch, etwas mit
den eigenen Augen und mit dem eigenen Verstand wahrzunehmen, und nicht
durch die Brille anderer Personen.

Nur wenn die Originalliteratur selbst unter großen Anstrengungen nicht
zugänglich oder nicht verständlich ist, ist es in Ausnahmefällen zulässig, aus
einer sogenannten **Sekundärquelle** zu zitieren (BÜNTING et al. 2006: 71;
HÖGE 1994: 60; THEISEN 2009: 154 f.). Solche Ausnahmefälle können gegeben sein bei älteren Publikationen aus dem 19. Jahrhundert und eventuell der
ersten Hälfte des 20. Jahrhunderts, bei bestimmten Teilen ‚grauer‘ Literatur
und Literatur in weniger gängigen Fremdsprachen. Bei der Verwendung von
Sekundärquellen ist jedoch höchste Vorsicht geboten (SESINK 1990: 100). Es
können sich unbeabsichtigte Übertragungsfehler eingeschlichen haben, oder
der Verfasser der Sekundärquelle könnte absichtlich Fakten oder Äußerungen
verändert und aus dem Kontext gelöst haben, um seine Meinung zu unterstützen. THEISEN (2009: 153 f.) spricht deshalb in diesem Zusammenhang auch
sehr bewusst „in Anlehnung an den Gebrauchtwagen" von „**Gebrauchtzita-
ten**", die „funktionieren [können], **häufiger** [...] allerdings gründlich **enttäu-
schen**".

Sollten Sie tatsächlich gezwungen sein, ein Gebrauchtzitat zu verwenden,
dann ist dieses im Kurzbeleg mit dem Zusatz „zit. n." für „zitiert nach" oder
„zit. in" für „zitiert in" explizit zu kennzeichnen. Im Literaturverzeichnis wird
nur der Titel der Sekundärquelle geführt, denn nur die Sekundärquelle ist die
verwendete Quelle.

Beispiel: Sekundärzitat
Schon zu Beginn des 19. Jahrhunderts war die erosionsmindernde Wirkung von Feldfrüchten bekannt. So
berichtet HEUSINGER (1815 zit. in BORK et al. 1998: 265), dass man „hie und da Futterkräuter [säete], die kein
oftmaliges Umlegen des Ackers erforderten und selbst vermittelst ihrer Wurzeln den Boden festhalten".

4.4.6 Nachdrucke

Von den Sekundärzitaten deutlich zu unterscheiden sind Zitate auf der Grundlage eines Nachdrucks. Hier liegt zwar auch nicht das ursprüngliche Werk vor,
aber etwas, das dem Original doch sehr nahe kommt. Insbesondere ein unveränderter Nachdruck ist, zumindest was den wissenschaftlichen Aspekt anbe-

langt, dem ursprünglichen Werk ebenbürtig. Unveränderte Reproduktionen zeichnen sich u. a. dadurch aus, dass die Paginierung mit der ursprünglichen Quelle übereinstimmt. Darüber hinaus gibt es Nachdrucke, die leicht verändert wurden (z. B. Anpassung der Paginierung an ein neues Seitenformat), oder auch gekürzte Nachdrucke, bei denen die Paginierung natürlich nicht mehr stimmen kann. Schon im Kurzbeleg und später in der Literaturliste kommt die Verwendung eines Nachdrucks als Quelle zum Ausdruck, indem zwei Jahresangaben gemacht werden. HÖGE (1994: 64, auch APA 2020: 265) folgend, wird vorgeschlagen, im Kurzbeleg nach dem Autor zunächst das ursprüngliche Erscheinungsjahr und nach einem Schrägstrich das Erscheinungsjahr des Nachdrucks anzugeben. In Kombination mit der Angabe einer Seitenzahl gewährleistet nur diese Reihenfolge bei allen oben diskutierten Nachdrucken eine schnelle und korrekte Lesart der Quellenangabe.

> **Beispiel: Kurzbeleg für ein Zitat aus einem Nachdruck**
> Schon RICHTHOFEN (1886/1983: 24) hat darauf hingewiesen, dass „Forscher auf den Gebieten der physischen Geographie [...] möglichst v i e l zu Fuß gehen" sollten.

4.4.7 Fußnoten

Bei Fußnoten handelt es sich um einen typographisch durch Verkleinerung abgesetzten Text, der im unteren Bereich einer Seite, aber noch innerhalb des Satzspiegels platziert ist. Fußnoten werden in vielen geisteswissenschaftlichen Publikationen verwendet, um Ergänzungen, Zusatzinformationen, Erklärungen und Querverweise zum Haupttext oder Quellenangaben zu realisieren (THEISEN 2009: 159 ff.). Fußnoten können in der ganzen Arbeit fortlaufend, innerhalb eines Kapitels fortlaufend oder auch seitenweise fortlaufend nummeriert werden (THEISEN 2009: 175; BÜNTING et al. 2006: 78). Die DIN 5008:2020 sieht für Fußnoten den seitenweisen Neubeginn der Zählung vor (ebd.: 50). Auf alle Fälle werden sie am unteren Rand der Seite platziert, auf der sie gesetzt wurden und durch mindestens eine Leerzeile, einen Fußnotenstrich und eine reduzierte Schriftgröße vom Text abgesetzt. Damit unterscheiden sie sich von den Endnoten, die fortlaufend nummeriert und am Ende der Arbeit zu finden sind (z. B. EULER & HAHN 2004). Allerdings fordern Endnoten von den Leser*innen ein ständiges Blättern und werden daher hier nicht empfohlen.

Fußnoten als Mittel des Quellenbelegs sind nicht kompatibel mit dem hier empfohlenen System des Quellenbelegs, da ein Kernpunkt dieses Systems der in den laufenden Text integrierte Kurzbeleg ist. Zudem sind Fußnoten in den Naturwissenschaften, somit auch in der Physischen Geographie, nicht gebräuchlich. Hier muss also dringend von der Verwendung von Fußnoten[1] abgeraten werden. Sollten sie dennoch als notwendig erscheinen, so sind sie möglichst knapp zu halten! Seiten, die hauptsächlich aus Fußnoten bestehen, sind nicht angenehm zu lesen!

4.4.8 Fremdsprachige Quellen

In weiten Bereichen der Wissenschaft kann der aktuelle Stand der Forschung ohne Bezug auf fremdsprachige Quellen nicht diskutiert werden. Dies gilt nicht zuletzt, weil auch deutschsprachige Autor*innen und Zeitschriften immer stärker dazu übergehen, sich international auszurichten und in Englisch zu publizieren (Tab. 3-5). Fremdsprachige unterscheiden sich in nichts von deutschsprachigen Quellen und sind daher wie diese zu behandeln. Solange die Aussagen in der Originalsprache übernommen werden, was von mehreren Autor*innen für Englisch und andere Schulsprachen als zulässig angesehen wird (Rost & Stary 2009: 182; Theisen 2009: 150; Höge 1994: 59), dürfte klar sein, dass die Ausführungen in Anführungsstriche zu setzen sind. Zitate aus anderen Sprachen sind dagegen zusätzlich zu übersetzen, wobei der übersetzte Text unmittelbar auf das fremdsprachige Zitat folgt und mit der Angabe des oder der Übersetzer*in zu versehen ist (z. B. „Übers. v. Verf.", oder „eigene Übers."). Daraus leitet sich ab, dass eine wörtliche Übersetzung, trotz des eigenständigen Anteils der eigenen Übersetzung, wie eine wörtliche Übernahme zu kennzeichnen ist. Übersetzungen fremdsprachiger Werke führen schließlich auch nicht dazu, dass die Übersetzenden zu den Autor*innen dieser Werke werden, wie einschlägige Geographielehrbücher zeigen (z. B. Strahler & Strahler 2009; Haggett 2004).

---

1   Allerdings können auch „eingefleischte" (ZSW 1996: 12) physische Geograph*innen eine gewisse Sympathie gegenüber Fußnoten nicht verhehlen. Fußnoten entlasten den Haupttext von Exkursen, die den stringenten Fluss der Argumentation bisweilen beeinträchtigen, ohne dass auf solche Exkurse, die einen Diskurs durchaus bereichern können, verzichtet werden müsste. Diese Funktion von Fußnoten wird auch von ihren Gegner*innen anerkannt. Allerdings schließen diese aus der Tatsache, dass in Fußnoten hauptsächlich Exkurse platziert werden, dass Fußnoten überflüssig seien. In den Worten Krämers (1999: 116) liest sich das so: „Entweder ist die betreffende Aussage wichtig, dann gehört sie in den Text. Oder sie ist unwichtig, dann hat sie in der Arbeit nichts zu suchen."

Fremdsprachige Begriffe oder Zitate erscheinen in manchen Publikationen kursiv gedruckt (z. B. Bathelt & Depner 2003). Hier wird also für fremdsprachige Begriffe ein eigenes Zitierformat eingeführt. Dies ist so lange möglich, wie der Kursivdruck in einer Arbeit nicht gleichzeitig für andere Auszeichnungen verwendet wird. Eine Notwendigkeit, fremdsprachige Zitate kursiv auszuzeichnen, und damit fremdsprachige Zitate anders zu behandeln als deutschsprachige, besteht allerdings nicht.

4.4.9 Das Literaturverzeichnis

Kurzbeleg und Literaturliste gehen, wie mehrmals betont wurde, ‚Hand in Hand'. Nur die Quellen, die im Text zitiert wurden, stehen auch in der Literaturliste, und alles, was in der Literaturliste steht, muss auch im Text in Form von Kurzbelegen auftauchen. Dabei muss der Bezug zwischen Kurzbeleg und Literaturliste eineindeutig, also bijektiv, sein. Nur dann ist es intersubjektiv möglich, einerseits die Quellengrundlage der Arbeit einer Prüfung zu unterziehen und andererseits die Quelle selbst – für das eigene Studium oder zur Prüfung – in Bibliotheken, auf Ämtern, im Internet etc. ausfindig zu machen.

Beim Erstellen einer Literaturliste ist wiederum darauf zu achten, dass die formale Gestaltung eines Literaturverzeichnisses gewissen Konventionen unterliegt. Allerdings gibt es auch hier zahlreiche anerkannte Standards und sicherlich noch mehr individuelle Präferenzen. Unterschiede in den Systemen betreffen die Interpunktion, Hervorhebungen (durch Kapitälchen, Kursivdruck oder Unterstreichung), die Stellung der Jahres- und Auflagenzahl, Anordnung der und Details zu den Namen der Verfasser*innen, die Angabe des Verlages usw. Deshalb kann hier wiederum nur der Anspruch erhoben werden, ‚eine' mögliche Form für ein Literaturverzeichnis zu präsentieren. Auf jeden Fall gilt folgende Regel der Konsistenz:

> **Innerhalb einer Arbeit ist ein einheitliches System anzuwenden!**

Darüber hinaus existieren weitere, weitgehend allgemein gültige Regeln für die Anfertigung einer Literaturliste (Höge 1994: 63; Horatschek & Schubert 1998: 18; Rost & Stary 2009: 193 ff.; DIN ISO 690:2013-10; APA 2020):

- Das Literaturverzeichnis wird **alphabetisch** nach den Namen geordnet, wobei bei gleichen Namen der Vorname entscheidet. Die Einordnung von Autor*innengruppen orientiert sich zunächst an dem oder der Erstautor*in (gegebenenfalls unter Berücksichtigung des Vornamens), dann an dem oder der Zweitautor*in usw.

- Werke, die keine Autor*innen oder Herausgeber*innen haben, werden einheitlich mit der Autor*innenangabe „O.V." für „ohne Verfasser*in" versehen und entsprechend alphabetisch eingeordnet. Alternativ ist auch die einheitliche Verwendung von „N.N." (von *lat.* nomen nescio, Name unbekannt) oder des englischen „ANONYMOUS" möglich.
- Standardwerke, deren Titel feststehende Begriffe darstellen, wie z. B. die Bibel, der Duden, das Bürgerliche Gesetzbuch und ausgewählte Atlanten können auch unter dem Titel geführt werden. Dann aber ersetzt dieser Titel auch den Autor*innennamen als ersten Teil des Kurzbelegs.
- Mehrere Werke derselben Autor*innen werden **chronologisch** geordnet. Das gilt auch für Werke ohne Verfasser*innen.
- Sollten mehrere Werke einer Autorin oder eines Autors im selben Jahr erschienen sein, dann werden zuerst die ‚selbst verfassten' Werke aufgeführt. Diesen folgen die Arbeiten, bei denen diese Person als alleinige*r Herausgeber*in fungiert hat und zuletzt Gemeinschaftsveröffentlichungen (bei denen die betreffende Person Erstautor*in ist). Diese Gemeinschaftsveröffentlichungen werden gegebenenfalls alphabetisch nach der Reihenfolge der Koautor*innen sortiert.
- Bei mehreren Werken eines Jahres und gleicher Ordnung (selbständig verfasst, Herausgeberschaft, gleiche Autor*innengruppe) wird alphabetisch nach dem Titel der Arbeit sortiert.
- Das in den vorangegangenen Punkten erläuterte Ordnungssystem der Literaturliste bestimmt die Erweiterung der Jahresangabe durch kleine Buchstaben bei Einträgen, die über Autor*in und Jahr nicht genau zu positionieren wären. Die Zuordnung der Buchstaben nach der Jahresangabe erfolgt also erst nach Erstellung der Literaturliste! Der Inhalt der Kurzbelege ist also von der Literaturliste abhängig und nicht umgekehrt.

Alle weiteren Regeln sind zunächst nur für das hier empfohlene System gültig, das sich stark an HORATSCHEK & SCHUBERT (1998: 14f.) anlehnt und für neuere Medien die Vorgaben von APA (2020) integriert:

- In der Literaturliste werden die **Namen** aller gleichberechtigten Verfasser*innen oder Urheber*innen eines Werks aufgeführt. Auf die Nennung von untergeordneten Mitarbeiter*innen u.Ä. wird verzichtet. Dabei wird der Name der Erstautorin oder des Erstautors umgestellt (Nachname, Vorname), alle anderen Autor*innen werden mit „Vorname Nachname" aufgcführt und durch Kommata getrennt. Vor der letzten Autorin oder dem letzten Autor wird das Komma durch ein „&" ersetzt. Daraus folgt, dass zwei Autor*innen mit einem „&" verbunden werden.

- Die Nachnamen der Verfasser*innen werden durch Kapitälchen hervorgehoben.
- Titel (Freiherr, Dr., Prof. usw.) werden nicht angegeben.
- Bei Nachnamen werden Verwandtschaftsbezeichnungen eingeschmolzen (z. B. O'Connor, McKee), Verhältniswörter und Artikel werden je nach Ländersitte (Staatsbürgerschaft) eingeschmolzen (z. B. Dubois, M.; Van Ahee, B.) oder dem Namen nachgestellt (z. B. Richthofen, F. von; Thünen, J. G. H. von; aber von Braun, W. wegen seiner US-Staatsbürgerschaft) (HORATSCHEK & SCHUBERT 1998: 15; ROST & STARY 2009: 193 f.). Hier wird empfohlen, im Zweifelsfall die Literaturliste der Autor*innen zu überprüfen. Häufig zitieren sich Autor*innen nämlich auch selbst.
- Alle **Vornamen** werden auf einen Buchstaben abgekürzt. Nur bei gleichen Anfangsbuchstaben werden weitere Buchstaben angegeben (z. B. Müller, T. und Müller, Th.). Bei Autor*innen mit mehreren Vornamen sind alle Vornamen abgekürzt anzugeben. Dabei können die Leerzeichen zwischen den einzelnen mit einem Punkt abgekürzten Vornamen entfallen (typographisch korrekt wären kleine Festabstände, sog. Spatien).
- Bei **Institutionsnamen** besteht die Möglichkeit, dem vollständigen Namen eine Sigle (Abkürzung) voranzustellen, die dann auch im Kurzbeleg verwendet wird. Dabei steht der vollständige Name in einer runden Klammer. Die Alternative, diese Sigle hinter den vollen Namen zu stellen, hat den Nachteil, dass der Kurzbeleg dann in der Regel auf die falsche Stelle in der alphabetisch sortierten Literaturliste verweist. Es wird empfohlen, in der Literaturliste folgende Konstruktion zu verwenden, z. B. TLUBN (Thüringer Landesamt für Umwelt, Bergbau und Naturschutz) (Jahr) und im Text den entsprechenden Kurzbeleg (TLUBN Jahr: Seite) statt der vollen Bezeichnung (Thüringer Landesamt für Umwelt, Bergbau und Naturschutz) und dem entsprechenden, fast eine Zeile füllenden Kurzbeleg. Bei der Kombination aus Sigle und vollem Namen wird der volle Name nicht in Kapitälchen gesetzt. Die Siglen müssen den von den jeweiligen Institutionen verwendeten offiziellen Abkürzungen entsprechen.
- Eine **Herausgeberschaft** wird mit der Abkürzung „Hrsg." oder „Hg." direkt nach dem/den Namen kenntlich gemacht. Handelt es sich um einen englischsprachigen Titel, so werden hier die großgeschriebenen, englischen Abkürzungen „Ed." im Singular bzw. „Eds." im Plural verwendet (APA

2020: 323). Bei Literaturlisten, die sowohl deutsch- als auch englischsprachige Titel aufführen, wird die Herausgeberschaft in der jeweiligen Sprache des Titels zum Ausdruck gebracht. Sind in einer Publikation sowohl Einzelurheber*innen als auch Herausgeber*innen genannt, sind die Einzelurheber*innen zu nennen. Die herausgebende Institution bleibt dann in der Regel ungenannt.

- Das **Erscheinungsjahr** schließt sich den Autor*innennamen oder der Angabe zur Herausgeberschaft unmittelbar an. Das Erscheinungsjahr wird in runde Klammern gesetzt. Darauf folgt ein Doppelpunkt, z. B. „(1987):“. Bei Quellenangaben, die sich auf einen Nachdruck älterer Literatur beziehen, enthält die Klammer zwei durch Schrägstrich getrennte Jahresangaben, wobei die erste das ursprüngliche Erscheinungsjahr und die zweite das Jahr des Nachdrucks angibt, z. B. „(1886/1983)“. Fehlen Angaben zum Erscheinungsjahr in der Quelle, so sollte das Erscheinungsjahr geschätzt werden; nach DIN 1505-2:4 „muss“ es sogar geschätzt werden. Als Ergebnis dieser Schätzung sind die Jahresangaben „(c2000)“ für „circa 2000“, „(a2000)“ für „vor 2000“ oder „(p2000)“ für „nach 2000“ möglich (Standop & Meyer 2008:101). Alternativ kann als Erscheinungsjahr „o.J.“ (ohne Leerzeichen) für „ohne Jahr“ stehen.

- Die Angabe zur **Auflage** wird, soweit es sich nicht um die erste Auflage handelt, unmittelbar an die Jahreszahl als hochgestellte Zahl angehängt, z. B. (1997[10]). Hier wird im Gegensatz zu Standop & Meyer (2008: 102), die die Auflagenangabe der Jahresangabe voranstellen, das Anhängen der Auflagenangabe empfohlen, da es die automatische Sortierung der Literaturliste in Textverarbeitungsprogrammen erleichtert. Eine Kennzeichnung der ersten Auflage entfällt. Somit impliziert eine Jahresangabe ohne Auflagenangabe eine erste Auflage.

- Der Jahresangabe schließt sich der vollständige Titel des Werkes an, der wort- und zeichengenau sowie mit gegebenenfalls vorhandenen Untertiteln zu übernehmen ist. Dabei ist zu beachten, dass zwar im Impressum von Publikationen (CIP-Einheitsaufnahme) Titel und Untertitel gemäß DIN 1505-2 durch „ : “ (Doppelpunkt mit vorangestelltem und nachgestelltem Spatium) getrennt werden, im Literaturverzeichnis aber ein Punkt Titel und Untertitel trennt, falls sich aus der Titelgestaltung der Publikation keine anderen Zeichen (z. B. Doppelpunkt oder Gedankenstrich) ergeben. Auszeichnungen des Titels, wie z. B. die durchgängige Verwendung von Großbuchstaben in der Zeitschrift Erdkunde, werden dagegen nicht übernommen. Bei den meisten zu referenzierenden Quellen sollte die

Identifikation eines Titels kein Problem darstellen. Bei Social-Media-Beiträgen kann das allerdings schwierig werden. Hier sieht APA (2020: 348) vor, maximal die ersten 20 Worte des Beitrags wiederzugeben, inklusive bis dahin auftretende Referenzen und unter Berücksichtigung aller Auszeichnungen.

Bis zu dem Punkt, der den Titel oder Untertitel abschließt, werden alle Publikationen gleich behandelt. Sollten für eine Quelle keine der vorangehenden Angaben zur Verfügung stehen (z. B. eine Internetquelle für die nur eine URL, aber keine Autor*innen-, Jahres- und Titelangaben vorliegen), ist diese Quelle im wissenschaftlichen Kontext schlichtweg **nicht zitierfähig** und damit außer als empirisches Material (z. B. für eine Analyse von Social-Media-Inhalten) nicht zu gebrauchen!

Die weiteren Angaben in einer Literaturliste hängen von der Art der Publikation ab:

- Bei einer **Monographie** folgt dem Titel der Erscheinungsort (dabei wird immer nur der erste Ort angegeben) und die Angabe des Verlags, die für das Auffinden einer Publikation deutlich wichtiger ist als der Erscheinungsort. Ist der Erscheinungsort nicht angegeben, dann wird dies durch die Angabe des Druckortes, oder die Angabe „o. O." für „ohne Ort" gekennzeichnet. Fehlt ein Verleger, was bei grauer Literatur der Fall ist, dann wird hier die herausgebende Körperschaft oder die Druckerei genannt. Falls vorhanden, werden Angaben zur Reihe und zur Bandnummer zwischen Titel und Ortsangabe platziert. Auf die Angabe der Anzahl der Seiten und gegebenenfalls vorhandener Beilagen wird bei Monographien üblicherweise verzichtet. Bei sogenannter grauer Literatur (Kap. 3.1.2) finden sich inzwischen häufig auf einer der ersten Seiten Angaben, wie das entsprechende Produkt zu zitieren ist. Diese Angaben müssen dann gegebenenfalls nur im Hinblick auf Interpunktion und Formatierung an das verwendete System in der Literaturliste angepasst werden.
- Bei einem **Aufsatz** oder Beitrag in einem **Sammelband** (gilt auch für Kongressbeiträge u. Ä.) folgen dem Titel und dem Wort „In:" die Angaben zu den Herausgeber*innen (nach den oben beschriebenen Regeln), dann der vollständige Titel des Sammelbandes, gegebenenfalls die Angaben zur Reihe (wie oben), der Erscheinungsort und der Verlag (wie oben) und die Angabe der ersten und letzten Seite des Aufsatzes.

- Bei einer **Zeitschrift** (auch Zeitung) folgt dem Titel nach einem Gedanken-strich „–" (alternativ dem Wort „In:") der ungekürzte Name der Zeitschrift, die Angabe des Jahrgangs, die Heftnummer (bei einer Zeitung zusätzlich in Klammern das Datum) und die Angabe der Seiten, über die sich der Auf-satz erstreckt. Zeitschriftenartikel, die als PDF-Datei von Dokumentenser-vern heruntergeladen wurden und somit Kopien der gedruckten Fassungen darstellen, können behandelt werden, als ob die gedruckte Zeitschrift vor-gelegen hätte. Bei Beiträgen aus reinen Online-Zeitschriften und bei Zeit-schriftenbeiträgen, die vor dem Druck online zur Verfügung stehen, sich damit noch ‚im Druck' befinden und somit noch keine Paginierung aufwei-sen, wird anstelle der Seitenzahlen der DOI-Name (Kap. 3.1.2) angegeben. Als persistenter Identifikator hat der DOI-Name den Vorteil, dass er auch nach endgültiger Publikation des zuvor im Druck befindlichen Dokuments auf eben jenes verweist. APA (2020: 300) und IDF (2015: 2.6.2) empfeh-len die Angabe des DOI-Namens in der Form eines *Uniform Resource Loca-tors* (URL) (z. B. https://doi.org/10.3390/hydrology6010013). In der Regel schließt der DOI-Name den entsprechenden Eintrag in die Literaturliste ab. Um Fehler bei der Interpretation des DOI-Namens zu vermeiden, sollte nach diesem der Punkt, der ansonsten die Einträge in die Literaturliste ab-schließt, nicht gesetzt werden.
- Bei einer **Quelle aus dem Internet** folgt dem Titel die vollständige, zeichen-genaue Angabe der URL, also des Links bzw. der Adresse der Website, nur getrennt durch Leerzeichen (APA 2020: 300), dann nach dem Wort „Stand:" das Datum der letzten Aktualisierung und abschließend nach dem Wort „Zugriff:" das entsprechende Datum jeweils im internationa-len Format (also Jahr-Monat-Tag, im Format YYYY-MM-DD). Wenn für die Quelle aus dem Internet ein DOI-Name oder ein anderer persistenter Identifikator verfügbar ist, dann kann auf die Angabe der URL sowie der Datumsangaben zum Stand und Zugriff verzichtet werden. Sollte es sich bei dem Dokument um einen Beitrag aus einer Online-Zeitschrift handeln, dann werden die Angaben zu dieser Online-Zeitschrift vor die URL ge-stellt. Eine Trennung innerhalb der URL sollte vermieden werden. Ist sie aus ästhetischen Gründen (Zeilenausgleich) geboten, dann darf nur durch das Einfügen eines Leerzeichens getrennt werden, da Leerzeichen niemals Bestandteil einer URL sind. Sonstige Zeichen dürfen nicht eingefügt wer-den. Das bedeutet, dass die automatische Silbentrennung ausgeschaltet werden muss. Dabei zeigt DINI (2002), wie vorausschauende und an die Zitierung ihrer Dokumente denkende Publizisten im Internet dieses Pro-

blem berücksichtigen. Hier sind Trennungszeichen nämlich Bestandteil des Dateinamens.

Auch bei Quellen aus dem Internet findet sich häufig eine Hilfestellung im Hinblick auf das korrekte Zitieren der entsprechenden Beiträge. Vorbildlich ist hier Wikipedia, das in der linkerhand positionierten Menüleiste unter Werkzeuge (*Tools*) den Reiter „Artikel zitieren" (*Cite this page*) bietet und es zudem ermöglicht, den jeweiligen Beitrag als PDF-Datei herunterzuladen.

Für Abbildungen, die im Rahmen von Wikipedia-Beiträgen Verwendung finden, lassen sich die benötigten Angaben zu den Urheber*innen ermitteln, sobald die Abbildung angeklickt wird und dann im Bereich Wikimedia Commons der Reiter „*More details*" aufgerufen wird. Hier findet sich auch ein Lizenzhinweisgenerator, der die notwendigen Angaben für Bilder generiert. Bei anderen Internet-Quellen, z.B. dem unter Geograph*innen sehr beliebten System Google Earth, das Zugang zu Kartenmaterial, Satelliten- und Luftbildern bietet, sind die entsprechenden Vorgaben erst nach einer aufwändigen Recherche auf der Firmenhomepage unter der Adresse https://www.google.com/permissions/products/ zu finden. Auch in anderen Fällen ist es häufig notwendig, sich durch die *Terms and Conditions* zu arbeiten, bis die entsprechenden Informationen gefunden sind.

Die Angabe des DOI-Namens haben wir insbesondere im Zusammenhang mit Zeitschriftenbeiträgen und Internetquellen diskutiert. Vor dem Hintergrund der zunehmenden Digitalisierung von ‚Druckwerken' soll darauf hingewiesen werden, dass inzwischen auch Bücher und Aufsätze in Sammelbänden bei ersten Verlagen (z.B. Springer Nature) einen DOI-Namen erhalten. In der neuesten, siebten Auflage der Zitierregeln von APA (2020) wird folglich die Angabe des DOI-Namens unter allen Umständen und für alle Dokumente, für die ein DOI-Name vorliegt, gefordert. Dieser Forderung schließen wir uns aber nicht an.

In den vorangehenden Ausführungen wurde die Interpunktion nicht in extenso erläutert. Hinweise dazu können den folgenden Beispielen entnommen werden. Zahlreiche weitere Beispiele finden sich unter den Rubriken „Weiterführende Literatur" sowie natürlich in unserem Verzeichnis der zitierten Literatur. Es ist zu beachten, dass eine Literaturliste absolut konsistent gestaltet werden muss. Das gilt auch für die Interpunktion, die in einigen Fällen von den Vorgaben der deutschen Rechtschreibung abweicht, insbesondere für die hier häufig entfallenden Leerzeichen. Zudem wird auf Abkürzungen, wie „Jg."

für Jahrgang, „H." für „Heft" oder „S." für Seite verzichtet. Um dennoch eindeutig zu bleiben, erfordert das hier vorgestellte System **größte Sorgfalt** – was aber prinzipiell für alle Quellenbelegsysteme gilt. Achten Sie also bitte auch auf die ‚Kleinigkeiten'. Sie sind von großer Bedeutung! Zudem unterstützen nach APA (2020: 285) *„accurately prepared references [to, eig. Erg.] establish your credibility as a careful researcher and writer"*.

Da Zeitdruck bei der Abgabe einer Arbeit kein guter Ratgeber ist, sollten Sie in Ihrem individuellen Zeitplan zur Erstellung einer schriftlichen Arbeit mit der Formatierung der Literaturliste erfahrungsgemäß etwa eine Woche vor dem Abgabetermin beginnen. Alternativ bietet es sich an, sich strategisch und über einen längeren Zeitraum in ein Literaturverwaltungsprogramm (Kap. 3.4.3) einzuarbeiten und dann die automatische Formatierung zu nutzen. Um die daraus resultierenden Vorteile nutzen zu können, ist jedoch absolut sorgfältige Arbeit bei der Eingabe der Literaturtitel, insbesondere bei der Klassifizierung der Einträge (Monographie, Sammelband, Zeitschriftenbeitrag etc.) und ein frühzeitiger Test der Ausgabe sowie der gewählten Formatierungsstile notwendig.

Beispiele für Literaturangaben verschiedener Publikationsarten

Beispiele: Monographien
Struktur: Autor (Jahr^Auflage): Titel. Untertitel. Reihe Band. Erscheinungsort: Verlag.

Haggett, P. (1990): The Geographers's Art. Oxford: Blackwell.
Sedlacek, P. & B. Werlen (1998): Texte zur handlungstheoretischen Geographie. Jenaer Geographische Manuskripte 18. Jena: Institut für Geographie.
Werlen, B. (1988^2): Gesellschaft, Handlung und Raum. Grundlagen handlungstheoretischer Sozialgeographie. Stuttgart: Steiner.

Beispiele: Aufsätze, Artikel aus Sammelbänden:
Struktur: Autor (Jahr^Auflage): Titel. Untertitel. In: Autor (Hrsg.): Titel Sammelband. Untertitel Sammelband. Reihe Band. Erscheinungsort: Verlag, Seitenangabe.

Bahrenberg, G. (1997): Zum Raumfetischismus in der jüngeren verkehrspolitischen Diskussion. In: Eisel, U. & H. D. Schultz (Hrsg.): Geographisches Denken. Urbs et Regio, Sonderband 65. Kassel: GhK, 345–371.
Liedtke, H. (1995^2): Oberflächenformen. In: Liedtke, H. & J. Marchinek (Hrsg.): Physische Geographie Deutschlands. Perthes GeographieKolleg. Gotha: Perthes, 121–130.

Beispiele: Zeitschriften, Zeitungen

Struktur: Autor (Jahr): Titel. Untertitel. – Zeitschrift/Zeitung/Spezialpublikation Jahrgang, Heft-Nr., Seiten-angabe. ggf. DOI-Name.

Hard, G. (1987): „Bewusstseinsräume". Interpretationen zu geographischen Versuchen, regionales Bewusst-sein zu erforschen. – Geographische Zeitschrift 75, 3, 127–148.

McNoleg, O. (1998): Professor Oleg McNoleg's guide to the successful use of Geographical Information Systems (Ten ways to say nothing with GIS). – International Journal of Geographical Information Science 12, 5, 429–430. https://doi.org/10.1080/136588198241725

Spiewak, M. (2001): Einsen für alle. Wie Kuschelnoten die deutschen Studenten betrügen. – Die Zeit 56, 27 (2001-06-28), 1.

Beispiele: Internet-Dokumente, Online-Zeitschriften

Struktur: Autor (Jahr): Titel. Untertitel. – Titel der Online-Zeitschrift Jahrgang, Nummer, URL (Stand: Datum) (Zugriff: Datum) oder DOI-Name.

DFG (Deutsche Forschungsgemeinschaft) (2013[2]): Vorschläge zur Sicherung guter wissenschaftlicher Pra-xis. Denkschrift. Weinheim: Wiley-VCH. http://www.dfg.de/download/pdf/dfg_im_profil/reden_stellungnahmen/download/empfehlung_wiss_praxis_1310.pdf (Stand: 2013-10) (Zugriff: 2014-05-06).

Weber-Wulff D. (2002): Der große Online-Schwindel: Eine Professorin auf Plagiat-Jagd. – Spiegel Online, https://www.spiegel.de/lebenundlernen/uni/eine-professorin-auf-plagiat-jagd-der-grosse-online-schwindel-a-221507.html (Stand: 2002-11-06) (Zugriff: 2021-01-10).

Wikipedia contributors (2020): Soil erosion. In: Wikipedia, The Free Encyclopedia. https://en.wikipedia.org/w/index.php?title=Soil_erosion&oldid=987794022 (Stand: 2020-11-09) (Zugriff: 2020-11-17).

Willamowski, M. (2000): Zitierfähigkeit von Internetseiten. – JurPC WebDok. 78/2000, http://www.jurpc.de/aufsatz/20000078.htm (Stand: 2000-05-22) (Zugriff: 2010-04-7).

oder bei vorhandenem DOI-Namen:

Willamowski, M. (2000): Zitierfähigkeit von Internetseiten. – JurPC WebDok. 78/2000. https://doi.org/10.7328/jurpcb/200015575

Beispiele: Lexika und Wörterbücher

Struktur: Titel (Jahr[Auflage]), Band, Herausgeber. Ort: Verlag.

Duden Deutsches Universalwörterbuch (2001[4]), hrsg. von Dudenredaktion. Mannheim: Dudenverlag.

Aber ebenso korrekt und kürzer im Kurzbeleg (!) ist:

Dudenredaktion (Hrsg.) (2001[4]): Duden Deutsches Universalwörterbuch. Mannheim: Dudenverlag.

Brunotte, E., H. Gebhardt, M. Meurer, P. Meusburger & J. Nipper (Hrsg.) (2001 f.): Lexikon der Geographie in vier Bänden. Heidelberg: Spektrum.

Beispiele: Karten
Struktur: Autor (Jahr): Titel. Untertitel. Maßstab. Ort: Verlag.

Jökel D. (1989): Karte der Dünenentwicklung in der Taklamakan. Maßstab 1:2500000. – Die Erde Erg.H. 6
     (1991), Kartenbeilage.
TLBG (Thüringer Landesamt für Bodenmanagement und Geoinformation) (Hrsg.) (2020): TK25 Blatt 5035,
     Jena. Maßstab 1:25000. Erfurt: TLBG.

Beispiele: Datenträger, publizierte Datensätze
Struktur: Autor (Jahr): Titel. Untertitel. Version, Datenträgertyp. Ort: Verlag.

BKG (Bundesamt f. Kartographie u. Geodäsie) (Hrsg.) (2002): Top200: Bundesrepublik Deutschland, Amtliche
     Topographische Karten: Maßstab 1:200000. Version 3.0, CD-ROM. Frankfurt a. M.: BKG.
Frater, H. (Hrsg.) (2001): Landschaftsformen: Unsere Erde im Wandel – den gestaltenden Kräften auf der
     Spur. Version 2.0, CD-ROM. Berlin: Springer.
Urban, M., K. Heckel, C. Berger, P. Schratz, I. P. J. Smit, T. Strydom, J. Baade & C. Schmullius (2020): Woody Cover
     Mapping in the Kruger National Park using Sentinel-1 time series and LiDAR data (Version v1.0) [Data
     set]. Zenodo. http://doi.org/10.5281/zenodo.3728186

Beispiele: mündliche und schriftliche Mitteilungen, auch Social Media

Vortragender, I. (2002): Die Bedeutung des Vortrags: Warum sollte jemand zuhören? Vorlesung, Elite-
     Universität Eisbergspitzenstadt: Inst. f. Kommunikation u. Kompetenz (Stand: 2002-11-09 11:15 Uhr).
Absender, M. (2002): Text der Betreffzeile [ggf. kurze Inhaltserläuterung]. Schriftliche Mitteilung (Stand:
     2002-12-06).
Schäfer, M. [@AmbSchaefer] (2020): - Update on immigration regulations – Airlines have just been formal-
     ly advised by the SA government that German tourists will be allowed. Twitter. https://twitter.com/
     AmbSchaefer/status/1312455330186489857?s=20 (Stand: 2020-10-03) (Zugriff: 2020-11-17).

4.5 Wie kommt's an?

Grundlagen für die Bewertung schriftlicher Arbeiten

Schriftliche Arbeiten werden sowohl nach inhaltlichen als auch formalen Aspekten beurteilt. Wie mehrfach betont, gehen inhaltliche und formale Aspekte
über weite Strecken ‚Hand in Hand'. Da wissenschaftliche Arbeiten stark auf
bestehendem Wissen und dessen Aufarbeitung aufbauen, spielen dabei die formalen Aspekte im Zusammenhang mit der Übernahme fremder Gedanken,

also die erläuterten Zitierregeln, eine entscheidende Rolle und können sich damit letztendlich auch massiv auf die inhaltliche Bewertung einer Arbeit auswirken.

In Tabelle 4-4 sind die wichtigsten formalen und inhaltlichen Kriterien, die in der Regel bei Studienarbeiten bewertet werden, in Form eines detaillierten Bewertungsbogens aufgelistet. Damit kann der Bewertungsbogen auch vor Abgabe einer Arbeit als Checkliste verwendet werden. Für die Einzelbewertung wird dabei zwischen „++" (fehlerfrei), „+" (mit Fehlern, aber ausreichend) und „−" (eine nicht ausreichende Einzelleistung) unterschieden. In den einzelnen Blöcken müssen nach dem hier entworfenen Schema mindestens 50 Prozent der Einzelleistungen mit einem „+" bewertet sein, um zu einer mindestens ausreichenden Bewertung des Blocks zu gelangen. Der Bewertung „++" kommt somit im Wesentlichen eine nachrichtliche Funktion zu, die den Studierenden signalisiert, dass die entsprechende Teilleistung zur vollsten Zufriedenheit erfüllt wurde.

Im formalen Teil (A und B) liegt der Schwerpunkt eindeutig auf der Quellenarbeit, die nach Auffassung der Autor*innen ein früh zu erlernendes Handwerkszeug darstellt, das in späteren Studienabschnitten gegebenenfalls vorausgesetzt werden kann. Von daher dürfte der Bewertungsbogen in der vorliegenden Form insbesondere in den ersten Studienjahren zum Einsatz kommen. Es sollte allerdings beachtet werden, dass formale Mängel in der Regel eine Abwertung der Benotung zur Folge haben und gravierende formale Fehler auch in späteren Studienabschnitten dazu führen, dass eine Arbeit als „nicht ausreichend" bewertet wird. Im inhaltlichen Teil (C) sind generelle Aspekte zum Aufbau und zum Inhalt einer Arbeit aufgelistet.

Der hier vorgestellte Bewertungsbogen wird von den Verfasser*innen in dieser oder ähnlicher Form seit mehreren Jahren erfolgreich im Rahmen unterschiedlicher Lehrveranstaltungen eingesetzt. Für die Lehrenden hat er den Vorteil, dass er die Korrektur und Bewertung von Arbeiten systematisiert und deutlich erleichtert. Er ist relativ rasch auszufüllen und ermöglicht eine weitgehende Vergleichbarkeit der Ergebnisse über mehrere Semester und über die eigene Lehrveranstaltung hinaus. Subjektive Einflüsse werden deutlich reduziert und Leistungsstandards angeglichen, vor allem wenn alle Lehrenden eines Instituts sich auf einen standardisierten Bewertungsbogen einlassen. Weiterhin bietet der Bewertungsbogen für die Lehrenden eine schnelle Orientierung hinsichtlich der Bewertungsgrundlage bei der Rückgabe und Besprechung der Studienarbeiten, insbesondere wenn ein größeres zeitliches Fenster zwischen Abgabe, Korrektur und Besprechung klafft (was hin und wieder ja vorkommen soll).

Tab. 4-4: Bewertungsbogen für schriftliche Arbeiten (Teil 1/2)

A0	**Quellenbelege** - Wörtliche Übernahmen als solche gekennzeichnet?	mindestens ausreichend / mangelhaft
A1	**Quellenbelege**	
	- Zahlen wie wörtliche Übernahmen behandelt?	++ / + / −
	- Inhaltliche Übernahmen ausreichend belegt?	++ / + / −
	- Formale Übereinstimmung der Kurzbelege mit den Literaturangaben	++ / + / −
	- Übereinstimmung der verwendeten und der angegebenen Literautur	++ / + / −
	- Konsistenz und Vollständigkeit der Literaturangaben	++ / + / −
	Kriterium mindestens ausreichend: Summe Pluspunkte = 3	*mindestens ausreichend/ mangelhaft*
B	**Sonstige formale Gestaltung**	
	- Formale Gliederung	++ / + / −
	- Visualisierung von Sachverhalten (Abbildungen)	++ / + / −
	- Abbildungsunterschriften/Tabellenüberschriften	++ / + / −
	- Einbindung von Abbildungen und Tabellen in den Text	++ / + / −
	- Rechtschreibung, Grammatik und Interpunktion (Grenze +/− 5 Fehler/Seite)	++ / + / −
	Kriterium mindestens ausreichend: Summe Pluspunkte = 3	*mindestens ausreichend/ mangelhaft*

Tab. 4-4: Bewertungsbogen für schriftliche Arbeiten (Teil 2/2)

C0	Inhalt - ausreichend eigenständige, fehlerfreie inhaltliche Darstellung	mindestens ausreichend / mangelhaft
C1	**Inhalt** - Inhaltliche Gliederung	++ / + / −
	- Erfüllt die Einleitung ihren Zweck?	++ / + / −
	- Erfüllt die Zusammenfassung ihren Zweck?	++ / + / −
	- Argumentationslinie, Stringenz, „roter Faden"	++ / + / −
	- Theoriebezug	++ / + / −
	- Umfang der verwendeten Literatur	++ / + / −
	- Qualität der verwendeten Literatur	++ / + / −
	- Wurde das Thema/die Fragestellung ausreichend aufgearbeitet?	++ / + / −
	- Werden unterschiedliche Ansätze verglichen und diskutiert?	++ / + / −
	- Ausdruck	++ / + / −
	Kriterium mindestens ausreichend: Summe Pluspunkte = 5	*mindestens ausreichend/* *mangelhaft*

Kommentar:

_____

_____

_____

_____

_____

_____

_____

Gesamtbewertung: _____

Für die Studierenden bietet ein solcher Bewertungsbogen eine detaillierte Rückmeldung hinsichtlich der eigenen Stärken, die ausgebaut werden sollten und der Schwächen, die es zukünftig zu beheben gilt. Wenn lediglich das Ergebnis der Benotung im elektronischen Managementsystem erscheint während die Seminararbeit zu den Prüfungsakten gelegt wird, dürfte dagegen die Aussicht auf eine Leistungssteigerung eher gering sein.

Weiterführende Literatur

APA (American Psychological Association) (2020[7]): Publication Manual of the American Psychological Association. The Official Guide to APA Style. Washington, DC: APA.

BÄNSCH, A. & D. ALEWELL (2020[12]): Wissenschaftliches Arbeiten. Berlin: DeGruyter Oldenbourg.

DIN 5008:2020 (2020[6]): Schreib- und Gestaltungsregeln für die Text- und Informationsverarbeitung. Unkommentierte Ausgabe der DIN 5008:2020 im Sonderdruckformat. Berlin: Beuth.

ECO, U. (2020[14]): Wie man eine wissenschaftliche Abschlussarbeit schreibt. Doktor-, Diplom- und Magisterarbeiten in den Geistes- und Sozialwissenschaften. UTB **1512**. Wien: WUV Facultas.

ESSELBORN-KRUMBIEGEL, H. (2017[5]): Richtig wissenschaftlich schreiben. Wissenschaftssprache in Regeln und Übungen. UTB **3429**. Paderborn: Schöningh.

FRANCK, N. & J. STARY (Hrsg.) (2013[17]): Die Technik wissenschaftlichen Arbeitens. Eine praktische Anleitung. UTB **0724**. Paderborn: Schöningh.

KARMASIN, M. & R. RIBING (2019[10]): Die Gestaltung wissenschaftlicher Arbeiten. Ein Leitfaden für Facharbeit/VWA, Seminararbeiten, Bachelor-, Master- und Magisterarbeiten, Diplomarbeiten sowie Dissertationen. UTB **2774**. Wien: Facultas.

KLEIN, A. (2020[2]): Wissenschaftliche Arbeiten schreiben. Praktischer Leitfaden mit über 100 Software-Tipps. Frechen: MITP.

KORNMEIER, M. (2018[8]): Wissenschaftlich schreiben leicht gemacht: Für Bachelor, Master und Dissertationen. UTB **3154**. Bern: Haupt.

KRÄMER, W. (2009[3]): Wie schreibe ich eine Seminar- oder Examensarbeit. Frankfurt a. M.: Campus.

RICO, G. (2020): Garantiert kreativ schreiben lernen. Writing the Natural Way – mit der Assoziativen Methode neue Ideen entwickeln und die eigene Stimme finden. Berlin: Autorenhaus Verlag.

STANDOP, E. & M. L. G. MEYER (2008[18]): Die Form der wissenschaftlichen Arbeit. Grundlagen, Technik und Praxis für Schule, Studium und Beruf. Wiebelsheim: Quelle & Meyer.

STICKEL-WOLF, C. & J. WOLF (2019[9]): Wissenschaftliches Arbeiten und Lerntechniken. Erfolgreich studieren – gewusst wie! Wiesbaden: Springer Gabler.

VOSS, R. (2020[7]): Wissenschaftliches arbeiten. …leicht verständlich! UTB **8447**. München: UVK.

WERDER, L. VON (2001[2]): Das kreative Schreiben von wissenschaftlichen Hausarbeiten und Referaten. Berlin: Schibri.

5 Wissenschaftlich präsentieren

Wer kennt sie nicht, die Szene auf einer typischen Jubiläumsfeier: Der Gastgeber erhebt sich, klopft mit einem Messer an sein Weinglas und stimmt eine Rede an. Alles stöhnt! Die beste Rede ist häufig die, die nicht gehalten wird, und ungekürzte Parlamentsdebatten werden, mit einer einschlägigen Ausnahme (Phoenix), von deutschen TV-Stationen nicht mehr übertragen. Wissenschaft lebt aber vom Austausch, der Verbreitung und der Diskussion der Forschungsergebnisse. Bevor diese publiziert werden und dann prinzipiell für alle nachzulesen sind, werden sie in der Regel in Form eines Vortrages oder eines Posters der wissenschaftlichen Öffentlichkeit präsentiert.

Was ist also zu tun, um zu vermeiden, dass sich bereits nach wenigen Minuten beim Publikum gähnende Langeweile einstellt und die Ersten auf den hinteren Reihen durch mehr oder weniger sanftes Schnarchen auf sich aufmerksam machen? Wie kann ein Vortrag interessant gestaltet werden, und welche Inhalte gilt es wie zu präsentieren? Welche Möglichkeiten hat der oder die Vortragende in der zur Verfügung stehenden Zeitspanne (Beschränkung der Redezeit), um deutlich zu machen, was alles an Vorarbeit geleistet wurde und was die wirklich wichtigen Punkte sind? Auf diese Fragen soll der folgende Teil des Leitfadens einige Antworten geben. Ein unvorbereiteter Vortrag gelingt selbst den besten Redner*innen nicht. Das erste Kapitel dieses Teils beschäftigt sich daher mit der Vorbereitungsphase einer Präsentation („Was kommt zuerst?"). Anschließend werden in Kapitel 5.2 Möglichkeiten demonstriert, wie eine sinnvolle Auswahl der zu präsentierenden Punkte getroffen werden kann, und in Kapitel 5.3 werden die einen Vortrag begleitenden Materialien vorgestellt. Danach wird erläutert, welche didaktischen Mittel benutzt werden können und wie ein Vortrag interessant gestaltet werden kann (Kap. 5.4). In Kapitel 5.5 geben wir Tipps zur Lösung von Nervositätsproblemen und skizzieren Maßnahmen zur Vorbereitung sowie zum Verhalten während des Vortrages und unmittelbar danach. Anschließend werden die Bewertungsgrundlagen für eine Präsentation offengelegt und Hinweise gegeben, wie mit Kritik umzugehen ist (Kap. 5.6). Im Zuge fortschreitender Digitalisierung werden Online-Präsentationsformen immer wichtiger. Grundsätzlich gelten hierfür die gleichen Leitlinien wie für die Präsentation im Seminarraum. Einige nicht unwesentliche Besonderheiten gilt es dennoch zu bedenken, die wir im abschließenden Kapitel (5.7) zusammenfassen.

5.1   Was kommt zuerst?

Vorüberlegungen und Vorbereitung einer Präsentation

Die Fähigkeit, ein bestimmtes Thema wissenschaftlich aufzuarbeiten und vor einem (Fach-)Publikum zu präsentieren, gehört zu den wichtigsten im Laufe des Studiums zu erwerbenden Qualifikationen. Dabei ist eine gründliche und vor allem gut geplante Vorbereitung eine entscheidende Voraussetzung für eine erfolgreiche Präsentation. Der wichtigste Grundsatz lautet daher:

Rechtzeitig mit der Vorbereitung beginnen!

Nur eine frühzeitig begonnene Vorbereitung lässt genügend Zeit zur Lösung eventuell auftretender Probleme. Denn „Friktionen", wie DÖRNER (1997: 253) die unvorhersehbaren Bedingungen bei einer „Rumpelstilzchen-Planung" (heute hole ich die Literatur, morgen tippe ich den Vortrag und übermorgen halte ich ihn) bezeichnet, gibt es jede Menge: etwa ein anderweitig verliehenes oder nicht mehr verfügbares Buch mit der entscheidenden Abbildung, ein nicht funktionierendes Notebook, eine fragile Datenverbindung oder ein grippaler Infekt. Nur eine frühzeitige Planung kann verhindern, dass unvorhersehbare Ereignisse eine ‚Katastrophe' nach sich ziehen. Positiv formuliert, ist es im Wesentlichen eine frühzeitige Planung, welche die für ein überzeugendes Auftreten notwendige Selbstsicherheit geben kann.

5.1.1   Thema

Das Thema einer Präsentation ist im Rahmen der jeweiligen Veranstaltungen meist vorgegeben. Dennoch muss überlegt werden, wie das (häufig schriftlich vorbereitete) Thema für einen Vortrag zu gliedern ist, welche Schwerpunkte zu setzen sind und was die zu vermittelnden Grundaussagen sein sollen. Es ist zu bedenken, dass die bei Präsentationen zur Verfügung stehende Zeit meist nicht ausreicht, um alle Aspekte eines (zuvor schriftlich ausgearbeiteten) Themenbereiches umfassend aufzuzeigen. Daher ist es notwendig, sich auf einige wenige Hauptaussagen zu konzentrieren, die möglichst klar dargestellt werden. Anhand dieser Auswahl und Prioritätenbildung entscheidet sich dann auch die Aufbereitung der zu präsentierenden Inhalte (Kap. 5.4). Darüber hinaus sollten sich Vortragende bewusst werden, was in Bezug auf ihr Thema mit der Präsentation beabsichtigt wird.

> Wichtig ist, sich ein deutlich formuliertes Ziel zu setzen, das im Rahmen der Präsentation erreicht werden soll!

STICKEL-WOLF & WOLF (2009: 281) nennen z. B. folgende mögliche Präsentationsziele:

- einen Überblick verschaffen
- informieren, schulen, beraten, motivieren
- Entscheidungen vorantreiben
- einen guten Eindruck hinterlassen

HIERHOLD (2005: 68 ff.) rät dazu, bei der Zielsetzung sowohl „offizielle Ziele" (an der Universität: Themenstellung, wissenschaftliche Anforderung, formale Vorgaben usw.) als auch „persönliche Ziele" (an der Universität: einen bestimmten Eindruck von sich hinterlassen, von eigenen Thesen überzeugen, Seminarteilnehmer spannend „ansprechen" usw.) zu definieren. Hilfreich ist immer, sich zu fragen: Welches Argument will ich rüberbringen? Was ist die Quintessenz, die ‚*take-home message*'?

Bei der zeitlichen Planung ist die von DONNERT & STERZENBACH (1999: 47) vorgeschlagene Gliederung in „Muss-", „Soll-" und „Kann-Inhalte" hilfreich. STICKEL-WOLF & WOLF (2019: 290) bezeichnen dieses Vorgehen auch als „Prioritätsmethode". Sie legt ein Minimalprogramm fest, ermöglicht einen flexiblen Umgang mit dem Zeitbudget und hilft auch, die Inhalte für sich selbst zu strukturieren und zu gewichten.

5.1.2   Art der Präsentation

Die Möglichkeiten, eine Präsentation zu gestalten, sind vielfältig. Welche Art der Vortragsweise letztlich zu wählen ist, hängt von verschiedenen Überlegungen ab. Zu bedenken sind in der Vorbereitungsphase u. a. folgende Punkte:

- Wer ist das Publikum (Größe, Vorwissen usw.)?
- Wie ist die zu erwartende räumliche Situation (Größe, technische Ausstattung des Raumes, Akustik, Lichtverhältnisse usw.)?
- Welche zeitlichen Vorgaben gibt es?
- Wie ist die zu erwartende Verfassung der Zuhörer*innen? Zu welcher Tageszeit findet die Präsentation statt?

Vor- und Nachteile einer „Klassischen Präsentation"
(erweitert nach Hartmann et al. 1999: 18 ff.)

Vorteile
- Inhalte können vergleichsweise effektiv auch an ein ‚unwissendes' Publikum vermittelt werden.
- Auch bei strenger zeitlicher Begrenzung kann erfolgreich über das jeweilige Thema informiert werden.
- Mit einer durchdachten Konzeption ist der Verlauf sehr genau planbar, das heißt, es kann gut auf ein bestimmtes Ziel hingearbeitet werden.
- Der Einsatz vorbereiteter Visualisierungshilfen erleichtert das Verständnis.
- In der meist nachfolgenden Diskussion können die Inhalte mit dem informierten Publikum ‚verhandelt' werden.
- Die Zentrierung auf die Referent*innen erlaubt eine geordnete, stringente und durch Zusatzinformationen angereicherte Diskussion.

Nachteile
- Die Zentrierung auf die Referent*innen lässt spezielle Wünsche bzw. Interessen des Publikums unter Umständen unberücksichtigt.
- Durch mangelnde Interaktion kann der Vortrag unbemerkt am Publikum vorbeigehen und Verständnisfragen können ‚untergehen'.
- Ist die Aufbereitung des Themas dem Publikum nicht angemessen bzw. gibt es gravierende Mängel bei der Vortragstechnik, kann die Präsentation ihr Ziel sehr leicht verfehlen; Zuhörer*innen fragen sich: „Was habe ich eigentlich davon?"
- Fehlen Thesen oder ist das Thema nicht anregend präsentiert worden, kann die in der Regel dem Vortrag folgende Diskussion nur sehr schwer ‚in Gang' kommen.

Konsequenzen
- Gründliche Vorarbeit leisten (Thema gliedern, Präsentationssituation analysieren, zeitliche Einteilung vornehmen, Visualisierungshilfen erstellen usw.)!
- Verständlich reden und logisch sauber argumentieren!
- Bei Planung trotz genau abgesteckten Rahmens Spielräume für Reaktionen des Publikums lassen (z. B. kleinere Verständnisschwierigkeiten sofort klären etc.)!
- Klare Thesen aufstellen; das Thema auch tatsächlich ‚zur Diskussion stellen'!
- Präsentationen gelingen nur mit dem Publikum, d. h. auch tatsächlich mit dem Publikum sprechen!

Vor- und Nachteile einer Moderation
(erweitert nach Hartmann et al. 1999: 18 ff.)

Vorteile

- Der Lernerfolg ist Resultat der kooperativen Erarbeitung von Kompetenzen und Wissen.
- Durch die Form des angeleiteten Arbeitens in einer Seminargruppe können alle Gruppenmitglieder ihre Kompetenzen, Fragen und Kritik einbringen.
- Durch das offene Arbeiten können viele verschiedene Aspekte eines Themengebietes erschlossen werden.
- Methodenvielfalt schafft eine abwechslungsreiche Auseinandersetzung mit dem Thema, was letztlich auch die Produktivität der Gruppe steigert.
- Auftretende Schwierigkeiten im Lernprozess treten frühzeitig zu Tage und müssen gelöst werden, da sonst die weitere Arbeit der Gruppe behindert wird.

Nachteile

- Moderiertes Arbeiten ist meist nur bis zu einer bestimmten Gruppengröße bzw. -zusammensetzung sinnvoll, diese kann aber nicht immer beeinflusst werden.
- Die geforderte Neutralität der Moderierenden ist für Ungeübte nicht einfach.
- Die Lösung von eventuell auftretenden Arbeitsschwierigkeiten in der Gruppe erfordert hoch entwickelte Methodenkompetenz.
- Abläufe des Arbeitens sind zum Teil nur bedingt plan- oder vorhersehbar.
- Die zeitliche Planung ist schwierig, im Allgemeinen ist jedoch gegenüber der klassischen Präsentation mit einem erhöhten zeitlichen Aufwand zu rechnen.
- Es kann der Eindruck entstehen, ein Thema würde ,zerredet', ohne dass ein Ergebnis erreicht wird.

Konsequenzen

- Gründliche Vorarbeit leisten (Gruppe genau analysieren, Auswahl der anzuwendenden Methoden, Planung der Arbeitsabläufe, Erstellung von Arbeitsmaterialien usw.)!
- Moderation nur bei angemessenen Rahmenbedingungen durchführen, d. h. bei entsprechender Gruppengröße und -zusammensetzung, angebrachter räumlicher Situation usw.!
- Fundierte inhaltliche Vorbereitung trotz Schwerpunkt auf Methodik leisten!
- Insgesamt wird eine hohe Diskussionsdisziplin vorausgesetzt. Ist damit nicht zu rechnen, besser ,klassisch' präsentieren!
- Moderator*innen sollen für die Gruppe ansprechbar sein und Hilfen geben, aber nicht dominant in die inhaltliche Arbeit eingreifen!

Anhand dieser Kriterien entscheidet sich, welchen inhaltlichen Umfang die Präsentation haben kann bzw. wie weit fachlich ‚in die Tiefe' zu gehen ist, welcher Vortragsstil angemessen ist, welches Hilfsmaterial verwendet wird, auf welche Medien zurückzugreifen ist usw. Vor allem aber kann durch die Analyse der zu erwartenden Randbedingungen sowie anhand des vorgegebenen Zieles entschieden werden, welche Methoden, Techniken und Mittel des Präsentierens zur Anwendung kommen. Bei der Vermittlung wissenschaftlich aufgearbeiteter Themen sind zwei Methoden besonders geeignet: die ‚**klassische' Präsentation**, bei der die Referierenden im Mittelpunkt stehen, sowie die **Moderation**, in der eine Person oder ein Moderationsteam eine Gruppe bei gemeinsamer Problemlösung anleitet bzw. Hilfestellung dazu gibt. Weitere Hinweise zur Anwendung der Moderationstechnik sind neben HARTMANN et al. (1999) u. a. bei HIERHOLD (2005), SEIFERT (2008) oder STICKEL-WOLF & WOLF (2019) zu finden.

> Durchführung und Erfolg einer Präsentation unterliegen den Vorüberlegungen zu den Rahmenbedingungen. Je früher diese angestellt werden, desto systematischer kann die Vorbereitung in Angriff genommen und desto sicherer und gelassener kann einer anstehenden Präsentation entgegengesehen werden.

5.1.3 Manuskript

Bei der Durchführung einer klassischen Präsentation, wie sie im universitären Umfeld meist gefordert wird, ist entscheidend, den Vortrag auch wirklich vorzutragen und nicht einfach vorzulesen! Im Vortrag soll ein Thema in verständlicher Sprache strukturiert und in anschaulicher Art vermittelt werden. Dabei soll den Zuhörer*innen Gelegenheit gegeben werden, mitzudenken und sich zu den vorgetragenen Argumenten zu positionieren. Ein Referat sollte daher nicht aus Trivialitäten bestehen, sondern fundiert über ein Thema informieren, Fragen aufwerfen und neue Erkenntnisse begründet und prägnant vermitteln. Da nur geübte Referent*innen einen wissenschaftlichen Vortrag ‚frei' im vorgegebenen Zeitrahmen halten können, ist es notwendig, sich ein Vortragsmanuskript zu erstellen. Diesbezüglich gibt es grundsätzlich zwei Möglichkeiten: Zum einen das **ausgeschriebene Manuskript** und zum anderen das **Stichwortmanuskript**. Die Entscheidung, welche Version angewendet wird, muss letztlich auch durch Ausprobieren getroffen werden. Nachfolgend werden beide Varianten hinsichtlich ihrer Vor- und Nachteile erläutert.

Während Vortragsmanuskripte klassischerweise in Papierform verfasst sind und damit unabhängig von einer Visualisierung auf dem Tisch liegen oder in der Hand gehalten werden, gibt es mit Präsentationsprogrammen wie Microsoft PowerPoint, Apache Open Office Impress oder Apple Keynote auch die Möglichkeit, das Manuskript als Notiz mit den jeweiligen Folien zu verbinden. Diese sind dann bei der Präsentation nur für die Referierenden am Laptop oder Tablet sichtbar, nicht jedoch in der Projektion. Der Vorteil ist, dass hier alles in einem Dokument gespeichert ist und die Visualisierung mit dem gesprochenen Text direkt aufeinander abgestimmt werden kann. Aber Vorsicht: Wird die Präsentation mit einem externen Datenträger auf einen fremden Rechner überspielt, muss vorher sichergestellt sein, dass die nötige Programmversion installiert ist. Ist sie es nicht, sind die Notizen während des Vortrags nicht sichtbar. Ein analoges Back-up in Papierform kann dann sehr hilfreich sein! Mit der Zeit sollte aber das Ziel sein, einen freien Vortrag zu halten und die Folien, die auch das Publikum sieht, quasi als Stichwortmanuskript zu verwenden.

Vor- und Nachteile eines ausgeschriebenen Manuskripts

Vorteile

- Die im Vortrag gemachten Aussagen sind jederzeit überprüfbar und wiederholbar.
- Der vorgegebene Zeitplan kann in der Regel genau eingehalten werden.
- Die Gefahr von Redepannen wird eingeschränkt.

Nachteile

- Ungeübte Sprecher*innen lesen ein Manuskript häufig viel zu schnell vor.
- Bei zu starker Bindung an das Manuskript besteht die Gefahr, vor den Zuhörer*innen und nicht zu ihnen zu sprechen.
- Die Zuhörerschaft kann dann den Eindruck gewinnen, die Vortragenden setzten sich nur mit dem Vortragsstoff und nicht mit ihnen auseinander.
- Die Zuhörerschaft kann durch Stofffülle überfordert werden. Wichtige Inhalte gehen unter.
- Schriftsprache neigt zu kompliziertem Satzbau, der von ‚Hörer*innen‘ schlecht nachzuvollziehen ist.
- Die Flexibilität, auf Zuhörerschaft oder sich verändernde Rahmenbedingungen einzugehen, ist gering.

Konsequenzen

- Große, gut lesbare Schrift (mindestens 14 Punkt) und große Zeilenabstände verwenden!
- Text übersichtlich darstellen, gliedern und zentrale Aspekte hervorheben (unterstreichen, Fettschrift oder Farben)! Evtl. in fortlaufender Nummerierung arbeiten – das erleichtert auch den Wiedereinstieg ins Manuskript, z. B. nach ‚freier‘ Erläuterung einer Graphik!
- Einseitig beschriebene, ungefaltete und nummerierte Blätter verwenden!
- Gut vorbereiten! Ideal wäre: Augen zu 30 Prozent auf dem Text und zu 70 Prozent beim Publikum!

Vor- und Nachteile eines Stichwortmanuskripts

Vorteile

- Weil die Sätze während des Vortrages formuliert werden, ist die Sprache in der Regel einfacher, verständlicher und langsamer.
- Die Referent*innen sprechen direkt zur Zuhörerschaft.
- Der ständige Augenkontakt gewährleistet eine rasche Reaktion auf das Verhalten der Zuhörerschaft.
- Kleine sich ergebende Sprechpausen verhindern ‚Stoffüberflutung‘.
- Der Vortrag wirkt spontaner und direkter.

Nachteile

- Bei wenig Geübten kann ein Stichwort- bzw. Überschriftenmanuskript Redeangst oder Redehemmungen verstärken; Redepannen können weniger gut überbrückt werden.
- Die Einhaltung eines Zeitplanes ist mitunter schwieriger.
- Die Gefahr des inhaltlichen Abschweifens ist relativ groß.

Konsequenzen

- Eine gründliche Vorbereitung ist notwendig, ein Probelauf sinnvoll!
- Stichwortdichte muss gut gewählt werden, nicht zu wenige, nicht zu viele Stichwörter!
- Stichwörter groß und gut lesbar notieren!
- Den Stoff übersichtlich und logisch gliedern!
- Haupt- und Nebengedanken gut unterscheiden!
- Hinweise für Zeiteinteilung und Hilfsmittelgebrauch notieren!
- Einseitig beschriebene, ungefaltete und klar nummerierte Blätter oder Karten verwenden!

5.2   Was kommt rein?

Auswahl der zu präsentierenden Punkte

Eine Präsentation kann nur eine begrenzte Auswahl an Aspekten eines Themengebietes darstellen. Diese Limitierung hängt einerseits mit dem vorgegebenen zeitlichen Rahmen zusammen, andererseits aber auch entscheidend mit
der Aufnahmekapazität des Publikums. Die somit beschränkte Auswahl der
vermittelbaren Kerninformationen macht es zum einen notwendig, sich darüber klar zu werden, welche inhaltlichen Fakten dargestellt werden sollen. Zum
anderen müssen die zu präsentierenden Informationen auf das Wesentliche
reduziert, d. h. komprimiert werden. Nach SEIFERT (2008: 53) wird der Inhalt
einer Präsentation in drei Schritten aufbereitet:

- Stoff sammeln und selektieren
- Komprimieren des Stoffes
- Visualisieren des ausgewählten Inhaltes

Die ersten beiden Schritte werden nachfolgend kurz behandelt. Im folgenden
Kapitel werden dann zunächst die Begleitmaterialien einer Präsentation vor-
gestellt und anschließend Möglichkeiten der Visualisierung der ausgewählten
Inhalte erläutert (Kap. 5.4).

5.2.1   Selektieren

Die Präsentation eines Sachverhaltes steht im Rahmen von Hochschul-Semi-
naren meist am Ende einer vorab geleisteten (schriftlich formulierten) Arbeit.
Es geht also weniger darum, ein Vorhaben zu entwerfen, als eine fertige Arbeit
vorzustellen und die Inhalte zur Diskussion zu stellen. Während eine Stoff-
sammlung bereits erfolgt ist, ist daher der entscheidende Vorgang die Selektion
der für den mündlichen Vortrag relevanten Daten und Informationen, deren
Aufbereitung und ‚Verpackung‘.

   Was genau aber ist nun der Kern der Argumentation? Und ist nicht alles,
was mühsam erarbeitet und niedergeschrieben wurde, gleichermaßen wichtig?
Dass es schwerfällt, sich von den eigenen Sätzen und Formulierungen zu tren-
nen, ist ein verbreitetes Phänomen. Dennoch: Für den Vortrag muss es sein.
Eine erste Hilfe dabei ist, die eigene Arbeit noch einmal so zu lesen wie einen
fremden Text (Kap. 3): Kernbegriffe bzw. Schlüsselbegriffe und Definitionen

unterstreichen, kritische Punkte vermerken und vor allem die Argumentationslinie nochmals herausstellen. So werden die zentralen Punkte wieder hervorgeholt.

Eine weitere Hilfe ist es, einmal zu versuchen, Bekannten, die nicht mit der Thematik vertraut sind und die sich vielleicht auch nicht sonderlich dafür interessieren, in wenigen Sätzen das Erarbeitete verständlich zu machen. Dabei wird oftmals sehr deutlich, welches die Basisaussagen und die zu deren Verständnis notwendigen Hintergrundinformationen sind. Solche Übungen zeigen auch, welche Seiten der Thematik dazu geeignet sind, Interesse hervorzurufen, und welche ‚Aufhänger' es geben könnte, um etwa einen aktuellen Bezug herzustellen. Dies kann dann für den ‚Einstieg' genutzt werden. Und nicht zuletzt kann auch von ‚Außenstehenden' ein wichtiger Denkanstoß kommen, der Aspekte einer Thematik plötzlich in einem anderen Licht erscheinen lässt oder bisher unbrücksichtigte Aspekte beleuchtet.

> **Beim Selektionsvorgang sind folgende Fragen hilfreich:**
> - Welche Botschaft will ich hauptsächlich transportieren?
> - Welche Details sind dabei interessant, weiterführend, welche sind unabdingbar?
> - Wer hört zu, und mit welchem (Wissens-)Hintergrund?

5.2.2 Komprimieren

Eine Präsentation, vor allem ein mündlicher Vortrag, sollte wie auch die schriftliche Arbeit aus Einleitung, Hauptteil und Schluss bestehen und einem erkennbaren roten Faden folgen. Hinsichtlich ihrer Funktion unterscheiden sich diese Elemente bei einer mündlichen Präsentation kaum von den entsprechenden Elementen einer schriftlichen Arbeit (Kap. 4.2.2 ff.).

Die **Einleitung** soll Interesse wecken, Aufmerksamkeit erzeugen und eine Orientierung darüber geben, was das Publikum erwartet. Das sollte in kurzer und prägnanter Form geschehen. Dabei kann bereits auf besonders interessante (und von den Autor*innen begründet selektierte) Punkte hingewiesen oder auch ein persönlicher Bezug zum Thema dargelegt werden. Verschiedene Tipps dazu geben STICKEL-WOLF & WOLF (2019: 203 ff.).

Der **Hauptteil** enthält die wichtigsten Informationen des Vortrags (und heißt niemals „Hauptteil", sondern trägt eine inhaltliche Überschrift). Für ihn kann, ähnlich wie bei der Zielsetzung (Kap. 4.1.3), zur Konzentration auf das Wesentliche eine Themensammlung angefertigt und nach der „Prioritätsme-

Leitfaden für Aufbau und Gliederung eines Vortrags

Einleitung
Die Einleitung dient der Heranführung an das Thema und der Orientierung des Publikums. Folgende Punkte sollten enthalten sein:
1. **Titel:** Wie heißt mein Vortrag?
2. **Gegenstand des Vortrags, Einordnung des Themas:** Womit beschäftige ich mich? In welchem wissenschaftlichen Kontext steht mein Vortrag?
3. **Gegebenenfalls Anstoß für die Bearbeitung des Themas:** Warum beschäftige ich mich damit?
4. **Zentrale Fragestellung(en):** Welche Fragen versuche ich zu beantworten?
5. **Gliederung, Erläuterung des geplanten Programmablaufs:** Was steht dem Publikum bevor und in welcher Abfolge?

Hauptteil
Der Hauptteil dient der argumentativen Aufbereitung und Abhandlung der Fragestellung anhand von Thesen und (Forschungs-)Ergebnissen. Dabei ist auf eine schlüssige Gliederung zu achten. Folgende Punkte sollten enthalten sein:
1. **Erklärung grundlegender Begriffe und Definitionen:** „Geographie ist nach xy . . .“ oder: „Ich beziehe mich auf den Begriff der Nachhaltigkeit im Sinne von xy als ...“
2. **Nähere Bestimmung der Fragestellung:** Welche Fragen interessieren, und wie gehe ich deren Beantwortung an?
3. **Formulierung von Thesen:** Welche möglichen Antworten auf die Fragestellung sollen geprüft werden?
4. **Diskutieren der Thesen unter Einbeziehung unterschiedlicher Positionen, Daten, Ergebnisse:** Was spricht für, was gegen die einzelnen Thesen?
5. **Formulierung der Ergebnisse:** Zu welchem Schluss komme ich?
Wichtig: Quellen des Belegmaterials für Argumente und dargestellte Sachverhalte anführen: Wer hat was untersucht und mit welchem Ergebnis? Was sagen die angeführten Quellen bezüglich meiner Fragestellung und meinen Thesen? Wo ist das nachzulesen? Ergebnisse veranschaulichen und konkretisieren, gegebenenfalls anhand eines Fallbeispiels!

Schluss
Der Schlussteil dient der Zusammenfassung der Ergebnisse unter Bezugnahme auf die Fragestellung sowie der Vorbereitung der anschließenden Diskussion. Folgende Punkte sollten enthalten sein:
1. **Zusammenstellung der Ergebnisse:** Was ist mein Fazit in Bezug auf die Fragestellung?
2. **Erkenntnisgewinn:** Was ist neu, besonders interessant an diesem Fazit?
3. **Geltungsbereich der Ergebnisse, Widersprüche, offene Fragen:** Für welche Bereiche trifft mein Fazit zu? Wo versagt es? Was muss ungeklärt stehen bleiben? Was müsste näher untersucht werden?
4. **Über- und Anleitung zur Diskussion:** Was genau möchte ich zur Diskussion stellen?
Wichtig: Keine neuen Gedanken und Inhalte präsentieren!

thode" (STICKEL-WOLF & WOLF 2019: 290 f., auch schon DONNERT & STER-ZENBACH 1999: 47) strukturiert werden in:

- Muss-Informationen
- Soll-Informationen
- Kann-Informationen

Durch die Auswahl und Reihung der Muss- und Soll-Informationen wird ein Minimalgerüst erstellt und die Information auf das Grundlegende komprimiert. Die Kann-Informationen dienen dann zur spontanen Ausschmückung des Vortrags, z. B. bei verständnislosen Blicken der Zuhörenden, oder zur vorbereiteten, nicht im Vortrag präsentierten Antwort auf anschließend aufkommende Fragen.

Am **Schluss** des Vortrags werden die wichtigsten Ergebnisse und zentralen Aussagen zusammengefasst und bewertet, es wird der Erkenntnisgewinn aufgezeigt und gegebenenfalls auf offene Fragen oder Widersprüche hingewiesen. Der Schlussteil eines Vortrags ist aber nicht der richtige Ort, dem Halbsatz von Reinhard Mey („Was ich noch zu sagen hätte …", MEY 2016: 368) folgend, neue Fakten oder Inhalte zu präsentieren. Allerdings ist bei der Gestaltung des Schlussteils eines Vortrags zu bedenken, dass dieser, im Gegensatz zur Zusammenfassung einer schriftlichen Arbeit, in der Regel in eine sich unmittelbar anschließende Diskussion überleitet. Das Ende eines Vortrags sollte daher eine Einleitung bzw. einen impulsgebenden Übergang in die Diskussion bieten, mit dem Ziel, das Publikum zu Stellungnahmen zu motivieren. Dabei ist jedoch darauf zu achten, dass hier i) Denkanstöße oder Fragen formuliert werden, die tatsächlich auf der Basis des Vortrags diskutiert werden können, und ii) keine Allgemeinplätze als Einstieg in die Diskussion formuliert werden.

5.3 Was gehört dazu?

Erstellung von Thesenpapier bzw. Handout, Zusammenstellung begleitender Materialien

Bei den meisten Präsentationen wird erwartet, dass dem Publikum die wichtigsten Punkte des Vortrages bzw. eigene Thesen zusammengefasst ausgehändigt werden. Dieses Material sollte zum einen Grundinformationen zum Rahmen des Referats enthalten (das Datum des Referats, dessen Titel sowie

den Namen der Referent*innen usw.) und zum anderen das Verständnis des
Publikums für die vorgetragenen Inhalte erleichtern. Die geläufigen Begriffe
für ein solches Papier sind Thesenpapier, Handzettel oder Handout. Dabei ist
jedoch zu beachten, dass die Begriffe nicht synonym und die Erwartungen an
diese Papiere sehr unterschiedlich sind. Je nach Veranstaltung wird gefordert,
dass die Vortragenden eine Liste zu diskutierender Thesen – also ein Thesenpapier – zusammenstellen oder aber ein Handout als Verständnishilfe, z. B. in
Form eines Glossars oder einer Zusammenfassung liefern. In jedem Falle sollte
vor dem Referat geklärt werden, welche Art von Kurzfassung von der Seminarleitung gefordert wird!

5.3.1 Thesenpapier

Ein **Thesenpapier** dient der schriftlichen Fixierung der im Vortrag heraus-
gearbeiteten Thesen. Es hat im Wesentlichen die Funktion, die Standpunkte
der Referierenden zum Thema darzulegen sowie, vielleicht noch wichtiger, zur
Diskussion dieser Standpunkte anzuregen. Entscheidend ist dabei, dass die zur
Diskussion gestellten Thesen, die im Thesenpapier nur in Kurzform wiedergegeben werden, im Vortrag dargelegt und begründet werden. Wie STICKEL-
WOLF & WOLF (2009: 99) betonen, ist eine „enumerative" (aufzählende) Aufstellung der Thesen besonders wirksam, da sie ein besseres Arbeiten mit den
jeweiligen Thesen ermöglicht und zur Einprägsamkeit beiträgt. Ebenso sollten
die Thesen möglichst kurz und prägnant formuliert werden und in einer logischen Reihenfolge stehen. Im Allgemeinen sollte ein Thesenpapier so gestaltet
werden, dass es klar gegliedert und verständlich ist, eine schnelle Orientierung
ermöglicht und somit die Teilnahme an der Diskussion geradezu provoziert.

5.3.2 Handout

Im Gegensatz dazu ist ein **Handout** die schriftliche Ergänzung zur Präsentation und soll die Informationsvermittlung zwischen Referent*innen und Zuhörer*innen erleichtern. Durch die schriftliche Fixierung soll das Handout die
Aufmerksamkeit für den mündlichen Vortrag erhöhen. Es ist ausführlicher,
das heißt, es enthält neben dem Thema und den Thesen eine Gliederung des
Vortrags, einige wichtige Stichpunkte, Definitionen, eine vollständige Literaturliste, Abbildungen sowie Erklärungen und Informationen, die im Vortrag

nicht angesprochen werden und zum Nachlesen und Hinterfragen bestimmt sind. Ein Handout kann ausformuliert werden oder stichpunktartig vorliegen.

> In der Regel werden Handouts in Stichpunkten angefertigt, die jedoch beim späteren Durchlesen noch verständlich sein sollen. Sie umfassen etwa zwei bis drei Seiten, inklusive der wichtigsten Abbildungen und Literaturangaben (Abb. 5-1).

Vier Grundfunktionen sollte ein Handout erfüllen:

1. Orientierung:

- Die Gliederung sollte sich im Handout wiederfinden, das somit einen Überblick über das Referat bieten sollte. Dazu gehört ein Kopf mit Angaben zu Universität, Institut, Seminar, Leitung, Referent*innen, Datum und Thema.
- Zuhörer*innen sollte es möglich sein, nach kurzem gedanklichem Abschweifen mit Hilfe des Papiers wieder den Einstieg in das Referat zu finden.

2. Vermittlung von Informationen:

- Definitionen der wichtigsten Begriffe (inkl. der dazugehörigen Quellen) sollten auf dem Handout nachzulesen sein.
- Das Handout sollte das Mitschreiben während der Präsentation erleichtern oder ganz ersetzen. Gewinn: Konzentration auf den Vortrag!
- Beim späteren Lesen sollten Zusammenhänge wieder verständlich werden.

3. Fixierung von Thesen und Diskussionspunkten:

- Ein Handout sollte Thesen, Widersprüche und offenbleibende Fragen in Kurzform enthalten.
- Es sollte Sachverhalte aufführen, über die es sich lohnt, genauer nachzudenken bzw. zu diskutieren. Gewinn: Erhöhtes Reflexionsniveau und Überleitung zur Diskussion!

4. Literaturangaben:

- Ein Handout beinhaltet ein Verzeichnis der verwendeten Literatur.
- Eventuell kann besonders geeignete Literatur hervorgehoben werden.

Friedrich-Schiller-Universität Jena   WiSe 2020/2021
Institut für Geographie
Modul: Einführung in das Geographiestudium

Anna Musterfrau & Lukas Mustermann (Kurs xy)

Der Prozess der Urbanisierung

Handout zum Vortrag am 11.11.2020

Gliederung

1. Einleitung: Urbanisierung als Gegenstand der Forschung
2. Begriffsklärung: Mobilität, Segregation (…)
3. Faktoren der Urbanisierung (nach Autor*in)
4. Phasen der Urbanisierung (nach Autor*in)
5. Problembereiche und zukünftige Entwicklungen
6. Diskussion

Definition der Kernbegriffe

Mobilität: M. wird nach Autor*in (Jahr: Seite) als „…" definiert.
Segregation: S. wird nach Autor*in (…) als „…" definiert.
(…): (…)

Thesen
Urbanisierung ist ein stetig fortlaufender Prozess.
(…)

Abb. xy: Verstädterungsprozess (Autor*in Jahr: Seite)

Literatur
KAISER, Z. (2015⁶): Verstädterungsprozess in Mitteldeutschland. Leipzig: Urban.
(…)

Abb. 5-1: Beispiel für die Gestaltung eines Handouts

5.3.3 Weitere Begleitmaterialien

Es kann sinnvoll sein, eine Präsentation mit weiterem Begleitmaterial anzureichern. Dies ist z. B. dann der Fall, wenn über bestimmte Techniken oder Geräte referiert wird (z. B. Niederschlagsmessung) oder wenn das Thema der zu präsentierenden Arbeit eng mit der Auswertung von Materialien wie Broschüren oder Zeitungsartikeln verknüpft ist. Der Vorteil ist, dass statt einer ‚trockenen' und abstrakt-theoretischen Wiedergabe von Techniken, Instrumenten und Materialien diese direkt und anschaulich vermittelt, gesichtet oder ausprobiert werden können. Im Falle von Bild- und Textmaterial kann ein Original-Eindruck erzeugt werden, der bei einer bereits zusammengefassten, überarbeiteten Darstellung verloren geht. Solches Begleitmaterial sollte sinnvoll ausgewählt werden. Gleichzeitig sollte gut überlegt werden, zu welchem Zeitpunkt das Material eingebracht wird. Das entstehende Rascheln und die neue Bindung der Blicke auf das Material unterbrechen den Vortrag. Das ‚Zurückholen' des Publikums kostet Zeit, was wiederum bei der Planung zu berücksichtigen ist (Kap. 5.4).

5.4 Wie wird's anschaulich?

Visualisierung von Vortragsinhalten, Mediendidaktik, Vortragsstil

Ein Vergleich der Ausführungen in Kapitel 4.1 und 5.1 („Was kommt zuerst"?) macht deutlich, dass die inhaltliche Vorbereitung schriftlicher und mündlicher Präsentationen auf vergleichbaren Grundsätzen basiert und mit ähnlichen Arbeitsschritten verbunden ist. Hinsichtlich der Vermittlung der Inhalte (Präsentation) folgt ein mündlicher Vortrag aber eigenen Gesetzmäßigkeiten. Bei der mündlichen Präsentation von Ergebnissen geht es darum, in meist knapp bemessener Zeit komplexe oder abstrakte Sachverhalte anschaulich zu vermitteln. Ziel ist es, den Stoff so darzubieten, dass er beim Publikum ‚hängen bleibt' und damit eine solide Grundlage für eine an den Vortrag anschließende fachliche Diskussion geschaffen ist – freilich ohne die Inhalte zu banalisieren!

Eine angemessene Sprache ist eine Grundvoraussetzung für den erfolgreichen Transfer der Inhalte. Darüber hinaus fördert der Einsatz didaktischer Hilfsmittel und Techniken das Aufnehmen und Erinnern der Inhalte durch das Publikum. Der Visualisierung von Inhalten kommt dabei eine besondere Bedeutung zu, da Untersuchungen zufolge über 80 Prozent der Informationen übers Auge aufgenommen werden (VOLLMER & HOBERG 1988 zit. in STICKEL-

WOLF & WOLF 2019: 296). Bei aller didaktischen Finesse – dies sollte nie vergessen werden – bleibt aber das Hauptziel der Präsentation die Vermittlung von Inhalten! Technische ‚Spielereien‘ sollten also nur dann eingesetzt werden, wenn sie sicher beherrscht werden und die Inhalte ‚sinnvoll‘ und angemessen transportieren. Vergleichbares gilt für die eingesetzten Visualisierungen.

5.4.1 Visualisieren

Die Visualisierung, also die optisch ansprechende Darstellung, fördert die Merk- und Erinnerungsfähigkeit bei den Zuhörer*innen (SEIFERT 2008: 11) und ermöglicht es somit, komplexe Inhalte und Zusammenhänge in kurzer Zeit zu vermitteln. Visualisierung umfasst alle Maßnahmen, die geeignet sind, das Gesprochene zeitgleich über das Auge erfassbar zu machen, ‚auf einen Blick‘ zu erschließen. Dazu gehören Texte, Schaubilder, Diagramme, Tabellen, Graphiken, Bilder und in der Geographie insbesondere auch Karten. Gerade für das Zeigen von Übersichten (z. B. Gliederung des Referates), Tabellen, Abbildungen oder Karten ist der Einbezug von Medien (Folien/Tafel) unerlässlich.

Dabei ist es zunächst zweitrangig, welches Präsentationsmedium (Tafel, Overheadprojektor, Diaprojektor, Dokumentenkamera oder Beamer) eingesetzt wird. Für jeden Medieneinsatz gilt aber: Wichtig ist, sich in die Rolle des Publikums zu versetzen, auch derjenigen, die in der letzten Reihe des Vortragsraumes sitzen!

Allerdings sind Visualisierungsmaßnahmen nicht per se förderlich für den Informationstransfer. Ein ständiger Wechsel der Präsentationsmedien (‚Multimediashow‘) oder des Layouts von Folien, überfrachtete Folien, zu kleine Schrift, zu komplexe Schaubilder, aber auch überflüssige, da inhaltlich nicht weiterführende Illustrationen führen zu Reizüberflutung, Ermüdung und folglich Desinteresse. Förderlich ist Visualisierung nur dann, wenn sie gut durchdacht und sinnvoll umgesetzt wird. Inhaltlich bedeutet dies: erst selektieren, dann zusammenfassend darstellen und schließlich visualisieren. Technisch impliziert es eine gewisse Bescheidenheit und den Verzicht auf das meiste, was technisch möglich wäre (dies gilt insbesondere bei Bildschirmpräsentationen, s. Kap. 5.4.2.2). Empfehlenswert ist es, sich auf ein Präsentationsmedium (höchstens aber zwei Geräte) zu beschränken, da ein Wechsel der Geräte immer mit Umbau- und Umstellungszeit (bei Vortragenden und Publikum) verbunden ist, die häufig sinnvoller zur Präsentation von Inhalten genutzt werden könnte. Doch wie auch immer entschieden wird: Jeder Geräteeinsatz ist im Vorfeld gewissenhaft zu planen. Das bedeutet, sich frühzeitig mit den

Geräten und ihren Eigenheiten („wo ist der Einschalt-Knopf?") vertraut zu machen und die Geräte unmittelbar vor dem Vortrag noch einmal auf ihre Funktionstüchtigkeit zu überprüfen. Dies gilt äquivalent für alle *Tools* bei Online-Präsentationen.

Die wichtigsten Grundsätze der Visualisierung sind:
- **Lesbarkeit:** Schriftart, Schriftgröße, Bildgröße
- **Einfachheit:** Selektion der wichtigsten Informationen/Aussagen
- **Ordnung:** Veranschaulichung entlang des ‚roten Fadens'
- **Kürze/Prägnanz:** Verzicht auf jegliche Füllelemente
- **Auswahl:** Lenken des Blickes durch Stimulans, wie z. B. Farben

5.4.1.1 Text

Das häufigste Visualisierungsmittel sind reine Textfolien. Das beginnt schon bei der Titelfolie, die gegebenenfalls mit einem passenden, d.h. aus dem inhaltlichen Zusammenhang stammenden (!) Bild aufgelockert werden kann, und endet mit der Folie, die die Zusammenfassung der wesentlichen Vortragsinhalte visuell unterstützt.

Um eine optimale Lesbarkeit von Textfolien zu gewährleisten, sind bei der Gestaltung der Folien einige Richtlinien zu berücksichtigen (Tab. 5-1), die das Ergebnis wahrnehmungspsychologischer Studien sind. Nachdrücklich ist hier auf die **Mindestgröße der Schrift** hinzuweisen, die bei einer serifenlosen Schrift, wie z. B. Arial, 20 Punkt und bei einer Serifenschrift 28 Punkt betragen sollte (BARTSCHERER 2004: 43). Allerdings bedeutet die Erfüllung der Anforderungen an Schrifttyp und -größe noch nicht automatisch, dass eine Folie gut erfassbar ist. Unter Berücksichtigung der vorgeschlagenen Seitenformatierung ließen sich nämlich auf einer DIN-A4-Seite bzw. einer entsprechenden PowerPoint-Folie in 15 Zeilen ca. 150 Wörter unterbringen. Nach allgemeinem Dafürhalten ist das viel zu viel Text für eine Seite. Auch wenn die Empfehlungen in der einschlägigen Literatur eine gewisse Schwankungsbreite aufweisen (vgl. BREDEMEIER & SCHLEGEL 1994: 167; STICKEL-WOLF & WOLF 2009: 296; BARTSCHERER 2004: 43; LEHRBERGER 2004: 59), so kann doch als absoluter Grenzwert für Text auf einer Seite die sogenannte Siebener-Regel (höchstens sieben Wörter pro Zeile und höchsten sieben Zeilen pro Seite) festgehalten werden. Dabei ist ‚weniger mehr', sodass hier empfohlen wird, den Textumfang auf einer Seite an der entsprechenden **Fünfer-Regel**, also maximal 25 Wörter pro Seite, zu orientieren. Daraus ergibt sich von selbst, dass

Tab. 5-1: Richtlinien für die Visualisierung von Text

Themen	Nur ein Thema pro Folie abhandeln!
Layout	Auf Einfachheit und Übersichtlichkeit achten! Links und rechts ca. 3 cm Rand lassen!
Schrift	Groß- und Kleinbuchstaben benutzen! Einfaches Schriftbild bevorzugen! Keine Unterstreichungen! Zur Auszeichnung von Text entweder Fettdruck oder farbliche Hervorhebung verwenden!
Schrifttyp	Serifenlose Schrift (z. B. Arial) benutzen!
Schriftgröße	Bei serifenloser Schrift mindestens 20 Punkt, bei Serifenschrift mindestens 28 Punkt
Textumfang	Nicht mehr als 7 Zeilen pro Folie, nicht mehr als 7 Wörter pro Zeile! Folglich maximal 49 Wörter pro Folie, besser 25 Wörter pro Folie
Farben	Maximal 3 Farben verwenden! Kontrastreiche Farben bevorzugen (Weiß, Schwarz, Rot, Grün, Blau)

Textfolien vornehmlich Stichwörter und nur in begründeten Ausnahmefällen (z. B. bei grundlegenden Definitionen) ausformulierten Text enthalten. Im Zweifelsfall sollte der zu einem Thema oder Abschnitt gehörende Text auf zwei Folien verteilt werden, anstatt eine Folie zu überfrachten, selbst wenn das bei Overheadfolien – so sie denn noch zum Einsatz kommen – mit zusätzlichen Kosten verbunden sein sollte. Insgesamt sollten aber die Folien keinesfalls als bloße Auslagerung des Manuskripts angefertigt werden, um dann von dort den Vortragstext abzulesen! Während bei einem längeren Zitat das wörtliche Mitlesen eine Stütze ist, ist es bei verschriftlichten mündlichen Ausführungen überflüssig und im schlimmsten Fall kontraproduktiv, weil es den Vortrag und die Anwesenheit des Publikums quasi überflüssig macht.

Auch bei der Farbwahl kennzeichnet Bescheidenheit und Klarheit den Profi. Allgemein wird empfohlen, insgesamt nicht mehr als fünf Farben (inklusive der Hintergrundfarbe und der normalen Schriftfarbe) zu verwenden, wobei diese Farben deutlich kontrastieren sollten. Beim allseits beliebten Rot-Grün-Kontrast, der über die Assoziation mit den Ampelfarben auch unterschwellig von der Zuhörerschaft ‚verstanden‘ wird, muss jedoch darauf hingewiesen werden, dass etwa acht Prozent der Männer diese Farbtöne schlecht bis gar nicht unterscheiden können (LEHRBERGER 2004: 61). Dieser Gruppe bleiben folglich ausschließlich farbbasierte Auszeichnungen (Hervorhebungen) des Textes vorenthalten. Sinnvoller ist es, allein Fettmarkierungen zu verwenden und auch dies sparsam.

Faustregel für die normale Seminarsituation: Keine Folien mit Schriftgröße unter 20 Punkt (bei einer serifenlosen Schrift, z. B. Arial)!

5.4.1.2 Karten

Der Einsatz von **Karten** ist im Rahmen der Behandlung geographischer Themenbereiche häufig sinnvoll, da Karten wie keine andere Visualisierungsmethode geeignet sind, komplexe räumliche Strukturen, Verteilungen und Entwicklungen, Nachbarschaftsbeziehungen und räumlich-funktionale Zusammenhänge ‚auf einen Blick‘ zu präsentieren. Um diesen Vorteil zur Geltung zu bringen, ist beim Einsatz von Karten, ähnlich wie es auch für Abbildungen und Tabellen gilt (Kap. 5.4.1.3), der Zuhörerschaft zunächst (angeleitet) Zeit zu geben, sich in die Karte einzulesen, bevor die räumlichen Muster interpretiert werden. Dabei erleichtert der Einsatz eines Zeigeinstruments (Stift, Zeigestab, Laserpointer o. Ä.) dem Publikum die Orientierung auf der Karte. Insbesondere bei thematischen Karten, für die es im Gegensatz zu topographischen Karten keine Standardlegende gibt, ist die Darstellung und Erläuterung der Kartenlegende ein Muss. Zudem gehört auf jede Karte ein **Maßstab**, wobei im Rahmen von Präsentationen die Maßstabsangabe nur in Form eines Reduktionsmaßstabs (Dickmann 2018: 21) sinnvoll ist, da der Maßstab der Karte, die das Publikum sieht, von den durch das technische Medium bestimmten Projektionsbedingungen abhängt.

Durch Kopieren oder Einscannen eines Kartenausschnitts kann eine Karte innerhalb von Minuten in eine Präsentation eingebaut werden. Allerdings sollte immer geprüft werden, ob sich der in der Regel einem Printmedium entnommene Kartenausschnitt hinsichtlich Gestaltung (Schriftgröße, Strichstärke, Farben usw.) und Komplexität der Darstellung überhaupt für eine Visualisierung im Rahmen eines Vortrags eignet. Insbesondere mit Schwarz-Weiß-Kopien von farbigen Kartenvorlagen, bei denen die vorher mittels Farbe differenzierten Karteninhalte kaum mehr auseinanderzuhalten sind, kann leicht das Gegenteil des Intendierten erzeugt werden, nämlich Verwirrung statt Klarheit. Bei einer Änderung des Farbformats und bei sehr komplexen Kartenvorlagen ist zu überlegen, ob nicht eine selbst erstellte und hinsichtlich der relevanten Inhalte generalisierte Karte die sinnvollere Alternative ist. **Generalisierung** erlaubt nämlich insbesondere das Weglassen unbedeutender und die Betonung bedeutender Karteninhalte (zur Generalisierung u. a. Hake et al. 2002: 166 ff.; Kohlstock 2004: 81 ff.; Dickmann 2018: 156 ff.). Dabei bestimmt der Kontext des Vortrags, was bedeutend und was unbedeutend ist. Einfache Karten lassen sich schon mit webbasierten Systemen wie Google Earth erstellen, die auch den Zugriff auf Bilddaten und weitere raumbezogene Informationen (z. B. Verkehrsnetz) erlauben. Für komplexere Darstellungen bietet sich die Nutzung von Geographischen Informationssystem (GIS), z. B. das kommerzielle System ArcGIS (HARDER & BROWN 2017) oder das Open-Source-System QGIS (QGIS DEVELOPMENT TEAM 2020) an.

Bei der Verwendung verschiedener Karten zum gleichen Thema ist auf die Vergleichbarkeit zu achten, die sich über die verwendeten Kartenprojektionen, den Maßstab, die einheitliche Einnordung und die Symbole sowie Klassifikationen bestimmt.

5.4.1.3 Abbildungen und Tabellen

Abbildungen, also Diagramme und Schaubilder, sowie Tabellen eignen sich, ähnlich wie Karten, zur optischen Vermittlung komplexer Strukturen und Sachverhalte. Wenn es aber das Ziel ist, dass das Publikum diese auch nachvollzieht, dann muss zur Erläuterung der gezeigten Abbildungen eine gewisse Zeitspanne eingeplant werden. Das heißt, es muss ausreichend Zeit zur Aufnahme und Verarbeitung von Schaubildern aller Art gewährleistet werden, Folien oder Dias müssen lange genug sichtbar bleiben. Es ist immer zu bedenken, dass das Publikum mit den Materialien, die einem selbst aus der Vorbereitungszeit schon längst vertraut sind, zum ersten Mal konfrontiert wird. Insbesondere beim Einsatz dieser Elemente ist ein Probevortrag im Freundeskreis von unschätzbarem Wert. So lässt sich testen, ob andere Personen auch die intendierten Zusammenhänge sehen, und überprüfen, ob die geplanten Erläuterungen ausreichend sind. Die Zeitkalkulation spielt bei der Vortragsgestaltung eine wesentliche Rolle und hilft, die Materialien auf das Wesentlichste zu beschränken.

> **Es gilt folgender Grundsatz:**
> Ein komplexes Schaubild, das in der vorgegebenen Zeit nicht hinreichend erläutert werden kann, ist zu vereinfachen oder wegzulassen!

Ein häufiger, einfach vermeidbarer Fehler ergibt sich bei der Übernahme von Tabellen oder Schaubildern aus der Literatur. Zwar sollte referierte Information auf zuverlässige Quellen gestützt sein, doch die Fragestellung und Ausrichtung und auch der Lesekontext, dem die entsprechende Abbildung oder Tabelle entnommen wird, ist ein anderer als im Vortrag. Es gilt also, die für die eigene Arbeit interessante Information **herauszustellen** und sie nicht in einem

Wust von – im Kontext des Vortrags – irrelevanten Angaben stecken zu lassen ('Zahlenfriedhof'). Ein einfaches Mittel hierfür ist eine farbliche Hervorhebung (Betonung), bei auf Folie kopierten oder eingescannten Tabellen, z. B. mit einem farbigen Folienschreiber oder Zeichenwerkzeug, wie in Abbildung 5-2 gezeigt. Diese Hervorhebung kann auch während des Vortrags erfolgen bzw. eingeblendet werden!

Tab. 35: Ereignisorientierte Bilanzierung des Sedimentaustrags aus dem EZG Langzell (EZG-1) und dem Einzugsgebiet des Vorfluterpegels (18)

Datum	EZG-1		Pegel 18		m_S EZG-1	m_S Pegel 18
	Q_{max}	Q_W	Q_{max}	Q_W		
	[l s⁻¹]	[m³]	[l s⁻¹]	[m³]	[t]	[t]
11.05.89	147	408	348	13.118	2,15	4,04
24.07.89	10	52	30	857	0,13	0,05[3]
25.07.89	25	89	31	1.793	0,04	0,07[3]
01.08.89	13	59	54	2.119	0,05	0,04
01.08.89	3	18	36	1.108	0,02	0,04[3]
08.08.89	4	28	41	1.373	0,01	0,01
08.08.98	1	14	38	673	< 0,01	< 0,01
07.10.89	2	38	87	2.795	0,01	0,15
30.10.89	30	315	111	5.950	0,75	0,36
31.10.89	11	239	149	6.423	0,18	0,23
15.02.90	185	4.837	2.231	94.853	12,03[2]	141,69
27.02.90	207	3.147	2.770	80.958	8,56	113,30
30.06.90	416	729	515	9.663	14,81[1]	32,06
22.09.90	143	793	409	10.032	5,99	14,08

Abb. 5-2: Beispiel für die visuelle Bearbeitung zu präsentierender Tabellen (aus: BAADE 1994: 126, eigene Hervorhebung)

Geringfügig aufwendiger, sauberer und oftmals anschaulicher in der Wirkung ist das Neuerstellen einer Tabelle (oder eines Diagramms) für die eigenen Zwecke bzw. den spezifischen Kontext der eigenen Arbeit. Dies bietet sich vor allem dann an, wenn der Rest der Daten einer Quelltabelle völlig irrelevant für die eigenen Ausführungen ist, also nicht einmal als Vergleichsgrundlage dient. Über mögliche Gestaltungselemente für eine freie Graphik oder die Bearbeitung einer übernommenen Abbildung (wie etwa Pfeile, Muster, Wolken oder Ovale) informiert SEIFERT (2008: 24) ausführlich. Bei der Übernahme von Daten oder der Aufarbeitung von Quelltabellen muss aber auf die korrekte

Quellenangabe geachtet werden! Alle Veränderungen der Quelle, auch wenn sie nur das Erscheinungsbild betreffen, müssen als solche dokumentiert werden!

> Auf jede Folie mit Abbildungen, Karten oder Tabellen gehört eine formal korrekte **Quellenangabe!**

Beispiele für Quellenangaben zu Abbildungen, Karten und Tabellen (je nach Grad der vorgenommenen Veränderung):

- Bei unveränderter Übernahme hat die Quellenangabe dieselbe Form wie bei einer wörtlichen Übernahme. Beispiel: (MÜLLER 2000: 34)
- Auf vorgenommene didaktische Aufbereitungen ist aufmerksam zu machen. Beispiel: (aus: MÜLLER 2000: 34, eigene Hervorhebung)
- Bei (auch den kleinsten) inhaltlichen Veränderungen ist dies zu dokumentieren. Beispiel: (verändert nach MÜLLER 2000: 34)
- Soll auf den Urheber von sekundär verwendetem Datenmaterial aufmerksam gemacht werden, so kann auch die Quelle, die in der Sekundärliteratur zitiert wird, mit genannt werden. Beispiel: (aus: MÜLLER 2000: 34, nach Statistisches Bundesamt 1999)
- Bei hauptsächlich eigener Leistung, die sich aber auf fremde Gedanken oder Daten stützt, ist der Urheber des Gedankens oder der Daten explizit zu nennen. Beispiele: (in Anlehnung an MÜLLER 2000: 34) oder (Datengrundlage: STATISTISCHES BUNDESAMT 2019: 20 f.) oder (Kartengrundlage: THÜRINGER LANDESAMT FÜR BODENMANAGEMENT UND GEOINFORMATION 2020)
- Nur bei völlig selbständiger Datenerhebung und Erstellung wird auf die Quellenangabe ganz verzichtet. Hier kann dann an Stelle der Quellenangabe „eigener Entwurf" stehen.

> **Die häufigsten Fehler bei der Präsentation von Tabellen und Abbildungen sind:**
> - keine (oder ungenügende) Bezugnahme auf das verwendete Material im Vortrag (Material muss in die Argumentation einbezogen, erläutert und kommentiert werden!)
> - zu kleine Schrift und damit Unleserlichkeit
> - keine (oder unzureichende) Hervorhebung von wichtigen Fakten und Überfrachtung mit (z. T. unwichtigen) Informationen
> - das Fehlen von Quellenangaben und Jahreszahlen
> - Unklarheiten bei Begriffen, Kategorien und Einheiten (bei Graphiken und Tabellen)
> - zu viel Material anstatt einer ausführlichen Erläuterung der Inhalte (Auswahl von Tabellen treffen!)

- eine Überflutung mit Zahlen, Text oder Bildern
- nicht gegebene Vergleichbarkeit zwischen Tabellen oder Abbildungen
- keine (oder zu wenig) Zeit für die Zuhörer, die Inhalte der Folie zu erfassen (daran denken, dass das Publikum die Folie zum ersten Mal sieht!)
- fehlende Nachweise (Tabellen und Abbildungen brauchen immer: Titel, Quellenangabe, vollständige Angaben zu Einheiten, Zeiträumen, Gültigkeit etc.!)

5.4.1.4 Photos und sonstiges Anschauungsmaterial

Für den Einbau von Bildmaterial in eine Präsentation gelten hinsichtlich Lesbarkeit und Einheitlichkeit grundsätzlich die gleichen Regeln wie für Tabellen, Diagramme, Schaubilder und Karten.

Photographisches Bildmaterial kann – je nach Thema des Vortrags – ein wichtiges Hilfsmittel zur Veranschaulichung eines Vortrags sein. Wird Bildmaterial eingesetzt, ist eine sorgfältige Abstimmung des Programms auf den Wechsel zwischen Hell und Dunkel im Raum notwendig. Dasselbe gilt für Filmsequenzen, die oftmals eine dunklere Umgebung und größere Kontraste erfordern. Auf eine totale Verdunkelung ist aber möglichst zu verzichten, damit das Publikum in der Lage ist, Notizen zu machen. Alle Bilder sollten einen direkten Bezug zum Vortrag aufweisen – bitte tunlichst keine Urlaubs-Diashow veranstalten! Zu jedem Bild sollte zudem erläutert werden, was darauf im Sinne des Vortrags zu sehen ist und welche Elemente besonders beachtet werden sollen!

Für bestimmte Präsentationen kann es hilfreich und sinnvoll sein, **Anschauungsmaterial** zum Vortrag mitzubringen und zirkulieren zu lassen. Das gilt vor allem dann, wenn gestalterische Elemente von ausgewertetem Material im Vordergrund stehen, z. B. wenn die touristische Vermarktung von Frankfurt als ‚grüne Großstadt' in den Broschüren der Stadtverwaltung das Thema des Vortrags ist. Dabei sind jedoch zwei Effekte zu bedenken: Erstens wird die Konzentration im Auditorium nachlassen, während das Material von Person zu Person weitergegeben wird. Zweitens gibt es nur bei der Verwendung von Klassensätzen die Möglichkeit, dass alle Personen im Raum das Material zu dem Zeitpunkt in den Händen halten, zu dem es im Vortrag thematisiert wird. Das heißt also, dieses Mittel ist nur dann anzuwenden, wenn eine eigene Aufbereitung zu umfangreich oder verfälschend wäre. Eine Selektion ist auch hier vorzunehmen: Im Rahmen des Vortrags muss eindeutig herausgehoben werden, worauf bei der Durchsicht zu achten ist!

5.4.2 Mediendidaktik

Allein mit der optischen Aufbereitung von Präsentationsinhalten ist es noch
nicht getan. Die visualisierten Inhalte müssen schließlich so vorgestellt werden, dass sie von allen Personen im Publikum gleichzeitig wahr- und aufgenommen werden können. Hierzu können verschiedene (technische) Medien
eingesetzt werden, die wiederum je spezifische Anforderungen an die didaktische Aufbereitung stellen. Im Folgenden finden sich eine Darstellung dieser Anforderungen und Tipps für den richtigen Umgang mit den gängigsten
Präsentationsmedien im Schul- und Hochschulalltag: Overheadprojektor,
Bildschirmpräsentation und Poster. Auch wenn der Einsatz eines Overhead-
projektors inzwischen etwas antiquiert erscheint, so gibt es doch verschiedene
Situationen, in denen die ihm zugrundliegenden mediendidaktischen Techniken weiterhin Bedeutung haben. Die digitale Animation von Folien folgt
zudem weitgehend den gleichen Prinzipien. Die nachfolgend für das Präsentieren mit dem Overheadprojektor zusammengestellten Techniken funktionieren darüber hinaus auch bei nicht vorhandenem oder nicht funktionierendem
digitalem Equipment.

5.4.2.1 Techniken des Präsentierens

Beim Arbeiten mit Projektionsgeräten wie dem (in vielen Bildungsinstitu-
tionen durchaus noch verbreiteten) Overheadprojektor wie auch mit einem
transportablen Beamer sollte die präsentierende Person so zwischen dem Projektor und der Leinwand stehen, dass sie weder im Strahlengang des Projektors
steht – und damit unbeabsichtigt einen Scherenschnitt der eigenen Person auf
die Leinwand projiziert – noch den Blick der Zuhörerschaft auf die Leinwand
einschränkt. In engen Seminarräumen kann dies durchaus dazu führen, dass
sich Vortragende nicht, wie eigentlich angemessen, in der Mitte des Raumes
positionieren dürfen, sondern eine dezentrale Position einnehmen müssen.

Für die Handhabung von Folien gibt es verschiedene Möglichkeiten, um
eine plötzliche Reizüberflutung und damit Ablenkung zu verhindern und das
Gesprochene mit dem Visualisierten zu synchronisieren. Nach STICKEL-WOLF
& WOLF (2009: 297 f.) lassen sich die folgenden Techniken unterscheiden:

1. Aufdecktechnik

Sukzessive werden durch das Aufdecken (eines vorher aufgelegten Blatts Papier) oder das Vorblättern die Folienabschnitte präsentiert.

- Vorteile: Strukturierte Darstellung, Orientierungshilfe für die Referent*innen, Lenken der Aufmerksamkeit des Publikums.
- Nachteile: Ständiges ‚Arbeiten am Projektor' notwendig, eventuell schwierig für das Publikum, den roten Faden wieder aufzunehmen, da die Gesamtübersicht fehlt.

2. Aufklapptechnik

Mehrere Bildfelder werden durch sukzessives Aufklappen freigegeben.

- Vorteile: wie Aufdecktechnik.
- Nachteile: wie Aufdecktechnik, allerdings ergibt sich durch die zusammenhängenden Blöcke mehr Übersichtlichkeit für das Publikum.

3. Überlegtechnik

Bei komplexen Sachverhalten (Schaubildern, Diagrammen, Organigrammen etc.) wird durch das Übereinanderlegen verschiedener Folien (z. B. in verschiedenen Farben) sukzessive ein Gesamtbild aufgebaut.

- Vorteile: Auflösen der Komplexität, schrittweise Konfrontation des Publikums mit den Zusammenhängen.
- Nachteile: Große Genauigkeit beim Übereinanderlegen erforderlich (Markierungsstellen anbringen!).

4. Ergänzungstechnik

Es werden Folien aufgelegt, die erst während des Vortrages (eventuell in Interaktion mit dem Publikum) fertiggestellt werden.

- Vorteile: Erhöhte Aufmerksamkeit beim Publikum, Mitdenken wird eingefordert, Offenheit.
- Nachteile: Zeitaufwendig, präzise Vorbereitung auf mögliche Reaktionen notwendig.

5.4.2.2 Bildschirmpräsentation

Mit der erweiterten technischen Ausstattung der Hochschulen hat sich die Bildschirmpräsentation als Standard der Visualisierung von Referaten durchgesetzt. Dazu werden ein Personal Computer (PC), Notebook oder Tablet (mit einem entsprechenden Programm, z. B. Microsoft PowerPoint, Apache Open Office Impress, Apple Keynote, Google Präsentationen etc.), ein Beamer, die entsprechenden Verbindungskabel oder Konnektivitäten und eine Projektionsfläche benötigt. Ein Presenter, also quasi eine Fernbedienung mit Laserpointer, ist kein Muss, aber sehr hilfreich, insbesondere wenn man nicht am Gerät stehen kann oder will. Wer eine Bildschirmpräsentation plant, sollte sich also erkundigen, ob die entsprechenden Geräte verfügbar sind und einwandfrei funktionieren (an alle Kabel, Adapter und auch an die Stromversorgung im Seminarraum denken!).

Beim Einsatz von Bildschirmpräsentationen sind zunächst die technischen Aspekte zu beachten. Darunter fallen so banale Dinge wie die Funktion von Tasten und das Navigieren durch die Präsentation. Darüber hinaus ist es notwendig, mit der Präsentationssoftware soweit vertraut zu sein, dass diese ‚beherrscht' wird und nicht durch die Voreinstellungen Effekte ‚aufpoppen', die gar nicht beabsichtigt sind. Darüber hinaus ist es ratsam, der Verführungsmacht der zahlreichen Animationsmöglichkeiten, die die einschlägigen Präsentationsprogramme bieten, zu widerstehen. Es ist immer daran zu denken, dass in einem wissenschaftlichen Vortrag Inhalte transportiert werden sollen und es nicht darum geht, Worthülsen und/oder inhaltslose Graphiken einfliegen, aufblinken oder in allen Farben leuchten zu lassen. Denn auch bei gekonnter Animation strebt dann der Lerneffekt für Referent*in und Zuhörer*innen gegen null – und der Seminarleitung kann man meist so oder so nichts vormachen!

HIERHOLD (2005: 242 ff.) hat die wichtigsten Vor- und Nachteile computerunterstützter Präsentationen kurz und knapp zusammengestellt. Übergreifend gelten folgende Richtlinien bei der Vorbereitung einer Bildschirmpräsentation:

- Nicht zum Computerfreak werden! (Niemals alle technischen Möglichkeiten des Programms ausschöpfen wollen!)
- Dem Bildschirm bezüglich der Wirkung in der Projektion misstrauen! (Gerade Bildausschnitte und Farben können mit Verwendung unterschiedlicher Geräte erheblich variieren! Immer vorab ausprobieren!)
- Erst die Idee, dann der PC! (Profis denken und texten erst auf dem Papier, danach folgt die Umsetzung am Rechner!)

Nach dem Selektieren und Komprimieren der zu präsentierenden Inhalte (s. o.), geht es an die Umsetzung der Visualisierung, die sich letztlich in nur wenigen Punkten von den in den Kapiteln 5.4.1.1 bis 5.4.1.4 dargelegten

Grundsätzen unterscheidet. Es bietet sich an, auch die optische Bildschirmgestaltung zunächst auf DIN-A4-Blättern (Querformat!) grob zu skizzieren. Wie viel Text kann ich dem Publikum zumuten? Welche Elemente sind besonders wichtig und daher hervorzuheben? Um anschließend die vorhandenen Graphikprogramme effizient für die eigene Arbeit zu nutzen und nicht den unbegrenzten Möglichkeiten zu verfallen, sind die folgenden Hinweise zur Gestaltung digitaler Folien hilfreich (angelehnt an HIERHOLD 2005: 238–254):

- Maximal **zwei Schriftarten** pro Präsentation verwenden!
- **Große, serifenlose Schrift** wählen (mindestens 20 Punkt), Überschriften deutlich abheben!
- Schriftarten können in der Projektion dünner oder blasser ausfallen. Im Zweifelsfall **fett** formatieren!
- Hervorhebungen je nach Grundschriftart *kursiv* oder **fett** formatieren oder **farblich gestalten** (Achtung: Farben können in der Projektion heller/blasser wirken!). Sich dabei möglichst auf eine durchgängige Hervorhebung festlegen (z. B. Zitate kursiv und Kernbegriffe rot).
- Unterstreichungen vermeiden!
- Möglichst **einfachen Hintergrund** wählen! Keine Fotos, keine unruhigen Designs! Ein heller, klarer Hintergrund wirkt sachlicher, ein dunkler edler. Die Entscheidung fällt aber auch entlang der Zielsetzung und den Raumbedingungen. Sind die Folien dunkel wie der Raum und die Sauerstoffversorgung schlecht, wird sich später kaum jemand an die Inhalte des Vortrags erinnern (Abb. 5-3).
- Bei Farbwahl vorzugsweise **starke Kontraste** (gelb auf schwarz oder blau; blau oder schwarz auf weiß) verwenden!
- (Vorgefertigte) Symbole und Aufheiterungen (Cartoons, Gimmicks) sparsam verwenden! Nur anbringen, wenn sie direkt etwas mit der Präsentation zu tun haben!
- Animationen nur einsetzen, wenn sie das Verständnis fördern! (Hereinflatternde Sätze und hüpfende Buchstaben sind lustig, aber nicht lesbar. Sinnvoll kann ein **sukzessiver Aufbau** von Argumenten sein, wenn er schlicht und knapp gehalten ist (s. Techniken zur Präsentation von Overheadfolien, Kap. 5.4.2.1). Es kann aber dem Auditorium auch zugemutet werden, etwa vier auf einmal präsentierten Stichpunkten sukzessive zu folgen).

Der entscheidende Unterschied zwischen einer für einen Overheadprojektor und einer für einen Beamer geplanten Präsentation ist die für Beamer-Präsentationen notwendige Entscheidung über die Hintergrund- und Schriftfarben. Während bei Overheadfolien Weiß für den Hintergrund und Schwarz für die Schrift quasi vorgegeben ist, ermöglichen Beamer-Präsentationen eine Umkehrung, also helle Schrift auf dunklem Hintergrund. Beide Ansätze haben ihre Vor- und Nachteile, wie die Visualisierung des „Dilemmas der Diaprojektion" nach HIERHOLD (2005: 291) in Abbildung 5-3 deutlich macht.

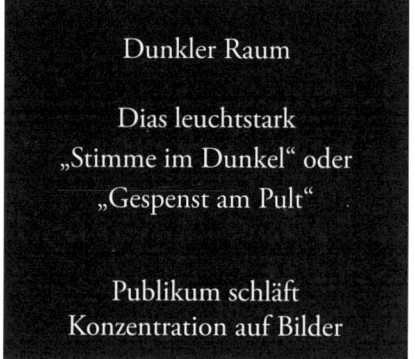

Abb. 5-3: Das Dilemma der Diaprojektion (nach HIERHOLD 2005: 291)

Eine Bildschirmpräsentation kann genau ‚getimt' werden, wenn sie ein paar Mal geprobt wird. Dann stellt sich auch schnell heraus, wo es sinnvoll ist, sogenannte Schwarzfolien (Folien, die leer bleiben) einzubauen und wie viel Zeit in etwa für eine Folie benötigt wird. Je nach Strukturierung des Vortrags, Komplexität der dargestellten Sachverhalte und Erfahrung des Vortragenden ist mit einem Zeitaufwand von im Schnitt mindestens zwei bis drei Minuten pro Folie zu rechnen, solange Folien erläutert und nicht nur abgelesen werden. Es ist folglich aber auch damit zu rechnen, dass mit zunehmender Vortragspraxis und zunehmendem Hintergrundwissen der pro Folie zu veranschlagende Zeitrahmen im Laufe des Studiums eher steigt als fällt.

Die Wiederholung (Duplikation) von Folien im Ablauf der Präsentation verhindert lästiges Hin-und-her-Schalten während des Vortrags (wenn z. B. nach einer Verdeutlichung bzw. Explikation zu einer Gliederungsfolie zurück-gekehrt werden soll). In der Regel bieten Präsentationsprogramme die Möglichkeit, einen Folienwechsel automatisch nach einer bestimmten Zeit zu programmieren. Dies ist aber sehr sicheren Redner*innen vorbehalten. Besser ist, alles manuell zu steuern – außerdem belebt das An-den-Rechner-Herantreten und Knöpfchendrücken den Vortrag, und der Folienwechsel lässt sich rhetorisch nutzen. Mit einem Presenter gibt es dabei die Möglichkeit, sich im Raum zu bewegen und sich auch bei Folienwechsel zu Publikum und/oder projiziertem Bild effektvoll zu positionieren.

> Für die Bildschirmpräsentation wie für alle anderen Visualisierungsformen gilt: Auf alles, was auf einer Folie zu sehen ist, sollte im Vortrag eingegangen werden!

5.4.2.3 Poster

Eine Präsentation kann auch anhand eines **Posters** erfolgen. Nach DOMES & CHRISTE (2020)[1] sind sie neben Zeitschriftenartikeln und Vorträgen die wichtigste Form wissenschaftlicher Kommunikation. Ein Poster ist ein großer Papierbogen (z. B. im Format DIN A1 oder DIN A0), auf dem Theorie, Methode und zentrale Ergebnisse einer Arbeit zusammengefasst dargestellt werden. Formal werden an das Poster die gleichen Anforderungen angelegt wie an eine verschriftlichte wissenschaftliche Arbeit. Das gilt vor allem auch für den Umgang mit fremdem Material, insbesondere Abbildungen und Tabellen. Es muss also Verweise auf die (nummerierten) Abbildungen im Text und Bildunterschriften bzw. Tabellenüberschriften geben und die Quellennachweise müssen korrekt sein. Bei einem Einsatz von Fotos ist die Einhaltung von bildrechtlichen sowie persönlichkeitsrechtlichen Vorgaben besonders wichtig (Kap. 2.1.3).

Ein Poster wird im Rahmen von wissenschaftlichen Ausstellungen zuweilen präsentiert, sollte aber dennoch vollständig selbsterklärend sein und ohne das Beisein der Autor*innen ‚funktionieren‘. Obwohl der zur Verfügung stehende Platz vorgegeben ist, oder vielleicht gerade deswegen, werden Poster jedoch leider häufig ‚überfrachtet‘. Das Poster verwirrt dann mehr als dass es zu neuen Erkenntnissen führt, und schlimmstenfalls wird es nach einem flüchtigen Blick gar nicht weiter angeschaut. Stattdessen sollte das Poster ein Blickfang sein, neugierig machen und schon von Weitem dazu einladen, her-

---

1 Dieses Buch erläutert umfassend alles Wichtige zur Gestaltung und Präsentation von wissenschaftlichen Postern; auf Quellenangaben und weiterführende Literaturhinweise wird dort allerdings weitgehend verzichtet.

anzutreten! Dazu sollte es aus einem Meter Entfernung noch gut lesbar sein. Um das einschätzen zu können, ist es ratsam, ab und zu einen Teilausdruck in DIN-A4-Format zu machen und diesen an die Wand zu hängen! Nach dem Herantreten sollte das Poster den Betrachtenden dann deutlich zeigen, wie es gelesen werden will. Der Lesefluss eines Posters sollte daher gut überlegt und vorab festgelegt werden. Blaupausen finden sich in unseren Beispielpostern (Abb. 5-4, 5-5).

Hat das Poster die Aufmerksamkeit der Betrachter*innen auf sich gezogen, sollte es seine zentralen Argumente und Ergebnisse nachdrücklich so entfalten, dass diese schnell aufgenommen und lange erinnert werden. Die Informationen sollten dazu in zwei bis drei Minuten überblickt und die Kernaussagen erfasst werden können. Damit dieser recht hohe Anspruch (Poster sind keinesfalls die ‚einfacheren‘ Präsentationen!) gelingen kann, sind bei der Erstellung von Postern – angelehnt an Seifert (2008: 46) – die nachfolgend zusammengestellten gestalterischen Hinweise und Tipps zu beachten.

Damit technische Schwierigkeiten und unnötige Arbeit, etwa an verschobenen Elementen, minimiert werden („Eigentlich war doch alles fertig?"), ist es sinnvoll, sich vorab für eine adäquate Software zu entscheiden und sich mit den Möglichkeiten, Besonderheiten und Grenzen der Darstellung des jeweiligen Programms vertraut zu machen. Darüber hinaus sollten Sie sich bei der Institution (i. d. R. das Rechen- oder Druckzentrum) über mögliche Ausgabeformate und weitere technische Vorgaben erkundigen. Dabei ist die Entscheidung für die adäquate Software nicht nur vor dem Hintergrund technischer Kompatibilität, sondern auch im Hinblick auf die eigene Kompetenz zu treffen. Es gibt Graphikprogramme, die sehr viel können und sehr stabil arbeiten, aber eine große technische Fähigkeit bzw. entsprechende Einarbeitungszeit erfordern. Zudem sind Programme wie Adobe InDesign® nicht überall verfügbar und ggf. kostenintensiv. Mit Programmen wie Microsoft PowerPoint, Microsoft Publisher, Apache Open Office Draw oder CorelDRAW Graphics Suite – um nur einige zu nennen – lassen sich hingegen relativ schnell und einfach Poster erstellen. Einige Programme unterstützen allerdings kein Farbmanagement (Konvertierung in RGB Farben), d. h., dass die Farben im Druck unter Umständen von den auf dem Bildschirm dargestellten abweichen.

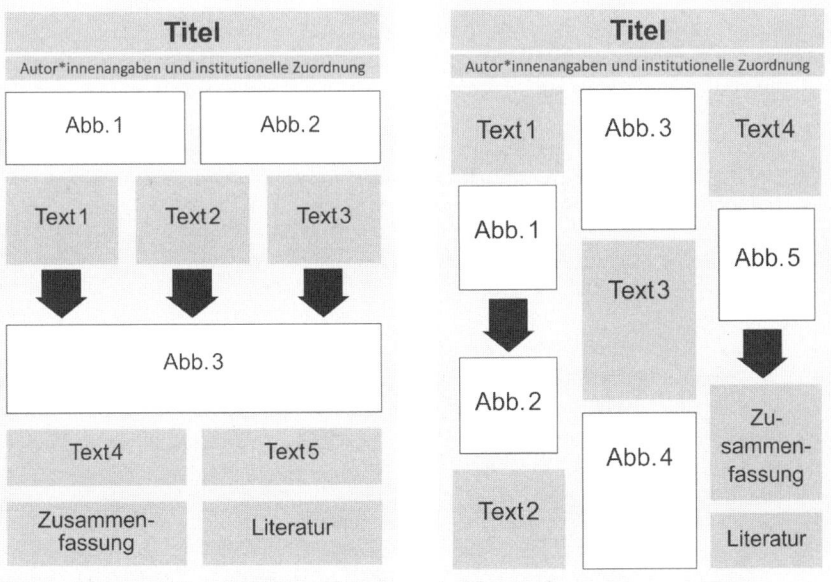

Abb. 5-4: Beispiele für die Gestaltung von wissenschaftlichen Postern im Hochformat mit zeilen-orientiertem (links) und spaltenorientiertem (rechts) Lesefluss (Graphikdesign: E. Alban).

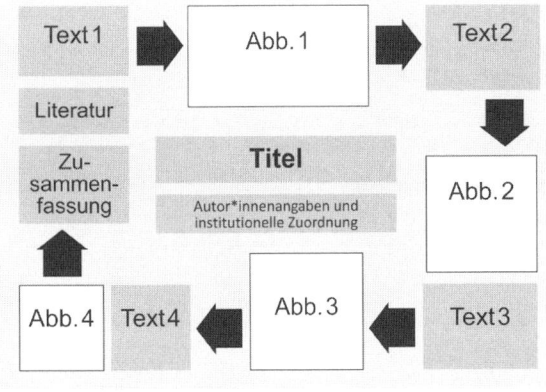

Abb. 5-5: Beispiel für die Gestaltung von wissenschaftlichen Postern im Querformat mit zirkulärem Lesefluss (Graphikdesign: E. Alban).

Gestalterische Tipps für ein Poster

Funktion
- Das Poster soll ein Blickfang sein, dabei sind klare Strukturen und Farbgebung hilfreich.
- Das Poster soll neugierig machen, es soll auch von Weitem dazu einladen, an dieses heranzutreten.
- Die Struktur des Posters soll den Lesefluss festlegen. Nummerierungen, Pfeile, Kästen und Textfelder sowie farbige Abstufungen lassen sich nutzen, um die Betrachter*innen durch das Poster zu führen.
- Ein Poster soll noch aus einem Meter Entfernung gut lesbar sein.

Daher gilt für die Gestaltung von Postern:

Generelles Layout
- Maximal drei Farben pro Darstellung verwenden!
- Blöcke bilden! Sinneinheiten graphisch zusammenfassen!
- Ausreichend Raum zwischen den Sinneinheiten lassen!
- Zusammengehörige Sachverhalte in gleicher Farbe gestalten!
- Wichtiges (farblich oder durch Umrahmung) hervorheben!
- Kohärente Verbindung von Inhalt, Text und Bild herstellen (z. B. zentrale Abbildungen zentral stellen, textliche Bezüge auf Abbildungen nah an die Abbildung setzen!
- Kein oder nur ein sehr schwaches Hintergrundbild verwenden!
- Ausgewogenes Text-Bild-Verhältnis (ca. 50 % Bild) umsetzen und Textblöcke und Bilder abwechselnd anordnen (z. B. Bild-Diagonalen)!

Lesbarkeit
- Für den Text eine serifenlose Schrift wählen (also ohne Füßchen, z. B. Arial, Verdana, Calibri)!
- Text in Textblöcken, Aufzählungen in Spalten setzen!
- Knappe Aussagen tätigen (‚*need to know*' statt ‚*nice to know*'!)!
- Prinzipiell alles ausschreiben und nur gängige Abkürzungen verwenden (Keine eigenen „Abk." verwenden)!
- Abgesehen von Aufzählungen ganze Sätze bilden (Aufzählungen mit ganzem Satz einleiten)!
- Die Textgröße an das Format anpassen. Für den Direktdruck aus einem DIN-A4-Format gelten die entsprechenden Angaben (nach Domes & Christe 2020: 46):

	Format DIN A0	Format DIN A4
Hauptüberschriften	100 pt	22–26 pt
Untertitel	40–50 pt	11–13 pt
Text	24–25 pt	6–7 pt
Bildunterschrift	18–20 pt	5 pt
Quellenangaben	16–20 pt	5 pt

Formalia
- Vorgaben für wissenschaftliches Arbeiten (s. z. B. dieses Buch) einhalten!
- Insbesondere auf korrekte Zitation von Abbildungen und Grafiken und auf Bildrechte achten!

Tipps zur Vermeidung von technischen Problemen bei der Erstellung von Postern

- Seitenlayout (z. B. DIN A0) vor Beginn der Arbeit im Programm einstellen.
- Objekte nicht über die Zwischenablage einsetzen, sondern importieren.
- Auflösung von Pixelbildern mindestens 300 dpi, bezogen auf die Ausgabegröße (Skalierungen beachten! – Vorsicht bei Graphiken aus dem Internet!).
- Datenvolumen von Abbildungen so klein halten wie qualitativ möglich (bei Scans Voreinstellungen entsprechend 300 dpi)!
- Nach Fertigstellung (und vor Versand an die Druckerei) in ein stabiles, auf allen Geräten korrekt anzeigbares und verlustfreies Format (z. B. PDF) umwandeln.

5.4.3 Vortragsstil und Körpersprache

Die Grundsätze der Visualisierung gelten auch für das Vortragen selbst. Je kürzer und prägnanter gesprochen wird, desto mehr wird von den vorgetragenen Inhalten zu den Zuhörer*innen gelangen. Neben dem bloßen Informieren ist das **Ansprechen und Interessieren** ein wichtiger Teil der Präsentation. Dazu ist zunächst eine artikulierte und modulierte Sprechweise einem monotonen Ablesen unbedingt vorzuziehen – je weniger das Publikum das Gefühl hat, dass der oder die da vorne zu ihm spricht, desto schneller wird es eigenen Gedanken („Was koch' ich heut' Abend?") nachhängen. Auch ein Dialog mit der Wand, auf die projiziert wird, ist für die Aufmerksamkeit wenig förderlich – wie schön der Rücken der vortragenden Person auch sein mag. Im Übrigen sollte nicht vergessen werden, bei der Planung des zeitlichen Ablaufes **Redepausen** nach zentralen Aussagen oder Abschnitten zu berücksichtigen. Diese ermöglichen nicht nur dem Auditorium, Inhalte sacken zu lassen, sondern geben auch Gelegenheit, den Blick ruhig durch das Publikum streifen zu lassen, Kontakt herzustellen und sich zu sammeln! Eine gute Positionierung zu den im Rahmen der Präsentation gezeigten Objekten einerseits und dem Publikum andererseits ist dabei wesentlich. Stellen Sie eine Verbindung her und schaffen Sie Resonanz! Zu einer gelungenen Kommunikation mit dem Auditorium gehören, zusammenfassend, neben der Sprechweise auch eine angemessene Mimik, Gestik und Körperhaltung. In aller Kürze sind die wichtigsten Regeln unten aufgelistet (weiterführend KAYSER 1998, STICKEL-WOLF & WOLF 2009: 252 ff.):

- Nicht zum Himmel, zum Boden oder zur Wand reden, sondern einen direkten Blickkontakt mit dem Publikum suchen!

- Nicht auf die Projektion oder die projizierenden Medien starren, sondern bei Erläuterungen zwischen Bild und Publikum wechseln!
- Hinreichend laut und vor allem artikuliert vortragen – bei Unruhe im Publikum den Vortrag unterbrechen oder eher leiser reden, nicht schreien!
- Kurze, einfache Sätze bilden! Fremdbegriffe erläutern!
- Statt schnell zu reden, lieber weniger Inhalte präsentieren!
- Einen festen Stand einnehmen, die Hände zur Unterstreichung von zentralen Punkten benutzen, ansonsten in die Körpermitte legen (nicht krampfhaft irgendwo festhalten oder dauernd herumfuchteln)!
- Die Interaktion (Pausen, Blickkontakt!) suchen! Wenn das Publikum den Faden zu verlieren scheint, wichtige Punkte noch einmal wiederholen!

Vortragsstil und Sprache
Nicht in Schriftsprache sprechen! Vernünftige und präzise Sätze bilden, ohne allzu viele und komplizierte Nebensätze! Aktive Formulierungen wählen! Verben statt Substantivierungen verwenden!
(Cäsar sagte nicht: „Nach Erreichen der hiesigen Örtlichkeit und Besichtigung derselben war mir die Erringung des Sieges möglich." Sondern er rief aus: „Ich kam, sah und siegte!").

Die meisten Verhaltensweisen während eines Vortrags laufen unreflektiert ab (vom nervösen Auf- und Abwippen, zum Mit-dem-Dia-Sprechen bis zum unkontrollierten Haareraufen). Daher wollen alle in der Literatur beschriebenen Vortragstechniken auch bezüglich Körperhaltung, Mimik und Gestik geübt sein. Anschauliche Hinweise zum persönlichen Auftreten gibt HIERHOLD (2005: 328–343). Ein Vortrag sollte unbedingt mindestens einmal zur Probe gehalten werden, am besten vor einem Publikum, das eine differenzierte (schonungslose, aber konstruktive) Rückmeldung über Stärken und Schwächen geben kann, also darüber Auskunft gibt, wie der Vortrag und die oder der Vortragende selbst tatsächlich ‚wirken'. Besser noch sind mehrere ‚geneigte' Zuhörer*innen, um ein umfassendes, differenziertes Feedback zu erhalten – es kann gut sein, dass dem einen etwas negativ auffällt, was von einer anderen eher positiv bewertet wird. Im gemeinsamen Gespräch lässt sich dann schnell herausfinden, ob und wie das Problem zu lösen ist.

Eine solche intensive Vorbereitung auf anstehende Präsentationen mag Studierenden anfangs übertrieben erscheinen („Ist ja nur ein kleines Uniseminar, und die anderen machen's auch nicht besser …"). Wer sich die Tipps und Tricks aber frühzeitig aneignet, und zumal in Situationen, in denen noch nicht allzu viel auf dem Spiel steht, einübt und sich eine Routine zulegt, wird davon später immer wieder profitieren. Dies gilt einerseits für Studierende, die eine wissenschaftliche Karriere anstreben, Vorträge vor Fachpublikum halten und irgendwann vielleicht ihre Doktorarbeit ,verteidigen' müssen. Insbesondere gilt es aber auch für alle, die sich auf das Lehramt vorbereiten und damit auf einen Beruf, der maßgeblich auf der mündlichen Präsentation und Vermittlung von Information beruht. Schließlich sollte auch nicht vergessen werden, dass ein auf das Studium folgendes Berufsleben meistens ganz entscheidend von kommunikativen Fähigkeiten geprägt ist und mit einer überzeugenden Bewerbung und entsprechendem sicherem Auftreten beginnt.

5.5 Wie wird's cool?

Umgang mit der eigenen Nervosität, Umgang mit dem Publikum

Eine Präsentation wird – oder sollte sogar – immer eine aufregende Sache sein. „Ein gesundes Lampenfieber sorgt dafür, dass Sie zu einer hohen Leistung fähig werden", schreiben STICKEL-WOLF & WOLF (2009: 254). Die entscheidende Fähigkeit ist also nicht, sich der Nervosität vollständig zu entledigen, sondern mit ihr konstruktiv umzugehen und sie richtig zu nutzen. Wie aber soll das geschehen? Zunächst einmal sollten die Ziele für den Anfang nicht zu hochgesteckt werden. Alle Tipps, die in der Literatur zu finden sind und im Folgenden kurz angeführt werden, lassen sich nur durch stetiges Üben umsetzen. Wer ,dranbleibt', wird jedes Mal ein wenig souveräner mit der Aufregung umgehen können. Im besten Fall werden dann anstehende Vorträge und Präsentationen zu Ereignissen, die mit freudiger Spannung erwartet werden.

5.5.1 Nervosität

Um nervöse Energie sinnvoll zu nutzen, helfen schon Kleinigkeiten. Nachfolgend sind einige Hinweise zur Vor- und Nachbereitung eines Vortrags sowie zum Verhalten während eines Vortrags zusammengestellt.

Vor dem Vortrag
- Sich Zeit lassen für die Vorbereitung! Die Situation nicht gedanklich verdrängen („Wird schon irgendwie gehen, wenn es so weit ist …")!
- Die Zuhörerschaft einschätzen: Welchen Wissensstand und welche Erfahrung bringen die Zuhörer*innen mit? Was wird erwartet?
- Sich mit dem Vortragsort vertraut machen: Wie ist die Sitzordnung? Wo werde ich sitzen oder stehen?

- Sich mit den anzuwendenden Geräten vertraut machen!
- Den Vortrag gedanklich durchspielen, den groben Ablauf einstudieren („roter Faden") und sich mental auf die Konfrontation mit der Situation vorbereiten!
- Bei anderen Vorträgen auf Stärken und Schwächen achten und überlegen, wie andere mit Nervosität umgehen!
- Einen Probevortrag zu Hause oder vor Freunden halten! Dabei möglichst genau die zu erwartende Situation simulieren.
- Mögliche Fragen und mögliche Pannen überlegen! Diese nicht verdrängen oder als Angstmoment stehen lassen, sondern den Umgang mit ihnen mental vorbereiten!

Orientierung im Vortragsraum (vor Beginn des Referats!)
Sind alle Hilfsmittel vorhanden (Beamer, Leinwand, Tafel, Kreide, Overhead, Folienschreiber, Diaprojektor, Presenter, Zeigestab etc.) und einsatzbereit? Weiß ich, wie die Geräte funktionieren? Wie ist der Raum aufzuteilen, wo kann ich mich hinstellen, sodass allen Zuhörer*innen die Sicht zu mir und zur Tafel/Leinwand ermöglicht wird? Sind alle Unterlagen bereit (nicht in der Tasche!)? Sind Folien, Dias etc. einsatzbereit und liegt das Manuskript bereit?

Unmittelbar vor dem Vortrag
- Einen Spaziergang machen!
- Entspannen!
- Bewusst Atmen!

Einstieg – ‚erst mal ruhig die Lage checken'
Sind die Zuhörer*innen körperlich anwesend, oder fehlt die Hälfte und trampelt während des Vortrages herein? Kontaktaufnahme mit den Zuhörer*innen: Womit fange ich an? Wie lenke ich die Aufmerksamkeit auf mich? Den Blick auf sich sammeln, erwartungsvoll in die Runde schauen.

Während des Vortrags
- Einen festen Stand einnehmen: Beide Füße mit voller Sohle am Boden!
- Energie in bildhafte, große Gesten fließen lassen, in eine laute Stimme und in kontrollierte Ortsveränderung!
- Blickkontakt zu einer Bezugsperson drei bis fünf Sekunden lang, dann zu einer nächsten Person. So wird ein Bezug zum Publikum hergestellt und es reduziert die Nervosität!

- Visuelle Hilfsmittel einbeziehen! Sie helfen über eine ‚Mattscheibe' hinweg, und sie erlauben Ortsveränderungen und Gesten, wodurch der Körper größer und sicherer wirkt!
- Pausen, v. a. Atempausen sind wichtig. Eine Atempause ist kein Hänger!
- Pausen sind wichtig vor dem ersten Satz, jedes Mal, wenn der Blick vom Publikum auf die Leinwand gerichtet wird, wenn mit Unterlagen oder Geräten hantiert wird, aber auch, wenn eine kleine Panne auftritt!
- Bei Pannen cool bleiben! Das Publikum mit einbeziehen in die Problemsituation. Gegebenenfalls einen Punkt überspringen und später nachreichen (zum Umgang mit Reaktionen aus dem Publikum s. auch STICKEL-WOLF & WOLF 2019: 312–317)!
- Den bevorstehenden Schluss ankündigen (erhöht noch mal die Aufmerksamkeit) und den Vortrag pointiert, explizit und mit Blickkontakt beenden!

Unmittelbar nach dem Vortrag
- Entspannen, durchatmen, aber Konzentration bewahren!
- Fragen aufmerksam zuhören und gegebenenfalls Notizen machen!
- Diskussion gelassen in Angriff nehmen!
- Ruhig und überlegt antworten! Fragen bezüglich ihres inhaltlichen Gehaltes abschätzen: Eine kurze, präzise Nachfrage kurz und präzise beantworten, eine ausführliche, komplexe Kritik ausführlich und strukturiert erwidern.
- Nicht verwendete Materialien, Argumente, Hintergründe und Wissensvorräte (wenn angebracht) nun präsentieren!

5.5.2 Timing

Besonders wichtig beim Vortrag ist das Einhalten der Zeit! Am besten ist es, im Vorfeld zu Hause den Vortrag mehrere Male durchzusprechen (auch vor dem Spiegel, vor Freunden oder mit Video aufnehmen) und auf diese Weise auszuprobieren, wie viel Zeit benötigt wird, um gegebenenfalls noch Kürzungen vornehmen zu können. Hilfreich ist es, wenn zum Ende hin bewusst eine ‚Kann'-Information eingebaut wird, auf die bei knapper Zeit verzichtet oder stark verkürzt eingegangen werden kann, ohne dabei Lücken im Argumentationsgang zu erzeugen. Visuell lässt sich dies z. B. durch Folien unterstützen, die nur bei Bedarf gezeigt werden und nach der Schlussfolie angefügt oder vorher ausgeblendet sind. Die technischen Geräte sollten in diesem Fall aktiviert bleiben. Ein Zurückholen aus dem Schlafmodus kostet Zeit und Konzentration.

> **Achtung:** Vor Publikum und in der Aufregung des Vortrags besteht die Gefahr, das Zeitgefühl zu verlieren. Unbedingt eine Uhr sichtbar bereitlegen und die Zeiteinheiten vorab auf der Gliederung (nur für sich selbst) festlegen, gegebenenfalls die veränderte Anfangs- und Endzeit notieren.

5.6   Wie kommt's rüber?

Grundlagen für die Bewertung der Präsentation wissenschaftlicher Arbeiten/Ergebnisse

Ebenso wie eine schriftliche Arbeit unterliegt auch deren Präsentation einer Bewertung durch die jeweilige Zuhörerschaft bzw. durch die Seminarleitung. Wissenschaft zeichnet sich auch dadurch aus, dass Erkenntnisse öffentlich gemacht, diskutiert und bewertet werden. Wissenschaftler*innen setzen sich regelmäßig durch entsprechende Publikationen und Vorträge der Kritik aus. Da dies für Studierende zu Anfang des Studiums eine Quelle von Unsicherheit oder gar Angst ist, gibt Tabelle 5-2 ein paar Regeln und Orientierungspunkte, die den Umgang mit Kritik erleichtern sollen.

Grundsätzlich muss allen Studierenden klar sein, dass Kritik kein negatives Übel oder gar „der Feind" ist (im Kapitel 2.1.2 haben wir bereits die Bedeutung von Kritik für die Wissenschaft beschrieben).

> Kritik (griech. κριτική = kritiké) ist die „Kunst der Beurteilung" (DUDENREDAKTION 2001: 966) und bedingt eine genaue Prüfung und sachliche Auseinandersetzung mit einem zu kritisierenden Gegenstand. Wie die Beurteilung ausfällt, hängt dann an vielen Faktoren.

Seminarteilnehmer*innen scheuen sich jedoch oft davor, ihre Kommiliton*innen kritisch zu begutachten, weil sie fürchten, ihnen damit etwas Schlimmes anzutun. Das Gegenteil ist der Fall. Ohne kritische Bemerkungen würde es keine fruchtbare Diskussion geben und für die Vortragenden wäre das auch äußerst unbefriedigend („Das kann doch nicht alles einfach nur ‚ganz gut' sein?"). Die Arbeit der jeweiligen Kandidat*innen – wie auch immer sie ‚angekommen' ist – würde nicht hinreichend gewürdigt werden („Interessiert sich überhaupt jemand für das, was ich gemacht habe?"). Und schließlich wären Verbesserungen und Korrekturen, also ein Lernprozess für alle Beteiligten, nicht möglich. Wer mit einer ‚schlechten', im Sinne von umfangreicher Kritik vom Vortragsort geht und diese entsprechend reflektiert, hat richtig viel dazugelernt. Wer nach einer Periode intensiver Arbeit und Auseinandersetzung mit ‚ihrem' oder ‚seinem' Thema ohne jede Resonanz vom Vortragsort geht, ist potenziell unbefriedigt und frustriert und wird beim nächsten Mal gegebenenfalls die gleichen Fehler machen.

Tab. 5-2: Kritik üben

Wie kritisieren?	
So (Ich-Botschaften): **Mir** hat gefallen, dass ... **Ich** konnte gut nachvollziehen, ... **Ich** hatte Schwierigkeiten, ... **Mir** hat nicht gefallen, wie ...	So nicht (Du-Botschaften): **Dein** Referat war ... **Du** hast vergessen, ... **Du** hast nicht ...
Was kritisieren?	
1. Inhalt Ich habe nicht verstanden, ... Mir hat gefallen, ... Ich konnte der Argumentation gut folgen, da ...	2. Form Mir war deine Stimme zu leise. Mir haben die Folien nicht gefallen, weil ... Ich hatte Schwierigkeiten, die Abbildung xy zu begreifen, weil ...
Wie Kritik verarbeiten?	
Was kann ich nicht nachvollziehen? Was nehme ich nicht an? Was zielt nicht auf meine Leistung, sondern auf allgemeine Probleme?	Was kann ich annehmen? Was ist gerechtfertigt? An was kann ich momentan arbeiten? Was nehme ich mir vor, um daran zu arbeiten?

Beim Ausfüllen von Bewertungsbögen beachten: Kritik – positiv wie negativ – immer kurz begründen (Stichworte). Wenn überall ‚o. k.' oder ‚mäßig' steht, kann niemand etwas damit anfangen!

Dennoch ist Kritik nicht gleich Kritik:

Bei aller Kritik besteht der Anspruch an die Kritiker, nicht nur detailliert, sondern auch **sachlich**, **begründet** und **konstruktiv** zu einer Leistung Stellung zu nehmen!

Die kritische Reflexion von Präsentationen wird, vor allem die formalen Aspekte betreffend, in den Seminaren häufig von allen Seminarteilnehmer*innen geleistet. Dies ist eine gute Übung, um sich mit den angelegten Kriterien vertraut zu machen, die auf einen zukommen ‚wenn man selbst dran ist'. Es hilft auch, auf Dinge bei sich selbst zu achten, weil durch die geleitete Prüfung der Vortragenden der Blick für Details und oftmals unreflektierte Aspekte (Gestik, Körperhaltung etc.) geschärft wird. Den Vortragenden soll die vielfältige Beurteilung zu einer möglichst umfassenden (anonymen) Einschätzung ihrer Prä-

Tab. 5-3: Vorlage für eine studentische Bewertung einer Präsentation (Teil 1/2)

Struktur des Vortrags	Begründung		
Einleitung	schlechte Themeneinführung/ keine Gliederung/keine Einordnung des Themas		gute Themeneinführung/Gliederung/Thema und Fragestellung in Kontext eingeordnet
Aufbau und Abfolge der Inhalte	unzusammenhängend, kein roter Faden		aufeinander aufbauend/roter Faden
Abdeckung des Themas	lückenhaft/Nebensächlichkeiten nehmen viel Platz ein		umfassend/Nebensächlichkeiten nur am Rande behandelt
Schluss/Zusammenfassung	ausführlich/neue bislang unbehandelte Ideen/kein Ausblick		kurz und prägnant/keine neuen Ideen/Ausblick
Darbietung			
Sprechweise	monoton/undeutlich/leise		variabel artikuliert/deutlich/laut genug
Blickkontakt mit dem Publikum	unzureichend		angemessen
Haltung/Gestik	unruhig/vom Publikum abgewandt		ruhig/Einbeziehung des Publikums
Umgang mit didaktischen Mitteln	ungeschickt/unvorbereitet		souverän/flüssig
Timing	Vortrag zu lang/zu kurz		Vortrag im vorgegebenen Zeitrahmen
Visualisierung			
Qualität des Materials	schlecht lesbar/undeutlich/Information nicht ausgewählt		gut lesbar/deutlich/Information gut ausgewählt
Themenbezug des Materials	ohne Bezug zum Vortragsinhalt/ keine Erläuterung		gute Einbettung in den Vortragsinhalt/Erläuterung

Tab. 5-3: Vorlage für eine studentische Bewertung einer Präsentation (Teil 2/2)

Umgang mit Fragen			
Thematische Sicherheit	unzureichendes Grundlagenwissen/keine Verknüpfung/keine Transferleistung		fundiertes Grundlagenwissen/Verknüpfungen mit anderen Themen/Transferleistung
Qualität der Antworten	vage Antworten/kein Bezug zur Frage/keine Aussagen (Blabla)		konkrete Antworten/direkter Bezug zur Frage/aussagekräftig
Allgemeiner Eindruck	sehr schlecht		sehr gut
Bemerkungen			

sentation verhelfen. Die Tabelle 5.3 mit Bewertungskriterien kann als konkrete Richtlinie für eine Vortragskritik vonseiten der Mitstudierenden sowie für die studentische Rückmeldung innerhalb eines Seminars verwendet werden. Den Vortragenden sollte sie nach der Präsentation (und anschließender mündlicher Diskussion) ausgefüllt zur Verfügung gestellt werden.

Darüber hinaus stellen wir hier zwei Bewertungsbögen vor, mit denen einerseits das Präsentationskonzept (Tab. 5-4) und andererseits die Präsentation selber (Tab. 5-5) aus Sicht der Seminarleitung kompetenzorientiert beurteilt werden können. Diese Perspektive spiegelt im Gegensatz zur studentischen Bewertung Anforderungen wider, die vonseiten der Lehrenden und Prüfenden an die Präsentation von Studierenden angelegt werden. Dass dabei auch gewisse Überschneidungen zur studentischen Bewertung auftreten, verweist auf allgemein gültige Qualitätskriterien. Dennoch unterscheiden sich die Bögen hinsichtlich der Positionen, von denen aus bewertet wird, sowie der für eine möglichst objektive Bewertung nötigen Expertise. Wenngleich Studierende eine solche Bewertung also nicht leisten können (bzw. in ihrer Rolle als

Tab. 5-4: Bewertungsbogen für ein Präsentationskonzept

Kompetenzbereich	Bewertung	Erläuterungen
Material- und Datensammlung. Zu welchem Grad wurde: • hinreichend Primär- und Sekundärliteratur aufgearbeitet, die für das Thema bedeutsam ist; • (Beispiel-) Material gesammelt und ausgewertet.	sehr gut gut befriedigend ausreichend ungenügend	
Thema/Inhalt. Zu welchem Grad wurde(n): • das Thema eigeninitiativ aus einem (vorgegebenen) Inhaltsbereich entwickelt und inhaltlich korrekt erfasst; • im Rahmen des Themas sinnvolle Schwerpunkte gesetzt; • bezogen auf das Seminar sinnvolle Schwerpunkte gesetzt; • vorhandenes Wissen der Lerngruppe berücksichtigt.	sehr gut gut befriedigend ausreichend ungenügend	
Strukturierung. Zu welchem Grad wurde(n): • die Sitzung sinnvoll strukturiert (Gliederung, Fragen, Aufgaben); • das Thema im Sitzungsverlauf erkennbar herausgearbeitet; • der Wechsel von Sozial-/Aktionsformen und Methoden bedacht; • Präsentations- und Arbeitsphasen gemäß ihrer Funktion gefüllt.	sehr gut gut befriedigend ausreichend ungenügend	
Formale Richtigkeit. Zu welchem Grad wurde(n): • grammatikalisch und orthographisch fehlerfrei gearbeitet; • die Standards wissenschaftlichen Arbeitens eingehalten (z. B. Quellen durchgängig fehlerfrei und vollständig angegeben).	sehr gut gut befriedigend ausreichend ungenügend	

Lernende auch gar nicht leisten müssen), so können die angelegten Kriterien doch eine gute Orientierung für die Konzeption und die Vorbereitung von Präsentationen bieten. Nicht zuletzt hilft die Transparenz der angelegten Erwartungen dann auch, die erhaltene Bewertung differenziert nachvollziehen zu können. Sie sollten daher von der Seminarleitung selbstverständlich auch zur Verfügung gestellt werden. Im Zweifelsfall fragen Sie danach!

Ausgehend von den Bewertungskriterien stellen wir im Anhang (S. 245 f.) zusätzlich zwei individuell erweiterbare Checklisten vor, die die Arbeitsabläufe

Tab. 5-5: Bewertungsbogen für eine Präsentation

Durchführung. Zu welchem Grad wurde: • der Beitrag nachvollziehbar in den gedanklichen Bogen der Sitzung eingegliedert; • die Planung (unter Berücksichtigung erforderlicher Modifikationen) umgesetzt.	sehr gut gut befriedigend ausreichend ungenügend	
Medieneinsatz. Zu welchem Grad wurde(n): • Texte, Schaubilder, Diagramme, Tabellen, Bilder und Graphiken lesbar, anschaulich und prägnant eingesetzt; • informatives und optisch ansprechendes Material (Präsentation, Handout, Arbeitsblätter…) gestaltet; • technikbasierte Medien souverän bedient.	sehr gut gut befriedigend ausreichend ungenügend	
Methodeneinsatz. Zu welchem Grad wurde(n): • Methoden angemessen gewählt; • sinnvolle Fragen/Arbeitsaufträge formuliert; • die Gruppenarbeit betreut und praktische Anleitung gegeben; • Rückfragen und Anmerkungen aufgegriffen; • der Arbeitsprozess kritisch reflektiert und ausgewertet.	sehr gut gut befriedigend ausreichend ungenügend	
Kommunikation. Zu welchem Grad wurde(n): • frei gesprochen sowie eine klare und verständliche Sprache/Ausdrucksweise verwendet; • Fachsprache angemessen und richtig eingesetzt; • Verständnis für Details und größere Zusammenhänge gezeigt; • die Zuhörer durch Einsatz von Körper/Stimme ‚mitgenommen'; • Verständnis und Interesse geweckt.	sehr gut gut befriedigend ausreichend ungenügend	

abbilden, die in der Regel bei der Erstellung wissenschaftlicher Präsentationen notwendig sind. Die erste Checkliste bezieht sich auf eine schriftliche und die zweite auf eine mündliche Präsentation.

5.7   Wie geht's online?

Hinweise für das Präsentieren im virtuellen Raum

Mit der zunehmenden Digitalisierung des Lehrbetriebes an den Universitäten haben sich insbesondere im Bereich der Geomedien viele Veränderungen ergeben, die sowohl die wissenschaftlichen als auch die methodisch-didaktischen Arbeitsabläufe und Vermittlungsprozesse anders gestalten. Geforscht wird an und mit digitalen Datensätzen oder Karten. Lehre findet schon seit einiger Zeit auch in PC-Räumen statt und in den Seminarräumen stehen Beamer und interaktive Whiteboards parat. Relativ neu ist jenseits der schon länger so arbeitenden Fernuniversitäten allerdings die Online-Lehre, die durch die COVID-19-Pandemie einen großen Schub erhielt. In kürzester Zeit mussten im Frühjahr 2020 Lehr-Lernformate auf die Online-Situation mit räumlicher Distanzierung umgestellt werden und entsprechend änderten sich auch die Bedingungen für die Präsentationen von Studierenden.

Die Erfahrungen werden erst mittelfristig systematisch evaluiert, zusammengefasst und erforscht sein. Bis dahin ist vieles *Learning by Doing*. Viele ahnen mehr, als dass sie es schon klar benennen können, was die Distanzlehre und -forschung anders macht und was ihr fehlt. Dennoch lassen sich hier einige Überlegungen zusammenstellen, die sich auf die grundlegenden Unterschiede einer räumlich gebundenen Präsentation vor körperlich anwesendem Publikum und einer Online-Präsentation in einem virtuellen Konferenzraum beziehen. Diese Überlegungen sollen direkt zu einigen praktischen Konsequenzen für ein gelungenes Online-Referat oder eine Moderation mithilfe von Online-Plattformen wie Zoom, Vidyo, Webex oder Microsoft Teams führen.

Überlegungen

- In virtuellen Räumen fehlt Körperlichkeit. Gestik und Mimik sind für das Vermittlungsanliegen nur eingeschränkt nutzbar.
- Durch die mangelnde körperliche Verbindung ist auch die Verbindlichkeit des Publikums im Vergleich zu einer klassischen Präsentation oder Moderation geringer.
- In virtuellen Räumen fehlt Raumatmosphäre, die unter anderem durch das ‚in den Raum gestellt sein' und die Gegenwart vieler Menschen, die etwas Gemeinsames verbindet, entsteht. Auch die Resonanzerfahrung ist damit gering, es kann nicht mehr „knistern", wie es ROSA & ENDRES (2016)

nennen, und das Gefühl dafür, ob das, was man da sagt, auch tatsächlich ankommt und wie, nimmt ab.

- Die meisten Online-Plattformen ermöglichen es, bis zu 50 Teilnehmer*innen eines Seminars auf dem eigenen Bildschirm abzubilden. In den kleinen Kästchen verliert sich aber der direkte Blickkontakt. Zudem ist damit zu rechnen, dass einige ihre Kamera nicht anschalten oder gar keine haben.
- Die Moderierenden müssen zudem vieles am Bildschirm im Blick behalten: verspätete Teilnehmer*innen im Warteraum, Meldungen per Handzeichen oder im Chat, der mit dem Publikum geteilte Bildschirm und Mitbewohner*innen oder Haustiere, die durchs eigene Bild laufen.
- Die dauernde Fixierung auf einen Bildschirm ist im Gegensatz zu einem Raum mit vielen Sichtachsen ermüdend. Die Aufmerksamkeitsspanne beim Publikum ist dementsprechend geringer. Dies gilt umso mehr, wenn Teilnehmer*innen vorher schon zwei weitere Online-Kurse besucht und sich nahtlos eingeloggt haben.
- Durch die Abnahme der Resonanzerfahrung ergibt sich eine andere, häufig belastende psychosoziale Situation. Man fühlt sich schneller allein bzw. auf sich gestellt. Das gilt nicht nur für die Präsentation selbst, sondern auch für die Vorbereitung, wenn diese weitgehend online erfolgen muss.

Konsequenzen

Für die Planung:
- Einen Einstieg ('*Warm-up*') überlegen, um die Distanz mental zu verringern (z. B. kurz beschreiben, aus welchem Raum man zugeschaltet ist).
- Den Vortragsinput geringer halten, mehr Medien- und Methodenwechsel einplanen (z. B. zwischen Plenum und Arbeit in Gruppenräumen wechseln, kurze externe Videosequenzen einbauen).
- Synchrone und asynchrone Elemente kombinieren (bei einer 'klassischen' Präsentation mehr Erarbeitung, z. B. Textlektüre vor der Präsentation anleiten, damit das Publikum möglichst informiert zum Online-Termin erscheint; bei einer Moderation Arbeiten in *Breakout-Rooms*, in denen wenige Teilnehmer*innen online unter sich sind).
- Interaktionsphasen einbauen und öfter zum Verständnis nachfragen, um die Resonanz zu erhöhen.
- Wenn möglich, je nach Veranstaltungstyp, bewegte Kurzpausen einbauen.

Vor der Präsentation:
* Alle technischen Voraussetzungen prüfen und Umgangsweise mit dem digitalen Medium (Bildschirm teilen, Gruppenraummanagement etc.) üben!
* Regeln (für Wortmeldungen, Mikrophonschaltung, Chatfunktion etc.) festlegen.
* Sich überlegen, wie z. B. mit ausgeschalteten Kameras, zu spät kommenden oder aus der Gruppenarbeit nicht wiederkehrenden Teilnehmer*innen umgegangen werden soll (die Einrichtung eines digitalen Warteraums verhindert Ablenkung durch Ein- und Austreten von Teilnehmer*innen, bedingt aber auch, diesen im Blick zu behalten).
* Bei einer Gruppenpräsentation Aufgaben und Rollen, etwa Präsentation der Inhalte und Moderation des Chats, zeitlich festlegen und ggf. einen Rollenwechsel einplanen.

Während der Präsentation:
* Cool bleiben! (s. Kap. 5.5). Oft helfen achtsame Teilnehmer*innen, wenn etwas aus dem Blick gerät oder eine Schaltfläche nicht gefunden wird.
* Das Publikum in die Prozesse mit einbinden (in entstehenden Pausen, in denen die Medientechnik die Aufmerksamkeit erfordert, kommentieren, was gerade passiert).

Die fortschreitende Digitalisierung wird in Zukunft das wissenschaftliche Arbeiten insgesamt und – mit Blick auf die digitalen Geomedien – in der Geographie im Besonderen weiter verändern und neue Herausforderungen, aber auch Chancen mit sich bringen. Wie bei so vielem wird es auch bei diesen Entwicklungen darum gehen, das richtige Maß zu finden, Stärken und Schwächen zu erkennen und für den Einsatz sorgfältig abzuwägen. Die aktuellen Erfahrungen mit virtuellen Formaten in der COVID-19-Pandemie bieten hier eine gute Ausgangsbasis. Sie zeigen die großen Potentiale digitalen Arbeitens. Allerdings verdeutlichen sie auch die damit einhergehenden Anforderungen an Ausstattung sowie technischer Qualifikation und Kompetenz. Darüber hinaus wird auch sichtbar, in welchen Bereichen weniger mehr ist und dass eine gänzliche Abkehr vom analogen Lehren und Lernen einen immensen Verlust für die Vermittlungsarbeit darstellt. Sobald entsprechende Erfahrungen erforscht, systematisch evaluiert, kritisch gesichtet und zusammengefasst sind - sich hierzu also ein klareres Bild ergeben hat, das in weitere und umfassendere praktische Tipps zum wissenschaftlichen Arbeiten und Präsentieren übersetzt werden kann – spätestens dann ist es Zeit für eine weitere Neuauflage dieses Leitfadens!

Weiterführende Literatur

BAUMEISTER, I. (2019): PowerPoint 2019. Grundlagen und Aufbauwissen. Passau: Bildner Verlag.

DALL, M. (2018[4]): Sicher präsentieren – wirksamer vortragen. München: Redline Verlag.

DOMES, G. & R. CHRISTE (2020): Wissenschaftliche Poster gestalten und präsentieren. Berlin: Springer. https://doi.org/10.1007/978-3-662-61496-9

FEY, G. (2013[3]): Sicher und überzeugend präsentieren: motivieren – strukturieren – aktivieren. Präsentation, Kurzvortrag, Referat. Regensburg: Walhalla Fachverlag.

FRANCK, N. & J. STARY (2006): Gekonnt Visualisieren. Medien wirksam einsetzen. UTB E2818. Paderborn: Schöningh.

HARTMANN, M., M. RIEGER & R. FUNK (2012[6]): Zielgerichtet moderieren. Ein Handbuch für Führungskräfte, Berater und Trainer. Weinheim: Beltz.

HEY, B. (2019[2]): Präsentieren in Wissenschaft und Forschung. Berlin: Springer.

KANITZ, A. VON (2020[3]): Crashkurs Professionell Moderieren. Freiburg: Haufe.

LAMMERDING-KÖPPEL, M. & J. GRIEWATZ (2019): Erfolgreich präsentieren im Studium. UTB 5220. Stuttgart: Ulmer.

LOBIN, H. (2012): Die wissenschaftliche Präsentation. Konzept – Visualisierung – Durchführung. UTB 3770. Paderborn: Schöningh.

SEIFERT, J. W. (2011[41]): Visualisieren – Präsentieren – Moderieren. Der Klassiker. Offenbach: Gabal.

STICKEL-WOLF, C. & J. WOLF (2019[9]): Wissenschaftliches Arbeiten und Lerntechniken. Erfolgreich studieren – gewusst wie! Wiesbaden: Springer Gabler.

WINTELER, A. (2011[4]): Professionell lehren und lernen. Ein Praxisbuch. Darmstadt: WBG.

Literatur

Ad-hoc-AG Boden (2005[5]): Bodenkundliche Kartieranleitung. Hannover: BGR.

Agnew, J. (1999): Regions on the Mind does not Equal Regions of the Mind. – Progress in Human Geography **23**, 1, 91–96.

Albertz, J. (2013[5]): Einführung in die Fernerkundung. Grundlagen der Interpretation von Luft- und Satellitenbildern. Darmstadt: wbg Academic.

Amthauer, G. & M. K. P Avicevic (Hrsg.) (2001): Physikalisch-chemische Untersuchungsmethoden in den Geowissenschaften. Band **2**: Beugungsmethoden, Spektroskopie, Physiko-chemische Untersuchungsmethoden. Stuttgart: Schweizerbart.

APA (American Psychological Association) (2020[7]): Publication Manual of the American Psychological Association. The Official Guide to APA Style. Washington, DC: APA.

Atteslander, P. (1993): Methoden der empirischen Sozialforschung, Sammlung Göschen **2100**. Berlin: de Gruyter.

Atteslander, P. (2006[11]): Methoden der empirischen Sozialforschung, Berlin: ESV.

Avidor, R. (2003): Murphy Laws Site – Murphy's laws. http://www.murphys-laws.com/murphy/murphy-laws.html (Stand: 2003-06-04) (Zugriff: 2020-10-31).

Baade, J. (1994): Geländeexperiment zur Verminderung des Schwebstoffaufkommens in landwirtschaftlichen Einzugsgebieten. Heidelberger Geographische Arbeiten **95**. Heidelberg: Selbstverlag.

Backhaus, K., B. Erichson, W. Plinke & R. Weiber (2018[15]): Multivariate Analysemethoden. Eine anwendungsorientierte Einführung. Berlin: Springer Gabler.

Bahrenberg, G., E. Giese, N. Mevenkamp & J. Nipper (2017[6]): Statistische Methoden in der Geographie. Band 1: Univariate und bivariate Statistik. Studienbücher der Geographie. Stuttgart: Borntraeger.

Bahrenberg, G., E. Giese & J. Nipper (2008[2]): Statistische Methoden in der Geographie. Band 2: Multivariate Statistik. Teubner Studienbücher der Geographie. Stuttgart: Teubner.

Bartels, D. (1968): Zur wissenschaftlichen Grundlegung einer Geographie des Menschen. Geographische Zeitschrift, Beihefte **19**. Wiesbaden: Steiner.

Bärtling, R., R. Brauns, R. Richter & T. Schmierer (1948): Anweisungen für die Verfasser naturwissenschaftlicher Arbeiten (Die Bonner Anweisungen) (Sonderdruck). Frankfurt a. M.: Kramer.

Bartscherer, H.-C. (2004): Die Bilder an der Wand – Folien und Dias in Vorlesung und Vortrag. In: Winteler, A.: Professionell lehren und lernen. Ein Praxisbuch. Darmstadt: WBG, 40–45.

Bathelt, H. & H. Depner (2003): Innovation, Institution und Region: Zur Diskussion über nationale und regionale Innovationssysteme. – Erdkunde **57**, 2, 126–143.

Becher, S. (1998): Schnell und erfolgreich studieren. Organisation, Zeitmanagement, Arbeitstechniken. Würzburg: Lexika.

BECK, H. (Hrsg.) (1987 ff.): Alexander von Humboldt. Studienausgabe in 7 Bänden. Darmstadt: WBG.

BGR (Bundesanstalt für Geowissenschaften und Rohstoffe) (o. J.): Neue Methoden und Aktualisierungen der Methodendokumentation Bodenkunde. https://www.bgr.bund. de/DE/Themen/Boden/Netzwerke/AGBoden/methoden.html (Stand: k.A.) (Zugriff: 2020-11-01) Hannover: BGR.

BIRD, J. (1989): The Changing Worlds of Geography. A Critical Guide to Concepts and Methods. Oxford: Clarendon.

BLOTEVOGEL, H. H. (2002): Geographie. In: BRUNOTTE, E., H. GEBHARDT, M. MEURER, P. MEUSBURGER & J. NIPPER (Hrsg.): Lexikon der Geographie in vier Bänden. Band 2: Gast bis Ökol. Heidelberg: Spektrum, 14–16.

BORSDORF, A. (1999): Geographisch denken und wissenschaftlich arbeiten. Eine Einführung in die Geographie und in Studiertechniken. Gotha: Klett-Perthes.

BREDEMEIER, K. & H. SCHLEGEL (1994): Die Kunst der Visualisierung. Erfolg durch zeitgemäße Präsentation. Düsseldorf: Econ.

BRUNOTTE, E., H. GEBHARDT, M. MEURER, P. MEUSBURGER & J. NIPPER (Hrsg.) (2001 f.): Lexikon der Geographie in vier Bänden. Heidelberg: Spektrum.

BUDKE, A. & M. KUCKUCK (Hrsg.) (2016): Geographiedidaktische Forschungsmethoden. Praxis Neue Kulturgeographie **10**. Berlin: Lit.

BÜNTING, K.-D., A. BITTERLICH & U. POSPIECH (2006[5]): Schreiben im Studium: mit Erfolg. Ein Leitfaden. Berlin: Cornelsen.

BURTON, I. (1970): Quantitative Revolution und theoretische Geographie. In: BARTELS, D. (Hrsg.): Wirtschafts- und Sozialgeographie. Neue wissenschaftliche Bibliothek **35**. Köln: Kiepenheuer & Witsch, 95–109.

BUZAN, T. (2018): Mind Map Mastery. The Complete Guide to Learning and Using the Most Powerful Thinking Tool in the Universe. London: Watkins.

CAROL, H. (1963): Zur Theorie der Geographie. – Mitteilungen der Österreichischen Geographischen Gesellschaft **105**, 1/2, 23–38.

CC (Creative Commons) (o. J.): What we do. https://creativecommons.org/about/ (Stand: k. A.) (Zugriff: 2020-10-30)

DDB (Die Deutsche Bibliothek) (Hrsg.) (2002[3]): Regeln für den Schlagwortkatalog, 2. Erg. 2002. o. O.: Deutsche Bibliothek.

DE CERTEAU, M. (1988): Kunst des Handelns. Berlin: Merve.

DE LANGE, N. & J. NIPPER (2018): Quantitative Methodik in der Geographie. Eine Einführung. UTB **4933**. Paderborn: Schöningh.

DEMEK, J. (Hrsg.) (1976): Handbuch der geomorphologischen Detailkartierung. Wien: Hirt.

DESTATIS (Statistisches Bundesamt) 2020: Bildung und Kultur. Finanzen der Hochschulen 2018. Fachserie 1, Reihe 4.5. Wiesbaden: Statistisches Bundesamt.

DFG (Deutsche Forschungsgemeinschaft) (1998): Empfehlungen der Kommission „Selbstkontrolle der Wissenschaft". Vorschläge zur Sicherung guter wissenschaftlicher Praxis. Denkschrift. Weinheim: Wiley-VCH.

DFG (Deutsche Forschungsgemeinschaft) (2003): Arbeitsbereich Koordinierung des Systems der überregionalen Literaturversorgung im Übergang zu einem Netzwerk virtueller Fachbibliotheken (inkl. Dokumentlieferung). Das System der überregionalen Literaturversorgung. https://www.dfg.de/forschungsfoerderung/wissenschaftliche_infrastruktur/lis/foerderbereiche/virt_fachbibliotheken.html (Stand: 2003-02-12) (Zugriff: 2003-09-17, obsoleter Link).

DFG (Deutsche Forschungsgemeinschaft) (2013[2]): Vorschläge zur Sicherung guter wissenschaftlicher Praxis. Denkschrift. Weinheim: Wiley-VCH. https://www.dfg.de/download/pdf/dfg_im_profil/reden_stellungnahmen/download/empfehlung_wiss_praxis_1310.pdf (Stand: 2013-10) (Zugriff: 2020-10-31). https://doi.org/10.1002/9783527679188.oth1

DFG (Deutsche Forschungsgemeinschaft) (2019): Leitlinien zur Sicherung guter wissenschaftlicher Praxis. Kodex Bonn: DFG. https://www.dfg.de/download/pdf/foerderung/rechtliche_rahmenbedingungen/gute_wissenschaftliche_praxis/kodex_gwp.pdf (Stand: 2019-09) (Zugriff: 2020-10-30). https://doi.org/10.5281/zenodo.3923602

DICKMANN, F. (2018): Kartographie. Das Geographische Seminar. Braunschweig: Westermann.

DIN 1421: Gliederung und Benummerung von Texten: Abschnitte, Absätze, Aufzählungen (Stand: 01.1983). [Berlin: Beuth].

DIN 1422-1: Veröffentlichungen aus Wissenschaft, Technik, Wirtschaft und Verwaltung: Gestaltung von Manuskripten und Typoskripten (Stand: 02.1983). [Berlin: Beuth].

DIN 1422-2: Veröffentlichungen aus Wissenschaft, Technik, Wirtschaft und Verwaltung: Gestaltung von Reinschriften für reprographische Verfahren (Stand: 04.1984). [Berlin: Beuth].

DIN 1422-3: Veröffentlichungen aus Wissenschaft, Technik, Wirtschaft und Verwaltung: Typographische Gestaltung (Stand: 04.1984). [Berlin: Beuth].

DIN 1422-4: Veröffentlichungen aus Wissenschaft, Technik, Wirtschaft und Verwaltung: Gestaltung von Forschungsberichten (Stand: 08.1986). [Berlin: Beuth]

DIN 1505-2: Titelangabe von Dokumenten: Zitierregeln (Stand: 01.1984). [Berlin: Beuth].

DIN 5008:2020 (2020[6]): Schreib- und Gestaltungsregeln für die Text- und Informationsverarbeitung. Unkommentierte Ausgabe der DIN 5008:2020 im Sonderdruckformat. Berlin: Beuth.

DIN ISO 690:2013-10: Information und Dokumentation – Richtlinien für Titelangaben und Zitierung von Informationsressourcen (Stand: 2013-10). Berlin: Beuth. https://dx.doi.org/10.31030/2054156

DINI (Deutsche Initiative für Netzwerkinformation) (Hrsg.) (2002): Elektronisches Publizieren an Hochschulen – Empfehlungen. Berlin: Humbold-Universität. https://doi.org/10.18452/1473

DODDS, K. (2001): Forschungsreisen. In: BRUNOTTE, E., H. GEBHARDT, M. MEURER, P. MEUSBURGER & J. NIPPER (Hrsg.): Lexikon der Geographie in vier Bänden. Band 1: A bis Gasg. Heidelberg: Spektrum, 404–405.

DOMES, G. & R. CHRISTE (2020): Wissenschaftliche Poster gestalten und präsentieren. Berlin: Springer.

DONNERT, R. & M. STERZENBACH (1999²): Präsentieren – gewusst wie. Praktischer Leitfaden für Vortrag, Moderation und Seminar unter Einsatz neuer Medien. Würzburg: Lexika.

DÖRNER, D. (1997): Die Logik des Misslingens. Strategisches Denken in komplexen Situationen. Reinbek: Rowohlt.

DUDENREDAKTION (Hrsg.) (2000²²): Die deutsche Rechtschreibung (mit CD-ROM). Duden 1. Mannheim: Dudenverlag.

DUDENREDAKTION (Hrsg.) (2001a⁴): Deutsches Universalwörterbuch. Mannheim: Dudenverlag.

DUDENREDAKTION (Hrsg.) (2001b⁵): Richtiges und gutes Deutsch. Duden 9. Mannheim: Dudenverlag.

EBSTER, C. & L. STALZER (2008³): Wissenschaftliches Arbeiten für Wirtschafts- und Sozialwissenschaftler. UTB 2471. Wien: WUV Facultas.

ECK, H. (1983): Methoden wissenschaftlichen Arbeitens. Eine Einführung für Geographiestudenten. Werkhefte der Universität Tübingen, Reihe A: Naturwissenschaften 7. Tübingen: Attempto.

ECO, U. (2002): Gesammelte Streichholzbriefe. München: Dtv.

ECO, U. (2010¹³): Wie man eine wissenschaftliche Abschlussarbeit schreibt. Doktor-, Diplom- und Magisterarbeiten in den Geistes- und Sozialwissenschaften. UTB 1512. Heidelberg: C. F. Müller.

ENGEL, S. & A. WOITZIK (Hrsg.) (1997): Die Diplomarbeit. UTB 1917. Stuttgart: Schaeffer-Poeschel.

ESSBACH, W. (1996): Studium Soziologie. UTB 1928. München: Fink.

ESSELBORN-KRUMBIEGEL, H. (2008³): Von der Idee zum Text. Eine Anleitung zum wissenschaftlichen Schreiben. UTB 2334. Paderborn: Schöningh.

EULER, D. & A. HAHN (2004): Wirtschaftsdidaktik. UTB 2525. Bern: Haupt.

EWERT, G. & W. UMSTÄTTER (1997): Lehrbuch der Bibliotheksverwaltung. Stuttgart: Hiersemann.

FLICK, U. (1998³): Qualitative Forschung. Theorie, Methoden, Anwendung in Psychologie und Sozialwissenschaften. Reinbek bei Hamburg: Rowohlt.

FLICK, U., E. VON KARDORFF & I. STEINKE (Hrsg.) (2009⁷): Qualitative Forschung. Ein Handbuch. Reinbek bei Hamburg: Rowohlt.

FRANCK, N. (2009¹⁵): Lust statt Last: Wissenschaftliche Texte schreiben. In: FRANCK, N. & J. STARY (Hrsg.): Die Technik wissenschaftlichen Arbeitens. Eine praktische Anleitung. UTB 724. Paderborn: Schöningh, 117–178.

FRANCK, N. & J. STARY (Hrsg.) (2009¹⁵): Die Technik wissenschaftlichen Arbeitens. Eine praktische Anleitung. UTB 724. Paderborn: Schöningh.

FRANKE, F., H. KEMPE, A. KLEIN, L. RUMPF & A. SCHÜLLER-ZWIERLEIN (2014): Schlüsselkompetenzen: Literatur recherchieren in Bibliotheken und Internet. Stuttgart: Metzler.

Giddens, A. (1992): Die Konstitution der Gesellschaft. Grundzüge einer Theorie der Strukturierung. Frankfurt a. M.: Campus.

Giesen, C. & J. Wirnshofer (2020): Bitte blechen. Marco Verch bietet im Internet Fotos an, angeblich kostenlos. Aber wer eines benutzt, bekommt dann meist doch eine Rechnung. Wie einer mit einer verblüffend einfachen Masche abkassiert. – Süddeutsche Zeitung 76, 47, 267, 3 (2020-11-18).

Greaves, S., J. Scott, M. Clarke, L. Miller, T. Hannay, A. Thomas & P. Campbell (2006): Nature's trial of open peer-review. Nature Web focusses. http://www.nature.com/nature/peerreview/debate/nature05535.html (Stand: 2006-12) (Zugriff: 2010-06-14, obsoleter Link).

Gregory, D., R. J. Johnston, G. Pratt, M. J. Watts & S. Whatmore (2009[5]) (Eds.): The Dictionary of Human Geography. Oxford: Wiley-Blackwell.

Grin Verlag (c2000): Gestaltung einer wissenschaftlichen Arbeit. http://www.hausarbeiten.de/diehausarbeit.html (Stand: ca. 2000) (Zugriff: 2010-04-27).

Grin Verlag (c2016): Wie schreibe ich eine Hausarbeit? http://www.hausarbeiten.de/diehausarbeit.html (Stand: ca. 2016) (Zugriff: 2020-10-31).

Hackenbroch-Krafft, I. & E. Parey (1998): „Was, das muss ich auch noch lesen?" In: Kruse, O. (Hrsg.): Handbuch Studieren. Von der Einschreibung bis zum Examen. Frankfurt a. M.: Campus, 177–192.

Hägerstrand, T. (1970): Der Computer und der Geograph. In: Bartels, D. (Hrsg.): Wirtschafts- und Sozialgeographie. Neue wissenschaftliche Bibliothek **35**. Köln: Kiepenheuer & Witsch, 278–300.

Haggett, P. (1990): The Geographer's Art. Oxford: Blackwell.

Haggett, P. (2004[3]): Geographie. Eine globale Synthese. Stuttgart: Ulmer.

Hake, G. (1982[6]): Kartographie I. Sammlung Göschen **2165**. Berlin: de Gruyter.

Hake, G., D. Grünreich & L. Meng (2002[8]): Kartographie: Visualisierung raum-zeitlicher Informationen. Berlin: de Gruyter. https://doi.org/10.1515/9783110870572

Harder, C. & C. Brown (Eds.) (2017[2]): Das ArcGIS Buch. The Science of Where – 10 wesentliche Aspekte. Redlands, CA: ESRI. https://downloads.esri.com/learnarcgis/pdf/de/The-ArcGIS-Book_DE-second-edition.pdf (Stand: 2017) (Zugriff: 2020-11-27).

Harley, J. B. (2002): Deconstructing the Map. In: Dear, M. J. & S. Flusty (Eds.): The Spaces of Postmodernity. Readings in Human Geography. Oxford: Blackwell, 277–289.

Harvey, D. (1973): Explanation in Geography. London: Arnold.

Hartmann, M., M. Rieger & M. Luoma (1999[2]): Zielgerichtet moderieren. Ein Handbuch für Führungskräfte, Berater und Trainer. Weinheim: Beltz.

Heinritz, G. & R. Wiessner (1994): Studienführer Geographie. Braunschweig: Westermann.

Hettner, A. (1895/1975): Die Methode und das System der Geographie. In: Winkler, E. (Hrsg.): Probleme der Allgemeinen Geographie. Wege der Forschung **299**. Darmstadt: WBG, 40–45.

Hettner, A. (1925[3]): Grundzüge der Länderkunde. Band 1: Europa. Leipzig: Teubner.

HIERHOLD, E. (2005[7]): Sicher präsentieren – wirksamer vortragen. Heidelberg: Redline.

HÖGE, H. (1994): Schriftliche Arbeiten im Studium. Ein Leitfaden zur Abfassung wissenschaftlicher Texte für Psychologen und Sozialwissenschaftler. Stuttgart: Kohlhammer.

HOMBERGER, D. (2000): Sachwörterbuch zur Sprachwissenschaft. Stuttgart: Reclam.

HORATSCHEK, S. & T. SCHUBERT (1998): Richtlinien für die Verfasser geowissenschaftlicher Veröffentlichungen. Hannover: BGR.

HUTZEL, E. (2008): 10 Jahre Elektronische Zeitschriftenbibliothek – Kontinuität und Wandel einer kooperativen Dienstleistung. – Bibliotheksdienst 42, 2, 169–181.

IDF (International DOI Foundation) (2015): DOI Handbook. https://www.doi.org/hb.html (Stand: 2015-10-17) (Zugriff: 2020-10-24).

JAMES, P.E. (1972): All Possible Worlds. A History of Geographical Ideas. Indianapolis: Odyssey Press.

JUNG, M. (2001): Hermeneutik zur Einführung. Hamburg: Junius.

KAYSER, D. (1998): Präsentieren statt Referat. So hört man Ihnen zu. In: KRUSE, O. (Hrsg.): Handbuch studieren. Von der Einschreibung bis zum Examen. Frankfurt a. M.: Campus, 238–249.

KELLER, R., A. HIRSELAND, W. SCHNEIDER & W. VIEHÖVER (Hrsg.) (2006[2]): Handbuch Sozialwissenschaftliche Diskursanalyse. Band 1: Theorien und Methoden. Wiesbaden: VS Verlag für Sozialwissenschaften.

KIRCKHOFF, M. (1997[12]): Mind Mapping. Einführung in eine kreative Arbeitsmethode. Offenbach: Gabal.

KLIPPERT, H. (2008[18]): Methodentraining. Übungsbausteine für den Unterricht. Weinheim: Beltz.

KLUGE, F. (2002[24]): Etymologisches Wörterbuch der deutschen Sprache (bearb. v. E. SEEBOLD). Berlin: de Gruyter.

KMK (Kultusministerkonferenz) (2000): Muster-Rahmenordnung für Diplomprüfungsordnungen: Universitäten und gleichgestellte Hochschulen. Beschluss vom 16.10.1998 i. d. F. vom 13.10.2000. Bonn: Sekretariat der KMK. https://www.kmk.org/fileadmin/veroeffentlichungen_beschluesse/1998/1998_10_16-Muster-Rahmenordnung-Diplom-Uni.pdf (Stand: 2000-10-13) (Zugriff: 2020-07-08).

KMK (Kultusministerkonferenz) (2010): Ländergemeinsame Strukturvorgaben für die Akkreditierung von Bachelor- und Masterstudiengänge. Beschluss vom 10.10.2003 i. d. F. vom 04.02.2010. Bonn: Sekretariat der KMK. https://www.kmk.org/fileadmin/Dateien/veroeffentlichungen_beschluesse/2003/2003_10_10-Laendergemeinsame-Strukturvorgaben.pdf (Stand: 2010-02-04) (Zugriff: 2020-11-10).

KOHLSTOCK, P. (2004): Kartographie. Eine Einführung. UTB **2568**. Paderborn: Schöningh.

KORF, B. (2014): Kiel 1969 – ein Mythos? – Geographica Helvetica **69**, 4, 291–292. https://doi.org/10.5194/gh-69-291-2014

KORNMEIER, M. (2018[8]): Wissenschaftlich schreiben leicht gemacht: Für Bachelor, Master und Dissertationen. UTB **3154**. Bern: Haupt.

KRAJEWSKI, M. (2009[15]): Elektronische Literaturverwaltung. Kleiner Katalog von Merkmalen und Möglichkeiten. In: FRANCK, N. & J. STARY (Hrsg.): Die Technik wissenschaftlichen Arbeitens. Eine praktische Anleitung. UTB **724**. Paderborn: Schöningh, 97–115.

KRÄMER, W. (1999): Wie schreibe ich eine Seminar- oder Examensarbeit? Campus concret **47**. Frankfurt a. M.: Campus.

KROMREY, H. (1990[4]): Empirische Sozialforschung: Modelle und Methoden. UTB **1040**. Opladen: Leske + Budrich.

KUHN, T. S. (1976[2]): Die Struktur wissenschaftlicher Revolutionen. Suhrkamp Taschenbuch Wissenschaft **25**. Frankfurt a. M.: Suhrkamp.

LAZAR, S. (2001): Wissenschaftlich Arbeiten. Hinweise zur Literatursuche und Strukturierung von Referaten und schriftlichen Arbeiten. Unveröffentlichtes Lehrmaterial des Geographischen Instituts der Albert-Ludwigs-Universität Freiburg. Freiburg.

LEMKE, D. (Hrsg.) (2020): Softwarevergleich Literaturverwaltung. München: Universitätsbibliothek, Technische Universität München. https://mediatum.ub.tum.de/1316333 (Stand: 2020-06) (Zugriff: 2020-11-07).

LEHRBERGER, G. (2004): Hochschullehre mit digitaler Projektion. In: WINTELER, A.: Professionell lehren und lernen. Ein Praxisbuch. Darmstadt: WBG, 46–69.

LESER, H. & H.-J. KLINK (Hrsg.) (1988): Handbuch und Kartieranleitung Geoökologische Karte 1:25000 (KA GÖK 25). Forschungen zur deutschen Landeskunde **228**. Trier: Selbstverlag.

LIVINGSTONE, D. (1997[3]): History of Geography. In: JOHNSTON, R. J., D. GREGORY & D. A. SMITH (Eds.): The Dictionary of Human Geography. Oxford: Blackwell, 223–225.

MATTES, W. (2002): Methoden für den Unterricht. 75 kompakte Übersichten für Lehrende und Lernende. Paderborn: Schöningh.

MEY, R. (2016): Alle Lieder Reinhard Mey. Toutes les chansons Frèdèrik Mey. Berlin: Edition Mey.

MÜLLER-HOHENSTEIN, K. (1981[2]): Die Landschaftsgürtel der Erde. Teubner Studienbücher. Stuttgart: Teubner.

N. N. (2021): Wikipedia: Belege. https://de.wikipedia.org/w/ index.php?title=Wikipedia:Belege&oldid=207236568 (Stand: 2021-01-03) (Zugriff: 2021-01-26).

NIPPER, J. (2002): Statistik. In: BRUNOTTE, E., H. GEBHARDT, M. MEURER, P. MEUSBURGER & J. NIPPER (Hrsg.): Lexikon der Geographie in vier Bänden. Band 3: Ökos bis Wald. Heidelberg: Spektrum, 286.

NOLZEN, H. (Hrsg.) (1988): Handbuch des Geographieunterrichts. Köln: Aulis.

PAVICEVIC, M. K. & G. AMTHAUER (Hrsg.) (2000): Physikalisch-chemische Untersuchungsmethoden in den Geowissenschaften. Band 1: Mikroskopische, analytische und massenspektrometrische Methoden. Stuttgart: Schweizerbart.

PLETSCH, A. (1997): Frankreich. Darmstadt: WBG.

POHL, J. (1998): Die Wahrnehmung von Naturrisiken in der „Risikogesellschaft". In: HEINRITZ, G., R. WIESSNER & M. WINIGER (Hrsg.): Nachhaltigkeit als Leitbild der Umwelt- und Raumentwicklung in Europa. Verhandlungen des 51. Deutschen Geographentages. Stuttgart: Steiner, 153–163.

PRIM, R. & H. TILMAN (2000⁶): Grundlagen einer kritisch-rationalen Sozialwissenschaft. Studienbuch zur Wissenschaftstheorie Karl R. Poppers. UTB **221**. Heidelberg: Quelle & Meyer.

QGIS Development Team (2020): QGIS 3.10 User Guide. s.l.: QGIS Project. https://docs.qgis.org/3.10/pdf/de/QGIS-3.10-UserGuide-de.pdf (Stand: 2020-10-30) (Zugriff: 2020-11-27)

RATZEL, F. (1881): Die Erde in vierundzwanzig gemeinverständlichen Vorträgen über Allgemeine Erdkunde. Ein geographisches Lesebuch. Stuttgart: Engelhorn.

RAUSCHER, E. (1991): Wissenschaft lernen. Beiträge zur Lehrerfortbildung **35**. Wien: Österreichischer Bundesverlag.

REUBER, P. (2012): Politische Geographie. UTB **8486**. Paderborn: Schöningh.

REUBER, P. & G. WOLKERSDORFER (Hrsg.) (2001): Politische Geographie. Handlungsorientierte Ansätze und Critical Geopolitics. Heidelberger Geographische Arbeiten **112**. Heidelberg: Selbstverlag.

RICHTHOFEN, F., VON (1883/1975): Aufgaben und Methoden der heutigen Geographie. In: WINKLER, E. (Hrsg.): Probleme der Allgemeinen Geographie. Wege der Forschung **299**. Darmstadt: WBG, 22–39.

RICHTHOFEN, F., VON (1886/1983): Führer für Forschungsreisende. Anleitung zu Beobachtungen über Gegenstände der physischen Geographie und Geologie (Nachdruck, hrsg. v. G. STÄBLEIN). Berlin: Reimer.

ROSA, H. & W. ENDRES (2016²): Resonanzpädagogik. Wenn es im Klassenzimmer knistert. Weinheim: Beltz.

ROST, F. (2003): Wissenschaftliche Texte lesen und verstehen. In: FRANCK, N. & J. STARY (Hrsg.): Die Technik wissenschaftlichen Arbeitens. Eine praktische Anleitung. UTB **724**. Paderborn: Schöningh, 75–95.

ROST, F. (2010⁶): Lern- und Arbeitstechniken für pädagogische Studiengänge. UTB **1994**. Opladen: Leske + Budrich.

ROST, F. & J. STARY (2003): Schriftliche Arbeiten „in Form" bringen. Zitieren, Belegen, ein Literaturverzeichnis anlegen. In: FRANCK, N. & J. STARY (Hrsg.): Die Technik wissenschaftlichen Arbeitens. Eine praktische Anleitung. UTB **724**. Paderborn: Schöningh, 179–195.

RÜCKRIEM, G., J. STARY & N. FRANCK (1994⁸): Die Technik wissenschaftlichen Arbeitens: eine praktische Anleitung. UTB **725**. Paderborn: Schöningh.

SACK, R. D. (1986): Human Territoriality: Its Theory and History. Cambridge: Cambridge University Press.

SCHLOTTMANN, A. & J. WINTZER (2019): Weltbildwechsel. Ideengeschichten geographischen Denkens und Handelns. UTB **5218**. Bern: Haupt.

SCHNELL, R., P. B. HILL & E. ESSER (2018[11]): Methoden der empirischen Sozialforschung. De Gruyter Studium. München: de Gruyter Oldenbourg.

SCHRAMKE, W. (1975): Zur Paradigmengeschichte der Geographie und ihrer Didaktik. Eine Untersuchung über Geltungsanspruch und Identitätskrise eines Faches. Geographische Hochschulmanuskripte **2**. Göttingen: Ahlbrecht.

SCHREPFER, H. (1934/1975): Das Ende der Allgemeinen Geographie. In: WINKLER, E. (Hrsg.): Probleme der Allgemeinen Geographie. Wege der Forschung **299**. Darmstadt: WBG, 152–156.

SCHRÖDER, H. & I. STEINHAUS (2000): Mit dem PC durchs Studium. Eine praxisorientierte Einführung. Darmstadt: Primus.

SCHULTZ, H.-D. (1989): Versuch einer Historisierung der Geographie des Dritten Reiches am Beispiel des geographischen Großraumdenkens. In: FAHLBUSCH, M., M. RÖSSLER & D. SIEGRIST (Hrsg.): Geographie und Nationalsozialismus. Drei Fallstudien zur Institution Geographie im Deutschen Reich und der Schweiz. Urbs et Regio **51**. Kassel: Gesamthochschule, 1–75.

SCHWARZ, M. (2002): „Zettelkatalog für Literatur bis 1935" im Netz. https://idw-online.de/de/news55178 (Stand: 2002-11-05) (Zugriff: 2021-01-26).

SEDLACEK, P. (1990[4]): Anleitung zur formalen Gestaltung schriftlicher Arbeiten. Studienblätter **4**. Münster: Selbstverlag.

SEIFFERT, H. (1980[9]): Einführung in die Wissenschaftstheorie. Band 1: Sprachanalyse, Deduktion, Induktion in Natur- und Sozialwissenschaften. Beck'sche Schwarze Reihe **60**. München: Beck.

SEIFERT, J. W. (2008[24]): Visualisieren – Präsentieren – Moderieren. Offenbach: Gabal.

SESINK, W. (1990): Einführung in das wissenschaftliche Arbeiten ohne und mit PC. München: Oldenbourg.

SOEFFNER, H.-G. (2000): Sozialwissenschaftliche Hermeneutik. In: FLICK, U., E. VON KARDORFF & I. STEINKE (Hrsg.): Qualitative Forschung. Ein Handbuch. Reinbek: Rowohlt, 164–175.

SPITZER, M. (2008[5]): Medizin für die Schule. Plädoyer für eine evidenzbasierte Pädagogik. In: CASPARY, R. (Hrsg.): Lernen und Gehirn. Der Weg zu einer neuen Pädagogik. Freiburg: Herder, 23–35.

STANDOP, E. (1981[9]): Die Form der wissenschaftlichen Arbeit. UTB **272**. Heidelberg: Quelle & Meyer.

STANDOP, E. & M. L. G. MEYER (2008[18]): Die Form der wissenschaftlichen Arbeit. Technik und Praxis für Schule, Studium und Beruf. Wiebelsheim: Quelle & Meyer.

STARY, J. & H. KRETSCHMER (1994): Umgang mit wissenschaftlicher Literatur. Eine Arbeitshilfe für das sozial- und geisteswissenschaftliche Studium. Frankfurt a. M.: Cornelsen Scriptor.

STATISTISCHES BUNDESAMT (o. J.): Drittmittel. https://www.destatis.de/DE/Themen/Ge-sellschaft-Umwelt/Bildung-Forschung-Kultur/Bildungsfinanzen-Ausbildungsfoerde-rung/Glossar/drittmittel.html (Stand: o. J.) (Zugriff: 2021-01-26).

STICKEL-WOLF, C. & J. WOLF (2009[5]): Wissenschaftliches Arbeiten und Lerntechniken. Erfolgreich studieren – gewusst wie! Wiesbaden: Gabler.

STICKEL-WOLF, C. & J. WOLF (2019[9]): Wissenschaftliches Arbeiten und Lerntechniken. Erfolgreich studieren – gewusst wie! Wiesbaden: Springer Gabler.

STOCK, W. G. (2000): Was ist eine Publikation? In: FUCHS-KITTOWSKI, K., H. LAITKO, H. PARTHEY & W. UMSTÄTTER (Hrsg.): Wissenschaft und Digitale Bibliothek. Jahrbuch der Gesellschaft für Wissenschaftsforschung **1998**. Berlin: GeWiF, 239–282.

STRAHLER, A. H. & A. H. STRAHLER (2009[4]): Physische Geographie. UTB **P8159**. Stutt-gart: Ulmer.

TAYLOR, P. J. (Ed.) (1992): The Political Geography of the Twentieth Century. London: Belhaven.

THEISEN, M. R. (2000[10]): Wissenschaftliches Arbeiten. WiSt-Taschenbücher. München: Vahlen.

THEISEN, M. R. (2009): Wissenschaftliches Arbeiten. Technik – Methodik – Form. Jubilä-umsausgabe. WiSt-Taschenbücher. München: Vahlen.

THOMAS, D. S. G. & A. GOUDIE (Eds.) (2000[3]): The Dictionary of Physical Geography. Oxford: Blackwell.

TROLL, C. (1947): Die geographische Wissenschaft in Deutschland in den Jahren 1933 bis 1945. Eine Kritik und Rechtfertigung. – Erdkunde **1**, 1, 3–48.

TUAN, Y.-F. (1991): A View of Geography. – The Geographical Review **81**, 1, 99–107.

UB (Universitätsbibliothek) REGENSBURG (2020): Elektronische Zeitschriftenbibliothek (EZB) Jahresbericht 2019. Regensburg: UB Regensburg. http://ezb.uni-regensburg.de/ezeit/anwender/EZB_Jahresbericht_2019.pdf (Stand: 2020-09) (Zugriff: 2020-11-12).

UTERMANN, J. (2000): Labormethoden-Dokumentation. Geologisches Jahrbuch **G8**. Hannover: BGR, 3–215 u. CD-ROM.

VIDALE DE LA BIACHE, P. (1896/1975): Das Prinzip der Allgemeinen Geographie. In: WINKLER, E. (Hrsg.): Probleme der Allgemeinen Geographie. Wege der Forschung **299**. Darmstadt: WBG, 46–64.

WAGNER, W. (1992[3]): Uni-Angst und Uni-Bluff. Wie studieren und sich nicht verlieren. Rotbuch Taschenbuch **65**. Hamburg: Rotbuch.

WARDENGA, U. (2001): Zur Konstruktion von Raum und Politik in der Geographie des 20. Jahrhunderts. In: REUBER, P. & G. WOLKERSDORFER (Hrsg.): Politische Geographie. Handlungsorientierte Ansätze und Critical Geopolitics. Heidelberger Geographische Arbeiten **112**. Heidelberg: Selbstverlag, 17–32.

WEBIS (2020): Geowissenschaften der festen Erde. http://wikis.sub.uni-hamburg.de/webis/index.php/Geowissenschaften_der_festen_Erde (Stand: 2020-04-23) (Zugriff: 2020-11-08).

WEICHHART, P. (2009): Humangeographie – quo vadis? In: MUSIL, R. & C. STAUDACHER (Hrsg.): Mensch.Raum.Umwelt. Entwicklungen und Perspektiven der Geographie in Österreich. Wien: Österreichische Geographische Gesellschaft, 63–78.

WEILER, Y. (2017): #SchreibenKannIch. Eine wissenschaftliche Arbeit in 30 Stunden. UTB **8722**. Wien: Fakultas.

WENTURIS, N., W. VAN HOVE & V. DREIER (1992): Methodologie der Sozialwissenschaften. Eine Einführung. UTB **1704**. Tübingen: Francke.

WERLEN, B. (1993): Gibt es eine Geographie ohne Raum? Zum Verhältnis von traditionellen und zeitgenössischen Gesellschaften. – Erdkunde **47**, 4, 241–255.

WERLEN, B. (1997): Sozialgeographie alltäglicher Regionalisierungen. Band 2: Globalisierung, Region und Regionalisierung. Erdkundliches Wissen **119**. Stuttgart: Steiner.

WERLEN, B. (1998): Thesen zur handlungstheoretischen Neuorientierung sozialgeographischer Forschung. In: SEDLACEK, P. & B. WERLEN (Hrsg.): Texte zur handlungstheoretischen Geographie. Jenaer Geographische Manuskripte **18**. Jena: Institut für Geographie, 85–102.

WERLEN, B. (2001a): Deduktion. In: BRUNOTTE, E., H. GEBHARDT, M. MEURER, P. MEUSBURGER & J. NIPPER (Hrsg.): Lexikon der Geographie in vier Bänden. Band 1: A bis Gasg. Heidelberg: Spektrum, 235.

WERLEN, B. (2001b): Erklärung. In: BRUNOTTE, E., H. GEBHARDT, M. MEURER, P. MEUSBURGER & J. NIPPER (Hrsg.): Lexikon der Geographie in vier Bänden. Band 1: A bis Gasg. Heidelberg: Spektrum, 331–332.

WERLEN, B. (2002a): Induktion. In: BRUNOTTE, E., H. GEBHARDT, M. MEURER, P. MEUSBURGER & J. NIPPER (Hrsg.): Lexikon der Geographie in vier Bänden. Band 2: Gast bis Ökol. Heidelberg: Spektrum, 151.

WERLEN, B. (2002b): Theorie. In: BRUNOTTE, E., H. GEBHARDT, M. MEURER, P. MEUSBURGER & J. NIPPER (Hrsg.): Lexikon der Geographie in vier Bänden. Band 3: Ökos bis Wald. Heidelberg: Spektrum, 342–343.

WERLEN, B. (2002c): Wissenschaft. In: BRUNOTTE, E., H. GEBHARDT, M. MEURER, P. MEUSBURGER & J. NIPPER (Hrsg.): Lexikon der Geographie in vier Bänden. Band 4: Walk bis Z. Heidelberg: Spektrum, 47–48.

WERLEN, B. (2002d): Modell. In: BRUNOTTE, E., H. GEBHARDT, M. MEURER, P. MEUSBURGER & J. NIPPER (Hrsg.): Lexikon der Geographie in vier Bänden. Band 2: Gast bis Ökol. Heidelberg, Berlin: Spektrum, 392.

WERLEN, B. (2008[3]): Sozialgeographie. Eine Einführung. UTB **1911**. Bern: Haupt.

WETZEL, R. G. (2001[3]): Limnology. Lake and River Ecosystems. San Diego: Academic Press.

WIKIBOOKS-BEARBEITER (2016): Wikipedia-Lehrbuch. Vers. 806482. https://de.wikibooks.org/w/index.php?title=Wikipedia-Lehrbuch&oldid=806482 (Stand: 2016-12-05) (Zugriff: 2021-01-26).

WINTZER, J. (Hrsg.) (2016): Qualitative Methoden in der Sozialforschung. Forschungsbeispiele von Studierenden für Studierende. Berlin: Springer Spektrum.

WINTZER, J. (Hrsg.) (2018): Sozialraum erforschen: Qualitative Methoden in der Geographie. Berlin: Springer Spektrum.

ZEPP, H. & M. J. MÜLLER (1999): Landschaftsökologische Erfassungsstandards. Ein Methodenbuch. Forschungen zur deutschen Landeskunde **244**. Flensburg: Selbstverlag.

ZIMMERMANN-JANSCHITZ, S. (2014): Statistik in der Geographie. Eine Exkursion durch die deskriptive Statistik. Berlin: Springer Spektrum.

ZMARSLY, E., W. KUTTLER & H. PETHE (2007³): Meteorologisch-klimatologisches Grundwissen. Eine Einführung mit Übungen, Aufgaben und Lösungen. UTB **2281**. Stuttgart: Ulmer.

ZSW (Zentrum für Studienberatung und Weiterbildung) (Hrsg.) (1996²): Kleine Anleitung zum wissenschaftlichen Arbeiten. Heidelberg: Universität Heidelberg.

Anhang

Kleine Bibliographie zum Geographiestudium

Die folgenden Seiten präsentieren allgemeine und spezifische, deutsch- und englischsprachige (Einstiegs-) Literatur zur Geographie und ihren Teilgebieten. Sie soll die erste Orientierung zu einem Thema vereinfachen und kann auch als Ausgangspunkt für eine weitere Recherche nach dem Schneeballsystem dienen. Wir haben uns bemüht, jeweils die aktuelle Auflage sowie Neuerscheinungen (Stand September 2020) zu berücksichtigen. Auch einige vergriffene Titel sind gelistet, da wir davon ausgehen, dass Sie die Arbeit in einer Bibliothek und nicht im Buchhandel beginnen. Darüber hinaus werden zunehmend ältere grundlegende Publikationen als E-Book aufgelegt und es gibt vermehrt Möglichkeiten „Klassiker" antiquarisch zu erwerben.

Nachschlagewerke/Lexika

BOLLMANN, J. & W. G. KOCH (Hrsg.) (2001): Lexikon der Kartographie und Geomatik in zwei Bänden. Heidelberg: Spektrum. (auch online: https://www.spektrum.de/lexikon/kartographie-geomatik/)

BROLL, G., H. EGNER, H. LESER, E. ROTHFUSS & M. VETTER (Hrsg.) (2017): Wörterbuch Geographie. Braunschweig: Westermann.

BRUNOTTE, E., H. GEBHARDT, M. MEURER, P. MEUSBURGER & J. NIPPER (Hrsg.) (2001f.): Lexikon der Geographie in 4 Bänden. Heidelberg: Spektrum. (auch online: https://www.spektrum. de/lexikon/geographie)

GEIST, H. (Ed.) (2006): Our Earth's Changing Land. An Encyclopedia of Land-Use and Land-Cover Change. 2 Vols. Westport: Greenwood.

GREGORY, D., R. J. JOHNSTON, G. PRATT, M. WATTS & S. WHATMORE (Eds.) (2009[5]): The Dictionary of Human Geography. Oxford: Blackwell.

MATTHEWS, J. A. (Ed.) (2014): Encyclopedia of Environmental Change. London: Sage.

MATTHEWS, J. A., E. M. BRIDGES, C. J. CASELDINE, A. J. LUCKMAN, G. OWEN, A. H. PERRY, R. A. SHAKESBY, R. P. D. WALSH, R. J. WHITTAKER & K. J. WILLIS (Eds.) (2003): The Encyclopaedic Dictionary of Environmental Change. London: Arnold.

SCHWEIZER, V. (2012): Wörterbuch der Geologie / Dictionary of Geology. Deutsch – Englisch, English – German. Berlin: Springer.

THOMAS, D. S. G. (Ed.) (2016[4]): The Dictionary of Physical Geography. Chichester: Wiley-Blackwell.

Lernmethodik/Lerntechnik

BÄR, S. (2002[4]): Forschen auf Deutsch: Der Machiavelli für Forscher und solche die es werden wollen. Frankfurt a. M.: Harri Deutsch.

BORSDORF, A. (2007[2]): Geographisch denken und wissenschaftlich arbeiten. Heidelberg: Spektrum.

BÜNTING, K.-D., A. BITTERLICH & U. POSPIECH (2006[5]): Schreiben im Studium: mit Erfolg. Ein Leitfaden. Berlin: Cornelsen.

ECO, U. (2010[13]): Wie man eine wissenschaftliche Abschlußarbeit schreibt. UTB **1512**. Wien: facultas wuv.

FRANKE, F., H. KEMPE, A. KLEIN, L. RUMPF & A. SCHÜLLER-ZWIERLEIN (2014): Schlüsselkompetenzen: Literatur recherchieren in Bibliotheken und Internet. Stuttgart: Metzler.

STANDOP, E. & M. L. G. MEYER (2008[18]): Die Form der wissenschaftlichen Arbeit. Grundlagen, Technik und Praxis für Schule, Studium und Beruf. Wiebelsheim: Quelle & Meyer.

STARY, J. & H. KRETSCHMER (2000): Umgang mit wissenschaftlicher Literatur. Eine Arbeitshilfe für das sozial- und geisteswissenschaftliche Studium. Frankfurt a. M.: Cornelsen Scriptor.

STICKEL-WOLF, C. & J. WOLF (2019[9]): Wissenschaftliches Arbeiten und Lerntechniken. Erfolgreich studieren – gewusst wie! Wiesbaden: Springer Gabler.

THEISEN, M. R. (2021[18]): Wissenschaftliches Arbeiten. Erfolgreich bei Bachelor- und Masterarbeit. München: Vahlen.

Didaktik der Geographie

BÖHN, D. & G. OBERMAIER (Hrsg.) (2013): Wörterbuch der Geographiedidaktik. Braunschweig: Westermann.

BRUCKER, A. (Hrsg.) (2017[4]): Geographiedidaktik in Übersichten. Köln: Aulis.

BUDKE, A. & M. KUCKUCK (Hrsg.) (2015): Geographiedidaktische Forschungsmethoden. Praxis Neue Kulturgeographie **10**. Berlin: Lit.

DICKEL, M. & D. KANWISCHER (Hrsg.) (2006): TatOrte. Neue Raumkonzepte didaktisch inszeniert. Berlin: Lit.

GRYL, I., A. SCHLOTTMANN & D. KANWISCHER (Hrsg.) (2015): Mensch:Umwelt:System. Theoretische Grundlagen und praktische Beispiele für den Geographieunterricht. Berlin: Lit.

HAVERSATH, J.-B. (Hrsg.) (2012): Geographiedidaktik: Theorie-Themen-Forschung. Braunschweig: Westermann.

KANWISCHER, D. (Hrsg.) (2013): Geographiedidaktik. Ein Arbeitsbuch zur Gestaltung des Geographieunterrichts. Stuttgart: Borntraeger.

REINFRIED, S. & H. HAUBRICHT (Hrsg.) (2015): Geographie unterrichten Lernen. Die Didaktik der Geographie. Berlin: Cornelsen.

RHODE-JÜCHTERN, T. (2009): Eckpunkte einer modernen Geographiedidaktik. Hintergrundbegriffe und Denkfiguren. Seelze-Velber: Klett/Kallmeyer.

RINSCHEDE, G. & A. SIEGMUND (2019[4]): Geographiedidaktik. Grundriss allgemeine Geographie. UTB **2324**. Paderborn: Schöningh.

ROLFES, M. & A. UHLENWINKEL (Hrsg.) (2013): Metzler Handbuch 2.0 Geographieunterricht. Ein Leitfaden für Praxis und Ausbildung. Braunschweig: Westermann.

SCHULER, S., L. VANKAN & G. ROHWER (Hrsg.) (2017[2]): Diercke – Denken lernen mit Geographie. Methoden 1. Braunschweig: Westermann.

Allgemeine Geographie

AGNEW, J.A. & D.N. Livingstone (Eds.) (2011): The SAGE Handbook of Geographical Knowledge. London: Sage.

CLIFFORD, N.J., M. COPE, T.W. GILLESPIE & S. FRENCH (Eds.) (2016): Key Methods in Geography. Los Angeles: Sage.

CLIFFORD, N., S.L. HOLLOWAY, S.P. RICE & G. VALENTINE (Eds.) (2009²): Key Concepts in Geography. London: Sage.

DÜRR, H. & H. ZEPP (2012): Geographie verstehen. Ein Lotsen- und Arbeitsbuch. UTB **8476**. Paderborn: Schöningh.

EGNER, H. (2010): Theoretische Geographie. Darmstadt: WBG

GEBHARDT, H., R. GLASER, U. RADTKE, P. REUBER & A. VÖTT (Hrsg.) (2020³): Geographie. Physische Geographie und Humangeographie. Heidelberg: Springer Spektrum.

HAGGETT, P. (2003³): Geographie: Eine moderne Synthese. UTB **8001**. Stuttgart: Ulmer.

ROGERS, A. & H.A. VILES (Eds.) (2003²): The Student's Companion to Geography. Oxford: Wiley-Blackwell.

Mensch und Umwelt

ATKINS, P., I. SIMMONS & B. ROBERTS (1998/2014): People, Land and Time. An Historical Introduction to the Relations Between Landscape, Culture and Environment. London: Routledge. https://doi.org/10.4324/9780203765777

BORK, H.-R., H. BORK, C. DALCHOW, B. FAUST, H.-P. PIORR & T. SCHATZ (1998): Landschaftsentwicklung in Mitteleuropa. Wirkungen des Menschen auf Landschaften. Gotha: Klett-Perthes.

BORK, H.-R. (Hrsg.) (2006): Landschaften der Erde unter dem Einfluss des Menschen. Darmstadt: WBG.

CASTREE, N., D. DEMERITT, D. LIVERMAN & B. RHOADS (Eds.) (2009): A Companion to Environmental Geography. Chichester: Wiley-Blackwell.

Dikau, R. & J. WEICHSELGARTNER (2005): Der unruhige Planet. Der Mensch und die Naturgewalten. Darmstadt: WBG.

EHLERS, E. (2008): Das Anthropozän. Die Erde im Zeitalter des Menschen. Darmstadt: WBG.

FELGENTREFF, C. & T. GLADE (Hrsg.) (2008): Naturrisiken und Sozialkatastrophen. Heidelberg: Spektrum.

GOUDIE, A. (2013⁷): The Human Impact on the Natural Environment: Past, Present and Future. Chichester: Wiley-Blackwell.

ROBERTS, N. (2013³): The Holocene: An Environmental History. Chichester: Wiley-Blackwell.

WINIWARTER, V. & H.-R. BORK (2019): Geschichte unserer Umwelt. 66 Reisen durch die Zeit. Darmstadt: WBG.

Geoinformatik und Fernerkundung

ALBERTZ, J. (2013[5]): Einführung in die Fernerkundung. Grundlagen der Interpretation von Luft- und Satellitenbildern. Darmstadt: WBG.

BARTELME, N. (2005[4]): Geoinformatik: Modelle, Struktur, Funktionen. Berlin: Springer.

BILL, R. (2016[6]): Grundlagen der Geo-Informationssysteme. Berlin: Wichmann.

BLASCHKE, T. & D. LANG (2007): Landschaftsanalyse mit GIS. UTB **E8347**. Stuttgart: Ulmer.

EHLERS, M. & J. SCHIEWE (2012): Geoinformatik. Darmstadt: WBG.

HEYWOOD, I., S. CORNELIUS & S. CARVER (2012[4]): An Introduction to Geographical Information Systems. Harlow: Pearson Education.

JENSEN, J. R. (2007[2]): Remote Sensing of the Environment. An Earth Resource Perspective. Upper Saddle River: Pearson Prentice Hall.

KAPPAS, M. (2012[2]): Geographische Informationssysteme. Braunschweig: Westermann.

DE LANGE, N. (2020[4]): Geoinformatik in Theorie und Praxis. Grundlagen von Geoinformationssystemen, Fernerkundung und digitaler Bildverarbeitung. Heidelberg: Spektrum.

LILLESAND, T. M., R. W. KIEFER & J. W. CHIPMAN (2015[7]): Remote Sensing and Image Interpretation. New York: Wiley.

SESTER, M. (Ed.) (2019): Geoinformatik. Handbuch der Geodäsie, Springer Reference Naturwissenschaften. Berlin: Springer.

TAUBENBÖCK, H. & S. DECH (2010): Fernerkundung im urbanen Raum. Erdbeobachtung auf dem Weg zur Planungspraxis. Darmstadt: WBG.

WAINWRIGHT, J. & M. MULLIGAN (Eds.) (2013[2]): Environmental Modelling. Finding Simplicity in Complexity. Chichester: Wiley-Blackwell.

Humangeographie

Gesamtdarstellungen

AGNEW, J. A., D. N. LIVINGSTONE & A. ROGERS (Eds.) (1996): Human Geography: An Essential Anthology. Oxford: Blackwell.

BENKO, G. & U. STROHMAYER (Eds.) (2004): Human Geography. A History for the Twenty-First Century. London: Routledge.

CLOKE, P., P. CRANG & M. GOODWIN (Eds.) (2004): Envisioning Human Geographies. London: Arnold.

CLOKE, P., P. CRANG & M. GOODWIN (Eds.) (2014[3]): Introducing Human Geographies. London: Routledge.

GREGORY, D., R. MARTIN & G. SMITH (1994): Human Geography. Society, Space and Social Science. Basingstoke: Macmillan.

HEINEBERG, H. (2007[3]): Einführung in die Anthropogeographie/Humangeographie. Grundriss allgemeine Geographie. UTB **2445**. Paderborn: Schöningh.

HUBBARD, P., R. KITCHIN & G. VALENTINE (Eds.) (2008): Key Texts in Human Geography. London: Sage.

JOHNSTON, R. J. & J. S. SIDAWAY (2015[7]): Geography & Geographers. Anglo-American Human Geography since 1945. London: Routledge

KNOX, P. L. & S. A. Marston (2012[4]): Humangeographie. Heidelberg: Spektrum.

SCHENK, W. & K. SCHLIEPHAKE (2004): Allgemeine Anthropogeographie. Gotha: Klett-Perthes.

Raumtheorien

CRESSWELL, T. (2014[2]): Place: An Introduction. Chichester: Wiley-Blackwell.

GLASZE, G. & A. MATTISSEK (Hrsg.) (2012[2]): Handbuch Diskurs und Raum. Theorien und Methoden für die Humangeographie sowie die sozial- und kulturwissenschaftliche Raumforschung. Bielefeld: transcript.

GREGORY, D. & J. URRY (1985): Social Relations and Spatial Structures. London: Macmillan. https://doi.org/10.1007/978-1-349-27935-7

GÜNZEL, S. (2020[3]): Raum. Eine kulturwissenschaftliche Einführung. UTB **5360**. Bielefeld: transcript.

HASSE, J. (2015[2]): Was Räume mit uns machen und wir mit ihnen. Kritische Phänomenologie des Raumes. Freiburg: Karl Alber.

HUBBARD, P., R. KITCHIN, B. BARTLEY & D. FULLER (2005): Thinking Geographically. Space, Theory and Contemporary Human Geography. London: Continuum.

MARQUARDT, N. & V. SCHREIBER (Hrsg.) (2012): Ortsregister. Ein Glossar zu Räumen der Gegenwart. Bielefeld: transcript.

Bevölkerungsgeographie

BÄHR, J. (2010[5]): Bevölkerungsgeographie. UTB **1249**. Stuttgart: Ulmer.

DE LANGE, N., M. GEIGER, V. HANEWINKEL & A. POTT (2014): Bevölkerungsgeographie. Grundriss allgemeine Geographie. UTB **4166**. Paderborn: Schöningh.

WEHRHAHN, R. & V. SANDNER LE GALL (2016[2]): Bevölkerungsgeographie. Darmstadt: WBG.

Kulturgeographie

ANDERSON, K., M. DOMOSH, S. PILE & N. THRIFT (Eds.) (2003): Handbook of Cultural Geography. London: Sage.

ATKINSON, D., P. JACKSON, D. SIBLEY & N. WASHBOURNE (Eds.) (2005): Cultural Geography. A Critical Dictionary of Key Concepts. London: Tauris.

COOK, I., D. CROUCH, S. NAYLOR & J. R. RYAN (Eds.) (2006/2018): Cultural Turns / Geographical Turns: Perspectives on Cultural Geography. Harlow: Pearson. https://doi.org/10.4324/9781315839165

CRANG, M. (1998 / 2013): Cultural Geography. London: Routledge. https://doi. org/10.4324/9780203714362

DUNCAN, J. S., N. C. JOHNSON & R. H. SCHEIN (2008): A Companion to Cultural Geography. Oxford: Blackwell.

GEBHARDT, H., P. REUBER & G. WOLKERSDORFER (Hrsg.) (2003): Kulturgeographie. Aktuelle Ansätze und Entwicklungen. Heidelberg: Spektrum.

JOHNSON, N. C., R. H. SCHEIN & J. WINDERS (Eds.) (2013): The Wiley-Blackwell Companion to Cultural Geography. Chichester: Wiley-Blackwell.

LOSSAU, J., T. FREYTAG & R. LIPPUNER (Hrsg.) (2013): Schlüsselbegriffe der Kultur- und Sozialgeographie. UTB **3898**. Stuttgart: Ulmer.

Orts-, Regional- und Landschaftsplanung

BARSCH, H., H.-R. BORK & R. SÖLLNER (2003): Landschaftsplanung – Umweltverträglichkeitsprüfung – Eingriffsregelung. Gotha: Klett-Perthes.

CHILLA, T., O. KÜHNE & M. NEUFELD (2016): Regionalentwicklung. UTB **4566**. Stuttgart: Ulmer.

HAAREN, C. VON (Hrsg.) (2021²): Landschaftsplanung. UTB **8253**. Stuttgart: Ulmer.

KRÖHNERT, S., R. NINGEL & P. THOMÉ (Hrsg.) (2020): Ortsentwicklung in ländlichen Räumen. UTB **5424**. Bern: Haupt.

LANGENHAGEN-ROHRBACH, C. (2010²): Raumordnung und Raumplanung. Darmstadt: WBG.

PRIEBS, A. (2019): Die Stadtregion: Planung – Politik – Management. UTB **4952**. Stuttgart: Ulmer.

RIEDEL, W., H. LANGE, E. JEDICKE & M. REINKE (Hrsg.) (2016³): Landschaftsplanung. Heidelberg: Springer Spektrum. https://doi.org/10.1007/978-3-642-39855-1

SPITZER, H. (1995): Einführung in die räumliche Planung. UTB **8106**. Stuttgart: Ulmer.

WEILAND, U. & S. WOHLLEBER-FELLER (2007): Einführung in die Raum- und Umweltplanung. UTB **E8363**. Paderborn: Schöningh.

Politische Geographie

AGNEW, J. A., V. MAMADOUH, A. SECOR & J. SHARP (Eds.) (2015): The Wiley Blackwell Companion to Political Geography. Chichester: Wiley-Blackwell. https://doi. org/10.1002/9781118725771

AGNEW, J. A., K. MICHELL & G. Ó TUATHAIL (Eds.) (2008): A Companion to Political Geography. Oxford: Blackwell. https://doi.org/10.1002/9780470998946

Ó TUATHAIL, G., S. DALBY & P. ROUTLEDGE (Eds.) (2008²): The Geopolitics Reader. London: Routledge.

PAINTER, J. & A. JEFFREY (2009²): Political Geography. An Introduction to Space and Power. Los Angeles: Sage.

REUBER, P. (2012): Politische Geographie. UTB **8486**. Paderborn: Schöningh.

REUBER, P. & G. WOLKERSDORFER (Hrsg.) (2001): Politische Geographie. Handlungs-orientierte Ansätze und Critical Geopolitics. Heidelberger Geographische Arbeiten **112**. Heidelberg: Selbstverlag.

TAYLOR, P. J. & C. FLINT (2018[7]): Political Geography. World-Economy, Nation-State and Locality. London: Routledge. https://doi.org/10.4324/9781315164380

Siedlungs-/Stadtgeographie

BÄHR, J. & U. JÜRGENS (2009[2]): Stadtgeographie II: Regionale Stadtgeographie. Braunschweig: Westermann.

BELINA, B., M. NAUMANN & A. STRÜVER (Hrsg.) (2020[4]): Handbuch Kritische Stadtgeographie. Münster: Westfälisches Dampfboot.

BORSDORF, A. & O. BENDER (2010): Allgemeine Siedlungsgeographie. UTB **3396**. Wien: Böhlau

FASSMANN, H. (2009[2]): Stadtgeographie I: Allgemeine Stadtgeographie. Braunschweig: Westermann.

HÄUSSERMANN, H. & W. SIEBEL (2004): Stadtsoziologie. Eine Einführung. Frankfurt a. M.: Campus.

HEINEBERG, H. (2017[5]): Stadtgeographie. Grundriss allgemeine Geographie. UTB **P2166**. Paderborn: Schöningh.

HENKEL, G. (2020[5]): Der ländliche Raum. Gegenwart und Wandlungsprozesse seit dem 19. Jahrhundert in Deutschland. Stuttgart: Borntraeger.

LICHTENBERGER, E. (1998[3]): Stadtgeographie 1. Begriffe, Konzepte, Modelle, Prozesse. Stuttgart: Teubner.

PAESLER, R. (2008): Stadtgeographie. Darmstadt: WBG.

PRELL, U. (2020): Die Stadt. Eine Einführung für die Sozialwissenschaften. UTB **5466**. Opladen: Budrich.

Sozialgeographie

BARTELS, D. (1968): Zur wissenschaftstheoretischen Grundlegung einer Geographie des Menschen. Wiesbaden: Steiner.

DEL CASINO, V. J. (2009): Social Geography. A Critical Introduction. Oxford: Wiley-Blackwell.

LOSSAU, J., T. FREYTAG & R. LIPPUNER (Hrsg.) (2013): Schlüsselbegriffe der Kultur- und Sozialgeographie. UTB **3898**. Stuttgart: Ulmer.

WEICHHART, P. (2008): Entwicklungslinien der Sozialgeographie. Von Hans Bobek bis Benno Werlen. Stuttgart: Steiner.

WERLEN, B. (2008[3]): Sozialgeographie. Eine Einführung. UTB **E1911**. Bern: Haupt.

Wirtschaftsgeographie

BATHELT, H. & J. GLÜCKLER (2018[4]): Wirtschaftsgeographie. Ökonomische Beziehungen in räumlicher Perspektive. UTB **8217**. Stuttgart: Ulmer.

BRAUN, B. & C. SCHULZ (2012): Wirtschaftsgeographie. UTB basics **3641**. Stuttgart: Ulmer.

CLARK, G. L., M. P. FELDMAN, M. S. GERTLER & D. WÓJCIK (Eds.) (2018): The New Oxford Handbook of Economic Geography. Oxford: Oxford University Press. https://doi.org/10.1093/oxfordhb/9780198755609.001.0001

COE, N. M., P. F. KELLY & H. W. C. YEUNG (2019[3]): Economic Geography: A Contemporary Introduction. Chichester: Wiley-Blackwell.

GIESE, E., I. MOSSIG & H. SCHRÖDER (2011): Globalisierung der Wirtschaft. Eine wirtschaftsgeographische Einführung. Grundriss Allgemeine Geographie. UTB **E3449**. Paderborn: Schöningh.

HAAS, H.-D. & S.-M. NEUMAIR (2015[3]): Wirtschaftsgeographie. Darmstadt: WBG.

KULKE, E. (2017[6]): Wirtschaftsgeographie. Grundriss allgemeine Geographie. UTB **2434**. Paderborn: Schöningh.

SCHÄTZL, L. & I. LIEFNER (2017[11]): Theorien der Wirtschaftsgeographie. UTB **0782**. Paderborn: Schöningh.

SCHMUDE, J. (2021): Marktsegmente des Tourismus. Darmstadt: wbg Academic.

Physische Geographie

Gesamtdarstellungen und Methodik

BAUMHAUER, R., C. KNEISEL, S. MÖLLER, B. SCHÜTT & E. TRESSEL (2017): Einführung in die Physische Geographie. Geowissen kompakt. Darmstadt: WBG.

BRADBURY, I., J. BOYLE & A. MORSE (2002): Scientific Principles for Physical Geographers. London: Routledge.

FINKE, l. (1996[3]): Landschaftsökologie. Braunschweig: Westermann.

GOUDIE, A. (2007[4]): Physische Geographie. Eine Einführung. Berlin: Springer Spektrum.

GLAWION, R., R. GLASER, H. SAURER, M. GAEDE & M. WEILER (2019): Physische Geographie. Braunschweig: Westermann.

HAMBLIN, W. K., & E. H. CHRISTIANSEN (2003[10]): Earth's Dynamic Systems. Englewood Cliffs: Prentice Hall.

HOLDEN, J. (Ed.) (2017[4]): An Introduction to Physical Geography and the Environment. Harlow: Pearson.

McKNIGHT, T. L. & D. HESS (2009[9]): Physische Geographie. München: Pearson Studium.

PFEFFER, K.-H. (2006): Arbeitsmethoden der Physischen Geographie. Darmstadt: WBG.

STRAHLER, A. H. & A. H. STRAHLER (2009[4]): Physische Geographie. UTB **P8159**. Stuttgart: Ulmer.

Biogeographie

ARCHIBOLD, O. W. (1995): Ecology of World Vegetation. London: Chapman & Hall.

BEIERKUHNLEIN, C. (2007): Biogeographie. Die räumliche Organisation des Lebens in einer sich verändernden Welt. UTB **8341**. Stuttgart: Ulmer.

BRECKLE, S.-W. & M. D. RAFIQPOOR (2019): Vegetation und Klima. Berlin: Springer Spektrum.

COX, C. B., R. J. LADLE & P. D. MOORE (2020): Biogeography: An Ecological and Evolutionary Approach. Hoboken, NJ: Wiley.

ELLENBERG, H. & C. LEUSCHNER (2010[6]): Vegetation Mitteleuropas mit den Alpen in ökologischer, dynamischer und historischer Sicht. UTB **8104**. Stuttgart: Ulmer.

KLINK, H.-J. (2008[4]): Vegetationsgeographie. Braunschweig: Westermann.

LOMOLINO, M. V., B. R. RIDDLE & R. J. WHITTAKER (2017[5]): Biogeography. Biological Diversity across Space and Time. Sunderland: Sinauer.

SCHMITT, E., T. SCHMITT, R. GLAWION & H.-J. KLINK (2012): Biogeographie. Braunschweig: Westermann.

SCHULTZ, J. (2016[5]): Die Ökozonen der Erde. UTB **1514**. Stuttgart: Ulmer.

SCHULTZ, J. (2000): Handbuch der Ökozonen. UTB **8200**. Stuttgart: Ulmer.

Bodengeographie/Bodenkunde

AMELUNG, W., H.-P. BLUME, H. FLEIGE, R. HORN, E. KANDELER, I. KÖGEL-KNABNER, R. KRETZSCHMAR, K. STAHR & B.-M. WILKE (2018): Scheffer/Schachtschabel Lehrbuch der Bodenkunde. Heidelberg: Springer Spektrum.

BLUM, W. E. H. (2012[7]): Bodenkunde in Stichworten. Stuttgart: Borntraeger.

BLUME, H.-P., K. STAHR & P. LEINWEBER (2011[3]): Bodenkundliches Praktikum. Eine Einführung in pedologisches Arbeiten für Ökologen, insbesondere Land- und Forstwirte, und für Geowissenschaftler. Heidelberg: Spektrum.

EITEL, B. & D. FAUST (2013): Bodengeographie. Braunschweig: Westermann.

HERRMANN, L. (2018): Bodenkunde Xpress. UTB **4943**. Stuttgart: Ulmer.

STAHR, K., E. KANDELER, L. HERRMANN & T. STRECK (2020[4]): Bodenkunde und Standortlehre. UTB **2967**. Stuttgart: Ulmer.

WEIL, R. R. & N. C. BRADY (2017[15]): The Nature and Properties of Soil. Boston, Mass.: Pearson.

ZECH, W., P. SCHAD & G. HONTERMAIER-ERHARD (2014[2]): Böden der Welt. Ein Bildatlas. Heidelberg: Spektrum.

Geomorphologie

AHNERT, F. (2015[5]): Einführung in die Geomorphologie. UTB **8103**. Stuttgart: Ulmer.

BAUMHAUER, R. (2013[3]): Physische Geographie 1: Geomorphologie. Darmstadt: WBG.

BUSCHE, D., J. KEMPF & I. STENGEL (2005): Landschaftsformen der Erde. Ein Bildatlas der Geomorphologie. Darmstadt: WBG.

Dikau, R., K. Eibisch, J. Eichel, K. Meßenzehl & M. Schlummer-Held (2019): Geomorphologie. Berlin: Springer Spektrum.

Embleton-Hamann, C., K. V. Elverfeldt & M. Keiler (2013[7]): Geomorphologie in Stichworten I: Theorie, Methoden, Endogene Prozesse und Formen. Stuttgart: Borntraeger.

Embleton-Hamann, C. & H. Wilhelmy (2007[6]): Geomorphologie in Stichworten III: Exogene Morphodynamik. Karstmorphologie, Glazialer Formenschatz, Küstenformen. Stuttgart: Borntraeger.

Goudie, A. & H. Viles (2010): Landscapes and Geomorphology: A Very Short Introduction. Oxford: Oxford University Press.

Gregory, K. J. (2010): The Earth's Land Surface. Landforms and Processes in Geomorphology. London: Sage.

Gregory, K. J. & A. D. Goudie (Eds.) (2011): The SAGE Handbook of Geomorphology. London: Sage.

Gregory, K. J. & J. Lewin (Eds.) (2014): The Basics of Geomorphology. Key Concepts. London: Sage.

Huggett, R. J. (2017[4]): Fundamentals of Geomorphology. London: Routledge.

Leser, H. (2009[9]): Geomorphologie. Braunschweig: Westermann.

Wilhelmy, H., B. Bauer & H. Fischer (2002[6]): Geomorphologie in Stichworten II: Exogene Morphodynamik. Abtragung – Verwitterung – Tal- und Flächenbildung. Stuttgart: Borntraeger.

Zepp, H. (2017[7]): Geomorphologie: Eine Einführung. Grundriss Allgemeine Geographie. UTB **2164**. Paderborn: Schöningh.

Gletscherkunde/Glaziologie

Benn, D. I. & D. J. Evans (2010[2]): Glaciers and Glaciation. Ice Sheets and Landforms. London: Routledge.

Bennett, M. R. & N. F. Glasser (2009[2]): Glacial Geology. Ice Sheets and Landforms. Chichester: Wiley-Blackwell.

Evans, D. J. A. (2018): Glaciation: A Very Short Introduction. Oxford: Oxford University Press.

Winkler, S. (2009): Gletscher und ihre Landschaften: Eine illustrierte Einführung. Darmstadt: WBG.

Hydrogeographie/Hydrologie

Davie, T. (2008[2]): Fundamentals of Hydrology. London: Routledge.

Fohrer, N., H. Bormann, K. Miegel, M. Capser, A. Bronstert, A. Schumann & M. Weiler (2016): Hydrologie. UTB basics **4513**. Bern: Haupt.

Menzel, L. (2020): Hydrogeographie. Das Geographische Seminar. Braunschweig: Westermann.

SYMADER, W. (2004): Was passiert, wenn der Regen fällt? Eine Einführung in die Hydrologie. UTB **2496**. Stuttgart: Ulmer.

Klimageographie/Klimatologie

BARRY, R. G. & R. J. CHORLEY (2009⁹): Atmosphere, Weather and Climate. Abingdon: Routledge.

BENDIX, J. (2004): Geländeklimatologie. Stuttgart: Borntraeger.

BENDIX, J. & J. Luterbacher (2019): Klimatologie. Das Geographische Seminar. Braunschweig: Westermann.

BRÖNNIMANN, S. (2018): Klimatologie. UTB basics **4819**. Bern: Haupt.

HÄCKEL, H. (2016⁸): Meteorologie. UTB **1338**. Stuttgart: Ulmer.

HUPFER, P. & W. KUTTLER (Hrsg.) (2006¹²): Witterung und Klima. Eine Einführung in die Meteorologie und Klimatologie Wiesbaden: Teubner.

KAPPAS, M. (2009): Klimatologie. Klimaforschung im 21. Jahrhundert – Herausforderung für Natur- und Sozialwissenschaften. Heidelberg: Spektrum.

KUTTLER, W. (2013²): Klimatologie. Grundriss Allgemeine Geographie. UTB **3099**. Paderborn: Schöningh.

LATIF, M. (2009): Klimawandel und Klimadynamik. UTB **P3178**. Stuttgart: Ulmer.

SCHÖNWIESE, C.-D. (2020⁵): Klimatologie. UTB **1793**. Stuttgart: Ulmer.

SCHÖNWIESE, C.-D. (2020³): Klimawandel kompakt. Ein globales Problem wissenschaftlich erklärt. Stuttgart: Borntraeger.

WEISCHET, W. & W. ENDLICHER (2012⁸): Einführung in die Allgemeine Klimatologie. Stuttgart: Borntraeger.

ZMARSLY, E., W. KUTTLER & H. PETHE (2007³): Meteorologisch-klimatologisches Grundwissen. Eine Einführung mit Übungen, Aufgaben und Lösungen. UTB **2281**. Stuttgart: Ulmer.

Checkliste „Schreiben" (individuell erweiterbar)	
Wurde die Literatur umfassend aufgearbeitet?	
Gibt es eine zentrale Fragestellung?	
Enthält die Einleitung eine Übersicht zur Gliederung?	
Ist der „rote Faden" erkennbar?	
Wurde eine Rechtschreibkorrektur vorgenommen?	
Wurde die Arbeit von einer anderen Person Korrektur gelesen?	
Ist das Literaturverzeichnis formal korrekt und einheitlich?	
Ist das Literaturverzeichnis mit der zitierten Literatur (Kurzbelege) deckungsgleich?	
Stimmen die Kapitelüberschriften im Text mit den Kapitelüberschriften im Inhaltsverzeichnis überein?	
Stimmen die Abbildungslegenden mit den Angaben im Abbildungsverzeichnis überein?	
Wurde eine Silbentrennung durchgeführt?	
Sind die Abbildungen korrekt positioniert?	
Sind die Seitenangaben im Inhaltsverzeichnis korrekt?	
Stimmen die Seiten- und Kapitelverweise?	
Sind die Seitenangaben im Abbildungs- und Tabellenverzeichnis korrekt?	

Checkliste „Präsentieren" (individuell erweiterbar)	
Ist der Ort der Präsentation vertraut?	
Muss Zeit für die Vorstellung der eigenen Person eingeplant werden?	
Ist die Präsentation auf die Zielgruppe abgestimmt?	
Ist die Sitzordnung für die Präsentation geeignet?	
Sind die benötigten technischen Medien (z. B. Overheadprojektor, Beamer, Mikrophon) vorhanden?	
Ist die Bedienung der Technik bekannt?	
Gibt es ein Rednerpult?	
Ist die Beleuchtung ausreichend?	
Kann der Raum verdunkelt werden?	
Ist das eigene Manuskript auch aus einer gewissen Entfernung lesbar?	
Sind die Präsentationsziele klar formuliert?	
Gibt es eine zentrale Fragestellung?	
Ist die zentrale Botschaft (Kernargument) deutlich?	
Sind die Materialien (Folien etc.) überzeugend und verständlich?	
Ist das Materialangebot ausgewogen (z. B. eine Folie = mindestens zwei Minuten)?	
Sind die Materialien in der richtigen Reihenfolge angeordnet?	
Gibt es Vermerke bezüglich des Materialieneinsatzes im eigenen Manuskript (wann kommt was)?	
Sind die Quellenbelege auf den Folien korrekt?	
Sind sonstige Unterlagen vollständig?	
Wurde der Ablauf geprobt?	
Entspricht die Präsentation dem Zeitrahmen?	
Ist das Thesenpapier oder Handout korrekt ausgearbeitet?	
Wurde Zeit für die Diskussion eingeplant?	
Enthält der Schluss eine Überleitung zur Diskussion?	

Register

Antje Schlottmann / Jeannine Wintzer

Weltbildwechsel

Ideengeschichten geographischen
Denkens und Handelns

UTB M
2019. 408 Seiten, 60 farbige Abbildungen, kartoniert
ISBN 978-3-8252-5218-2

Geographisches Denken und Handeln hat zu jeder Zeit die Vorstellungen der Menschen von der sie umgebenden Welt geprägt. Im weiten Spektrum von Landschafts- und Länderkunde, GIS und Klimaforschung, Regional- und Raumplanung sowie Stadt-, Wirtschafts- und Sozialgeographie sind die Zeitebenen allerdings ineinander verschlungen, beeinflussen sich Entwicklungen gegenseitig, kehren sich gelegentlich um und sind immer auch durch den sich wandelnden Blick auf sie bedingt.

Dieses Buch ist demnach keine große Erzählung, sondern eine Sammlung von Geschichten der Stabilisierung und des Wandels, es werden Wegweiser und Verwerfungen, Anschlüsse und Brüche, Möglichkeiten und Unmöglichkeiten raumbezogener Praxis kenntlich. Aus diesen Geschichten entsteht Orientierung in der heutigen Paradigmenvielfalt des Faches, und es lässt sich etwas lernen für das eigene geographische Tun, ob als Studierender, Forschende oder einfach an Geographie interessierte Person.

¦ Haupt **Haupt Verlag** Bern
verlag@haupt.ch • www.haupt.ch